MICHAEL HESEMANN

HITLERS
LÜGEN

MICHAEL HESEMANN

HITLERS LÜGEN

WIE DER »FÜHRER« DIE DEUTSCHEN TÄUSCHTE

Für Yuliya

Im Sinne der besseren Lesbarkeit wurde das gesamte Werk – einschließlich der Zitate – in der reformierten Rechtschreibung gehalten.

Genehmigte Lizenzausgabe für area verlag gmbh, Erftstadt
Copyright © by I.P. Verlagsgesellschaft, International Publishing GmbH, Germering bei München
Alle Rechte vorbehalten
Einbandgestaltung: Bille Fuchs, Köln
Einbandabbildung: Fahnenschmuck am 1. Mai 1938, Unter den Linden; akg, Berlin
Lektorat: Dr. Lothar Altmann, Gilching
Satz und Layout: Vollnhals Fotosatz, Neustadt/Do.-Mühlhausen
Druck und Bindung: Oldenbourg Taschenbuch GmbH, Hürderstraße 4, 85551 Kirchheim
Printed in Czech Republic 2005

ISBN 3-89996-481-0

www.area-verlag.de

Inhaltsverzeichnis

Einleitung

„Idioten, habe ich je in meinem Leben die Unwahrheit gesagt?"

Adolf Hitler am 27. August 1939 zum schwedischen Unterhändler Dahlerus[1]

Der Initiator des blutigsten Krieges der Geschichte, der größte Massenmörder aller Zeiten, liebte die Superlative. Alles musste bei ihm gigantisch, alles historisch, alles übermenschlich sein. Jeder Tag, an dem er etwas leistete, war gleich der *„glorreichste Tag der Geschichte"*, wenn nicht gar *„aller Zeiten"*, jeder Plan, den er schmiedete, ihr *„kühnster Plan"*. Eine Schlacht wurde gleich zur *„größten Vernichtungsschlacht aller Zeiten"* erklärt, sein *„glorreichster Sieg"* war die *„blutigste Niederlage"* seiner Gegner, bei denen es sich abwechselnd um die *„grausamste Tyrannei"*, die *„niederträchtigste Verschwörung"* oder die *„größten Kriegsverbrecher aller Zeiten"* handelte. Auch sein Erzfeind, *„der Jude"*, war nichts Geringeres als der *„böseste Weltfeind aller Zeiten"*. Kein Wunder, dass ihn seine Generäle hinter vorgehaltener Hand spöttisch den „Gröfaz" nannten, den „größten Feldherrn aller Zeiten".

Mit all diesem Pathos schien er tief verwurzelte Minderwertigkeitskomplexe kompensieren zu wollen. Denn Adolf Hitler war eine gescheiterte Existenz, ein verkrachter Künstler aus der österreichischen Provinz, zeitweise obdachlos, stets unsicher und unterwürfig, bevor seinen Vorgesetzten beim Militär sein zugegeben einmaliges Rednertalent auffiel. Dass sie ihn schließlich einer verschrobenen Polit-Sekte zuführten, die ihn sogleich als Werberedner engagierte, besiegelte sein Schicksal. Als geborener Schauspieler steigerte er sich bald so in seine neue Rolle hinein, dass er seine auswendig gelernten Slogans selbst zu glauben begann. Je mehr andere ihre Hoffnungen auf ihn projizierten, desto stärker wuchs in ihm die Überzeu-

---

[1] Domarus 1973, S. 1271

gung, dass seine abenteuerliche Laufbahn vom Namenlosen zum Agitator kein Zufall war. Er fühlte sich als Werkzeug einer höheren Macht, von der Vorsehung auserwählt, um ein Volk zu retten, das nach der Niederlage im Ersten Weltkrieg, gebeutelt durch immense Reparationsforderungen, am Boden lag. Natürlich war es für ihn kein gewöhnliches Volk, sondern gleich die Herrenrasse schlechthin, von Gott auserwählt, um der Welt das Licht zu bringen. Wie Hitler sich dann aus zusammengelesenen Versatzstücken eine ganz eigene Heilslehre zusammenzimmerte, die perfekt auf die Bedürfnisse seiner Zeit zugeschnitten war, zeige ich in meinem Buch „Hitlers Religion" (München 2004) auf.

Doch wie gelang es Hitler, ein ganzes Volk in seinen Bann zu ziehen? Wie waren die unbestreitbaren innen- und außenpolitischen Erfolge seiner ersten Regierungsjahre zu erklären? Mit welchen Mitteln machte er sich die Deutschen so gefügig, dass sie ihm blind folgten, viele von ihnen bis in den Tod? Wie gelang es ihm, ihr Gewissen und ihren gesunden Menschenverstand so weit außer Kraft zu setzen, dass manche zu seinen willigen Helfern, zu den skrupellosen Handlangern des Holocaust wurden?

Dieses Buch zeigt auf: Es war ein Konstrukt von Lügen und umgedeuteten Halbwahrheiten, auf denen sein Anspruch, seine Weltanschauung, seine Versprechungen und seine fatalen Entscheidungen basierten.

Natürlich erhebt „Hitlers Lügen" nicht den Anspruch, die Geschichte des Dritten Reiches umschreiben zu wollen. Dass Hitler log, sehr viel log, ist gewiss keine neue Erkenntnis. So ist dieses Buch vielmehr eine Auswertung und Zusammenstellung bereits publizierter Primärquellen, von Hitlers „Mein Kampf" bis zu der exzellenten Edition seiner Reden durch Max Domarus, unter einem ganz bestimmten Gesichtspunkt: nämlich exemplarisch aufzuzeigen, wie und mit welchen Mitteln Hitler nicht nur die Deutschen, sondern auch das Ausland täuschte, wie er einen Mythos schuf, um seinen Machtanspruch zu rechtfertigen und wie er ebenso heimlich wie unbeirrt den Völkermord und seinen Expansionskrieg vorbereitete. Der Quellennachweis erfolgt durch die jeweilige Fußnote. Das ermöglicht dem interessierten Leser, jedes Zitat in seinem Gesamtkontext nachzulesen.

Nichts an Hitler war echt. Sein Aufstieg war die Karriere eines Hochstaplers. Das Ausmaß seiner Verbrechen, die Folgen seines Wahns, die Zahl seiner Opfer sind die wahren Superlative seines fatalen Lebens. Dass sie jeden menschlichen und historischen Rahmen sprengen, lässt Hitler auf alle Zeiten zur Symbolgestalt der Unmenschlichkeit, zur Inkarnation des Bösen werden.

Endlos wie sein Redeschwall waren seine Versuche, mit „rhetorischen Rauchbomben" die Deutschen und die Welt über seine wahren Absichten im Unklaren zu halten. Skrupellos wie kein anderer verdrehte er historische Tatsachen und erfand phantastische Szenarien, um Entschuldigungen für die Verfolgung politischer Gegner, seine Eroberungsfeldzüge und die Vernichtung der Juden zu finden. Mit einem ganzen Bündel von Lügen kam Adolf Hitler 1933 an die Macht, mit einer großen Lüge und selbst fabrizierten Legende trat er zwölf Jahre später von der Bühne der Weltgeschichte ab. Erst dann fiel sein Lügengebäude zusammen, begriffen die Deutschen, dass sie einem Rattenfänger gefolgt waren, der einen ganzen Kontinent in den Abgrund gerissen hatte.

Michael Hesemann

Teil I:
Hitlers Legende

„Das Schicksal hat mich nicht umsonst diesen langen Weg
gehen lassen von dem unbekannten Soldaten
des Weltkrieges zum Führer der deutschen Nation."

Adolf Hitler am 20. Mai 1942 im Berliner Sportpalast

Wenn Hitler in seinem autobiographischen Manifest „Mein Kampf" seine Kindheit, Jugend und seine „Lehr- und Wanderjahre" in Linz, Wien, München und an diversen Schauplätzen des Ersten Weltkriegs schildert, dann geschah dies keineswegs in der Absicht, sich wirklich zu offenbaren. Hitler fürchtete zeitlebens nichts mehr als menschliche Nähe. Stets war er darauf bedacht, aus seiner Herkunft ein Geheimnis zu machen und Persönliches, Menschliches und allzu Menschliches zu verbergen. Kein einziges Mitglied seiner Familie durfte seinen Ruhm teilen. Zwar holte er seine Schwester Paula zu sich auf den „Berghof" bei Berchtesgaden, engagierte seine Halbschwester Angela sogar als Haushälterin und unterhielt mit seiner 17-jährigen Nichte Geli ein regelrechtes Liebesverhältnis, aus dem sich diese nur durch Selbstmord lösen konnte – doch die Öffentlichkeit erfuhr nichts davon. Dass er eine Lebensgefährtin hatte, die er im Angesicht seines Untergangs sogar heiratete, wurde erst nach seinem Selbstmord publik gemacht. Wer sich selbst die Aura des Übermenschen, des einsamen Genies, des von der Vorsehung gesandten Erlösers verleihen wollte, durfte kein Privatleben haben. Es musste so scheinen, als würde er sich aufopfern, wie besessen Tag und Nacht arbeiten, seinem Volk dienen, und seine ganze Kraft dafür sammeln, *„schwerste Entschlüsse zu fassen"* und Aufgaben zu lösen, *„wie sie bisher noch keinem Sterblichen* *gestellt worden sind*"[1], wie Hitler sein Leben in seinem „Politischen Testament" resümierte. So war die logische Folge, auch sein Leben vor seinem Eintritt in die Politik eher legendenhaft zu schildern und im Sinne einer Heiligenvita zu verklären. Dabei log Hitler nicht selten auch, um seine Spuren zu verwischen.

---

[1] Domarus 1973, S. 2236

Ein Sonderling in Wien

„Ich bin nun einmal durch meinen einzigartigen Lebensgang vielleicht mehr als jeder andere befähigt, das Wesen und das ganze Leben der verschiedenen deutschen Stände zu verstehen und zu begreifen, nicht weil ich dieses Leben etwa von oben herunter hätte beobachten können, sondern weil ich es selbst mitgelebt habe, weil ich mitten in diesem Leben stand, weil mich das Schicksal in seiner Laune oder vielleicht auch in seiner Vorsehung einfach in diese breite Masse Volk und Menschen hineingeworfen hat. Weil ich selbst jahrelang als Arbeiter am Bau schuf und mir mein Brot verdienen musste."

Adolf Hitler am 10. Mai 1933 vor der Deutschen Arbeitsfront[1]

„Ich glaube, meine Umgebung von damals hielt mich wohl für einen Sonderling."

Adolf Hitler in „Mein Kampf" (1925)[2]

Hitlers erster selbst verfasster Lebenslauf stammt vom 29. November 1921 und wurde damit vier Monate vor seiner Proklamation zum „Führer" der NSDAP verfasst. Darin behauptete er:

> *„Ich bin am 20. April 1889 in Braunau am Inn als Sohn des dortigen Postoffizials geboren. Meine gesamte Schulbildung umfasst 5 Klassen Volksschule und 4 Klassen Unterrealschule. Ziel meiner Jugend war, Baumeister zu werden und ich glaube auch nicht, dass wenn mich die Politik nicht gefasst hätte, ich mich einem anderen Beruf jemals zugewandt haben würde."*[3]

So wenig Zeilen, so viele Unwahrheiten! Hitlers Vater war kein armer Postbeamter, sondern hatte die mittlere Beamtenlaufbahn ein-

---

[1] Domarus 1973, S. 267
[2] Hitler 1925/27, S. 35
[3] zit. n. Maser 2004, S. 12

geschlagen, es dabei bis zum k.(aiserlich-)k.(öniglichen) Zollamts-oberoffizial (heute: Oberamtmann) gebracht. Sein Jahresgehalt betrug damals stattliche 2600 Kronen im Jahr.[4] Statt aus armen, stammte Hitler also aus kleinbürgerlichen Verhältnissen, aus einem durch die Dominanz des autoritären Vaters geprägten Beamten-haushalt. Auch seine Angabe von „4 Jahren Unterrealschule" ist falsch; Hitler besuchte die Staats-Realschule in Linz und die Ober-realschule in Steyr. Ebenso wenig war es „Ziel seiner Jugend", Bau-meister zu werden. Als er die Klosterschule in Lambach/Oberöster-reich besuchte, war er so von der Person des Abtes fasziniert, dass er sich zum Priester, wenn nicht gar zum Abt berufen fühlte. Während sein Vater für ihn die Beamtenlaufbahn vorgesehen hatte, war für den zwölfjährigen Hitler klar, dass er „Maler werden würde, Kunstma-ler. Mein Talent zum Zeichnen stand allerdings fest"[5], wie er selbst in „Mein Kampf" schrieb. Sein Vater übte jeden denkbaren Druck aus, um ihn von diesem ganz und gar unbürgerlichen Plan abzubringen, doch ohne Erfolg. Als er zwei Jahre später verstarb, war der Weg für den jungen Adolf Hitler frei. Seine geliebte Mutter versuchte nur noch, ihn in jeder Hinsicht zu unterstützen. Doch er scheiterte, als er sich an der Akademie für Bildende Künste in Wien bewarb. Mit dem vernichtenden Urteil „Probez.(eichnungen) ungenügend, wenig Köpfe"[6] fiel er bei der Prüfungskommission durch. Tatsächlich tat er sich zeitlebens damit schwer, Menschen zu zeichnen. Er liebte sie nicht, sie waren ihm nicht wichtig. Stets dienten sie bestenfalls der Dekoration, waren sie leblose, ameisenhafte Schatten vor bombasti-schen Fassaden. Einer seiner Prüfer empfahl ihm, doch besser Archi-tektur zu studieren. Doch dafür fehlte Hitler das Abitur, und es nachzumachen, dazu war er zu faul.

Dabei war Hitler keineswegs das kleine Genie, als das er sich in „Mein Kampf" darstellt. Dort schrieb er vom „lächerlich leichten Ler-nen in der Schule"[7] und behauptete, er lernte damals auf der Real-schule „Geschichte ihrem Sinn nach verstehen und begreifen."[8] Tatsäch-lich war er so lange ein guter Schüler, wie er die Volksschule auf

---

[4] zit. n. Maser 2004, S. 14 f.
[5] Hitler 1925/27, S. 7
[6] Maser 1971, S. 79
[7] Hitler 1925/27, S. 6
[8] ebd., S. 8

14

dem Lande besuchte. Dort erschien er als aufgeweckter, selbstbewusster und temperamentvoller Junge, der auch auf Klassenfotos in der obersten Reihe mit stolz erhobenem Kopf Überlegenheit demonstrierte. Doch als seine Eltern 1898 ein Haus in Leonding am Rande von Linz kauften, änderte sich dies bald. Die Realschule, die Adolf Hitler seit 1900 besuchte, lag in der Stadt, und plötzlich war aus dem Sohn einer dörflichen Autoritätsperson ein Provinzler geworden, der unter den Söhnen von Akademikern, Kaufleuten und Standespersonen zum Einzelgänger wurde. Das starke Misstrauen, das er sein Leben lang dem Großbürgertum entgegenbrachte, zeugt von den Demütigungen dieser Zeit. Das Selbstbewusstsein des labilen Jungen, das bislang zwischen der Verachtung durch den Vater und einer Vergötterung durch die Mutter geschwankt hatte, erhielt damals einen schweren Schlag, was vielleicht Hitlers lebenslange Minderwertigkeitskomplexe, kompensiert durch eine narzisstische Selbstüberschätzung, erklärt. Jedenfalls wurde der junge Adolf damals zunehmend aggressiver, störrischer, rechthaberischer und jähzorniger. In der Schule versagte er völlig, während er sich in seiner Freizeit in die Traumwelt der „Deutschen Heldensagen" und der bombastischen Wagneropern flüchtete.

Natürlich liest man nichts davon in „Mein Kampf". Stattdessen erklärte Hitler seine schlechten Realschulnoten als stillen Protest gegen den Vater, der ihm die erträumte Künstlerlaufbahn verwehrte: *„Ich glaubte, dass, wenn der Vater erst den mangelnden Fortschritt in der Realschule sähe, er gut oder übel eben doch mich meinem erträumten Glück würde zugehen lassen."*[9] Das kann freilich nicht ganz stimmen, denn Hitlers Vater verstarb schon am 3. Januar 1903, und trotzdem wurden seine Leistungen nicht besser. Zweimal wurde er nicht versetzt, ein weiteres Mal nur nach Ableistung einer Wiederholungsprüfung. Sein Fleiß wurde fast durchgehend mit „ungleichmäßig" (Note: 4) bewertet, lediglich in Betragen, Zeichnen und Turnen erhielt er mal ein „befriedigend" (Note: 3) oder „gut" (Note: 2). In den anderen Fächern kam er über „mangelhafte" (Note: 5) und „ausreichende" (Note: 4) Leistungen nicht hinaus. Das Zeugnis von 1905, also zwei Jahre nach dem Tod des Vaters, verzeichnete in Deutsch, Mathematik und Stenographie jeweils ein „nicht genü-

---

[9] Hitler 1925/27, S. 8

gend" (Note: 6) und war auch sonst so miserabel, dass Hitler die Schule verlassen musste. Schrieb er in „Mein Kampf": *„Am weitaus besten waren meine Leistungen in Geographie und mehr noch in Weltgeschichte"*, so war das ganz entschieden geflunkert; tatsächlich brachte er es in den *„beiden Lieblingsfächern, in denen ich der Klasse vorschoss"*[10], gerade einmal auf ein „ausreichend"![11] Schließlich, er hatte bereits die Schule wechseln müssen und war zu Kosteltern nach Steyr geschickt worden, endete Hitlers Realschullaufbahn frühzeitig. Eine Lungeninfektion, die er sich im Spätsommer 1905 zuzog, lieferte ihm den geeigneten Vorwand, zu seiner Mutter nach Linz zurückzukehren.

Nach dem Tod ihres Mannes hatte Hitlers Mutter Klara das Haus in Leonding verkauft und von dem Geld eine geräumige Wohnung in der Linzer Innenstadt erworben. Dort wohnte sie zusammen mit ihrer Tochter Paula und ihrer debilen, aber herzensguten Schwester Johanna; drei Frauen, die bald Adolf, dem einzigen „Mann im Haus", jeden Wunsch von den Lippen ablasen. Sie wuschen, putzten, kochten und nähten für ihn. Als er musikalische Ambitionen entwickelte, kaufte seine Mutter einen Flügel, und Hitler nahm vier Monate lang Klavierunterricht. Die meiste Zeit aber verbrachte er mit Zeichnen, Malen, Lesen – oder er träumte einfach nur in den Tag hinein und entwickelte grandiose Phantasien von einer Zukunft als großer Künstler. Morgens schlief er lange, die Nacht über blieb er wach: ein Künstler-Rhythmus, den er noch in der Reichskanzlei beibehielt. Ging er auf die Straße, kleidete er sich wie ein Student oder stilisierte sich als Dandy: Hager, bleich und scheu, trug er stets einen grau gesprenkelten Anzug mit tadelloser Bügelfalte, ein von der Mutter frisch gebügeltes Hemd, dazu schwarze Glacéhandschuhe, manchmal auch einen Zylinderhut. In der Hand hielt der 17-jährige Lebemann nicht selten ein schwarzes Spazierstöckchen mit einem zierlichen Elfenbeingriff in Form eines kleinen Schuhs.

In „Mein Kampf" verschweigt Hitler solche Details geflissentlich; nur ganz allgemein bezeichnete er seine Zeit als geckenhaftes Muttersöhnchen als *„die glücklichsten Tage, die mir nahezu als ein schöner Traum erschienen"*.[12] Wir erfahren sie freilich von Hitlers einzigem

---

[10] Hitler 1925/27, S. 8
[11] Fest 1973, S. 38
[12] Hitler 1925/27, S. 16

Jugendfreund, dem Tapezierersohn August Kubizek, der ihn ein Leben lang vergötterte (*„Ich hatte nur einen Freund in meinem Leben: Adolf.“*[13]). Der naive Junge war tatsächlich für Hitlers frühe Selbstinszenierung das richtige Publikum. Auch eine Künstlerseele, musikalisch hoch begabt, dabei gutgläubig und von nahezu grenzenloser Geduld. Nur so konnte er die Eskapaden und stundenlangen Monologe des Möchtegern-Bohemiens ertragen, der jeden profanen „Brotberuf“ verabscheute.

Trotzdem behauptete Hitler in seinem 1921 verfassten Lebenslauf weiter:

> *„Da ich, wie Sie wahrscheinlich wissen, bereits mit 17 Jahren väterlicher- und mütterlicherseits verwaist war, im übrigen ohne jedes Vermögen dastand, mein gesamter Barbetrag bei meiner Reise nach Wien betrug rund 80 Kronen, war ich gezwungen, sofort als gewöhnlicher Arbeiter mir mein Brot zu verdienen. Ich ging als noch nicht 18jähriger als Hilfsarbeiter auf einen Bau und habe nun im Verlaufe von 2 Jahren so ziemlich alle Arten von Beschäftigungen des gewöhnlichen Taglöhners durchgemacht. Nebenbei studierte ich, soweit meine Mittel es zuließen, Kunstgeschichte, Kulturgeschichte, Baugeschichte und beschäftigte mich nebenbei mit politischen Problemen.“*[14]

Tatsächlich verstarb Hitlers geliebte Mutter am 21. Dezember 1907, als Hitler 18 Jahre alt war. Im Vorjahr hatte er tatsächlich Wien besucht, um die Aufnahmeprüfung an der Kunstakademie zu absolvieren, doch als er scheiterte, kehrte er an das Krankenbett seiner Mutter zurück. Im Januar 1908 ging er wieder nach Wien, hoffend, beim zweiten Anlauf doch noch zum Kunststudium zugelassen zu werden. Seiner Familie gegenüber behauptete er, bereits zu studieren. Mit den schätzungsweise 1000 Kronen, die er von seiner Mutter geerbt hatte, monatlich 58 Kronen aus dem väterlichen Erbe und der monatlichen Waisenrente in Höhe von 25 Kronen[15] war er finanziell abgesichert. So konnte er sich ein Untermietzimmer im Wiener Stadtteil Mariahilf in der Stumpergasse 31 nehmen, in das

---

[13] zit. n. Hamann 1992, S. 82
[14] zit. n. Maser 2004, S. 12
[15] Hamann 1998, S. 58; Maser 1971, S. 83

er bald auch Kubizek nachkommen ließ. Erst als er bei einem zweiten Versuch an der Akademie nicht einmal mehr zum Probezeichnen zugelassen wurde, verfiel er in eine tiefe Depression. Beschämt zog er aus, suchte sich eine neue Wohnung und brach den Kontakt zu Kubizek ab. Ein Jahr lang bewohnte er andere Wiener Wohnungen, dann, im September 1909, verschwand er über Nacht; er war seiner Wirtin die Miete schuldig geblieben. Auf dem Meldezettel hatte er sich zuvor als „Schriftsteller" ausgegeben.[16]

Die Inflation des Jahres 1909 machte wohl auch ihm zu schaffen. Von seinen Verwandten, die ihn nicht ganz zu Unrecht für einen arbeitsscheuen Taugenichts hielten, konnte er keine Hilfe erwarten. In Wien brodelte es, kam es zu sozialen Unruhen und unangemeldeten Demonstrationen der oft hungernden Arbeitslosen. Bald mussten Massenkrawalle vom Militär niedergeschlagen werden.

Hitler behauptete in „Mein Kampf", sich in dieser Zeit – und nicht, wie er 1921 fälschlich behauptete, 1906/07 – als Hilfsarbeiter auf dem Bau durchgeschlagen zu haben: *„Es wurde mir damals meist nicht sehr schwer, Arbeit an sich zu finden, da ich ja nicht gelernter Handwerker war, sondern nur als sogenannter Hilfsarbeiter und manches Mal als Gelegenheitsarbeiter versuchen musste, mir das tägliche Brot zu schaffen."*[17] So bezeichnete er auch auf diversen Wahlveranstaltungen die Arbeiter als *„die einstigen Gefährten meiner Jugend"*[18], behauptete: *„Ich war in meiner Jugend Arbeiter so wie ihr, und ich habe mich durch Fleiß, durch Lernen, und ich kann wohl auch sagen, durch Hungern langsam emporgearbeitet"*[19]. Ja, er machte daraus sogar ein Werk der *„Vorsehung"*, dass er *„selbst jahrelang als Arbeiter am Bau schuf"* und damit *„mitten in diesem Leben stand"*[20], *„um vielleicht mehr als viele andere Verständnis (zu) bekommen für den deutschen Arbeiter, für sein Wesen, für sein Leid, aber auch für seine Lebensnotwendigkeiten"*[21].

---

[16] Hamann 1998, S. 206
[17] Hitler 1925/27, S. 24
[18] Domarus 1973, S. 234
[19] ebd., S. 330
[20] ebd., S. 267
[21] ebd., S. 302

Alles Unsinn, alles Lüge, wie die renommierte Historikerin Brigitte Hamann in ihrer exzellenten Studie „Hitlers Wien"[22] nachweist. Die nationalsozialistische Propaganda wollte ihren „Führer" den Arbeitern als Identifikationsfigur präsentieren, als „einen von ihnen". Der wahre Hitler, ein weltfremder Traumtänzer, ein arbeitsscheuer und großmäuliger Möchtegern-Künstler, der jeden „Brotberuf" verachtete, war sicher nicht dazu geeignet. Doch es ist eher unwahrscheinlich und es gibt keinerlei Zeugen dafür, dass Hitler tatsächlich je auf dem Bau gearbeitet hat. Denn die körperlichen Anforderungen an einen Bauhilfsarbeiter waren sehr hoch. Bei der hohen Arbeitslosigkeit dieser Zeit hatte der Polier freie Wahl zwischen Dutzenden von Bewerbern. Warum sollte er ausgerechnet einen schmalen, blassen, unsportlichen Stubenhocker auswählen, der über keinerlei praktische Erfahrung oder handwerkliches Talent verfügte? Zeitlebens hatte Hitler sich seinen Büchern und Zeichnungen gewidmet, und selbst bei Verwandten auf dem Land hatte er stets jede körperliche Arbeit gemieden, sich stattdessen zu langen, einsamen Spaziergängen in die Wälder zurückgezogen. So konnte er auch nie von tatsächlichen, praktischen Erfahrungen am Bau berichten. Er erinnerte sich nur daran, wie er eines Tages bei Milch und Brot seine *„Kollegen"* beobachtete und über sein *„elendes Los"* nachdachte oder wie ihn ein anderes Mal ein Gewerkschaftler aufforderte, *„entweder den Bau sofort zu verlassen oder vom Gerüst herunterzufliegen"*.[23] Eben diese Behauptung, die Gewerkschaftler bekämpften auf den Baustellen alle nicht organisierten Arbeiter, wurde zwar von der bürgerlichen Presse in Wien verbreitet, entsprach aber keineswegs den Tatsachen.

Die Wahrheit ist, dass Hitler den Winter 1909/10 als Stadtstreicher verbrachte, der sich in Suppenküchen ernährte und im Meidlinger Obdachlosenasyl übernachtete. Dort traf er den Landstreicher Rudolf Hanisch. Dessen Beschreibung nach war der spätere „Führer" damals eine traurige, bemitleidenswerte Gestalt, schwächlich, kränkelnd, stets frierend und hungernd, jemand, der nur noch die schäbigen Kleider besaß, die er am Leibe trug. Für körperliche Arbeit, so Hanisch, war er viel zu kraftlos und unbeholfen: *„Ich habe ihn nie*

---

[22] Hamann 1998, S. 208 ff.
[23] Hitler 1925/27, S. 42

irgendeine schwere Arbeit tun sehen, noch hörte ich, dass er je als Bauar-
beiter gearbeitet hätte. Baufirmen stellen nur starke und kräftige Leute
an", erklärte er kategorisch. Selbst Versuche, am Bahnhof als Koffer-
träger zu arbeiten oder im Winter beim Schneeschaufeln zu helfen,
scheiterten kläglich, und Hitler schien langsam zu resignieren. Hanisch: *„Ich habe niemals eine solche hilflose Ergebung in das Unglück*
erlebt."[24] Als Hitler ihm erzählte, er sei „Akademiker und Künstler",
kam dem gerissenen Obdachlosen eine Idee. Die Männer taten sich
zusammen. Hitler malte fortan Aquarelle nach Wiener Postkarten-
motiven, Hanisch verkaufte sie an Bilderhändler, Rahmentischler
und Tapezierer. Die Einnahmen wurden geteilt. Schon im Februar
1910 konnten beide umziehen, sich Schlafkabinen in einem „Männerheim" in der Wiener Meldemannstraße leisten. Doch schon nach
sieben Monaten kam es zum Streit. Hanisch warf Hitler vor, nicht
produktiv genug zu sein. Wenn er nicht gerade hitzige Debatten mit
anderen Männerheimbewohnern führte oder endlose Monologe
hielt, las er stundenlang Bücher und Zeitungen, statt zu malen –
wohl das „Studium", auf das sich Hitler 1921 berief. Daraufhin bezichtigte Hitler den Partner, ihn um einen Teil der Einnahmen be-
trogen zu haben, und zeigte ihn bei der Polizei an. Hanisch musste
für sieben Tage ins Gefängnis. Hitler aber fand jetzt andere, die seine
Aquarelle für ihn verkauften. Einmal bekam er selbst Ärger mit der
Polizei, weil er sich „Akademischer Kunstmaler" nannte, obwohl er
nie eine Akademie besucht hatte. Er log sich aus der Affäre, indem er
behauptete, er habe „nur einige Semester" studiert, dann aber die
Akademie verlassen müssen, weil er gegen „die Roten und die Jesuiten" gewettert habe. In Hitlers Lebenslauf liest sich das dann so:

> *„Unter unendlicher Mühe gelang es mir, mich nebenbei als Maler*
> *soweit auszubilden, dass ich durch diese Beschäftigung von mei-*
> *nem 20. Lebensjahr ab ein, wenn auch zunächst kärgliches, Aus-*
> *kommen fand. Ich wurde Architektur-Zeichner und Architektur-*
> *Maler und war praktisch mit meinem 21. Lebensjahr vollkommen*
> *selbständig. 1912 ging ich in dieser Eigenschaft dauernd nach*
> *München. Im Verlauf der 4 Jahre, vom 20. bis 24., hatte ich mich*
> *mehr und mehr mit politischen Dingen beschäftigt, weniger durch*

---

[24] zit. n. Hamann 1998, S. 226

Besuch von Versammlungen, als vielmehr durch gründliches Studium volkswirtschaftlicher Lehren, sowie der damals zur Verfügung stehenden gesamten antisemitischen Literatur."[25]

Am 16. Mai 1913, nicht 1912, hatte Hitlers „Leidenszeit" in Wien ein Ende. Mit Verfügung des k.k. Bezirksgerichtes Linz sollte das väterliche Erbe in Höhe von 819 Kronen und 98 Hellern an den „Kunstmaler" mit Adresse „Wien, Meldemannstraße" ausbezahlt werden. Als Erstes kleidete er sich neu ein, kaufte Unterwäsche, Hemden, Anzüge, einen Frack für die Oper. Acht Tage später meldete sich Hitler ordnungsgemäß bei der Polizei ab, gab als neuen Wohnort „unbekannt" an. Sein Ziel war München; Deutschland hatte seit frühester Jugend einen ganz besonderen Reiz auf ihn ausgeübt. Mit ihm fuhr ein neuer Freund, der 19-jährige Beamtensohn Rudolf Häusler. Als sich die beiden jungen Männer ein Zimmer in der Schleißheimer Straße 34 nahmen, behauptete Hitler, „Kunstmaler und Schriftsteller" und „staatenlos" zu sein. Das war natürlich gelogen. Erst am 7. April 1925 bat er um Entlassung aus der österreichischen Staatsbürgerschaft, die ihm mit Schreiben vom 30. April 1925 gewährt wurde. Wahrscheinlich wollte er dadurch in dieser frühen Phase seiner politischen Karriere einer drohenden Ausweisung in sein Heimatland vorbeugen. Nach sieben Jahren tatsächlicher Staatenlosigkeit erhielt er am 15. Februar 1932, nach seiner Ernennung zum braunschweigischen Regierungsrat, die deutsche Staatsbürgerschaft.[26]

Es ist unklar, weshalb Hitler sowohl in dem oben zitierten Lebenslauf wie auch in „Mein Kampf" behauptete: *„Im Frühjahr 1912 kam ich endgültig nach München."*[27] Jedenfalls stimmte es nicht; erst am 25. Mai 1913 trafen Häusler und er in der bayerischen Landeshauptstadt ein. *„Eine deutsche Stadt!! Welch ein Unterschied gegen Wien! Mir wurde schlecht, wenn ich an dieses Rassenbabylon auch nur zurückdachte"*, schilderte er in seinem Buch den ersten Eindruck von seiner neuen Heimat. *„Wenn auch mein Verdienst immer noch kläglich war, so lebte ich ja nicht, um malen zu können, sondern malte, um mir*

---

[25] zit. n. Maser 2004, S. 12
[26] Joachimsthaler 1989, S. 23
[27] Hitler 1925/27, S. 138

dadurch die Möglichkeit meines Lebens zu sichern, besser, um mir damit mein weiteres Studium zu gestalten"[28], begründete er den Umzug. Das war natürlich Unsinn, denn weder hatte er in Wien studiert, noch plante er ein reguläres Studium in München; allenfalls seine autodidaktischen Studien, die in einer wahllosen Lektüre bestanden, setzte er fort. Trotzdem log er sogar 1924 vor Gericht, als er vom Vorsitzenden gefragt wurde, ob er *„1912 zur Ausbildung als Architekturzeichner nach München gekommen"* war, und brav antwortete: *„Nicht zur Ausbildung. Ich war schon fertig. Als Architekturzeichner musste ich mir das Brot verdienen. Ich wollte mich zum Baumeister und Architekten ausbilden."*[29] Dabei hatte er nie auch nur versucht, an einer Münchener Schule, Akademie oder Universität Aufnahme zu finden.

Der Grund für Hitlers Umsiedelung nach München und deren nachweisbar falsche Datierung war wohl ein ganz anderer. Denn Hitler hatte sich bis dahin, obwohl er bereits 24 Jahre alt war, noch nicht zur Musterung gemeldet und damit gegen das österreichische Wehrpflichtgesetz verstoßen, das im Frühjahr 1912 verabschiedet worden war. Danach galt jeder männliche österreichische Staatsbürger vom 20. Lebensjahr an als militärpflichtig und musste sich jährlich zur Musterung melden. Ebenso war er verpflichtet, dem militärischen Bezirkskommando jede Veränderung seines Wohnsitzes und Aufenthaltsortes zu melden. Versäumte er dies, konnte er als Deserteur strafrechtlich verfolgt, ja sofort verhaftet werden. Verließ er gar das Land, galt er als fahnenflüchtig. Hitler hätte sich also bereits im Herbst 1909, spätestens aber im Herbst 1912 zum Eintrag in das Stellungsregister und ein halbes Jahr später zur Musterung melden müssen. Das hat er nachweisbar nicht getan. So erließ die Linzer Polizeiabteilung des Magistrats am 11. August 1913 Haftbefehl gegen ihn wegen „Stellungsflucht". Im Oktober 1913 teilten Hitlers Verwandte den Behörden mit, dass er in Wien lebe. Doch am 29. November 1913 stellte der Wiener Magistrat fest, dass Hitler bereits im Mai unbekannt verzogen war. Als die Behörden daraufhin in seinem letzten Wohnsitz, dem Männerheim in der Meldemannstraße, nachfragten, erfuhren sie, dass er jetzt in München wohne. Am 8. Januar 1914 teilten die Münchener Behörden den

---

[28] Hitler 1925/27, S. 138
[29] zit. n. Joachimsthaler 1989, S. 31

Linzer Kollegen Hitlers neue Adresse mit. Auf Gesuch der Österreicher wurde der Flüchtige am 19. Januar 1914 von der Münchener Kriminalpolizei festgenommen und auf das österreichische Generalkonsulat gebracht. Hitler spielte den Ahnungslosen, behauptete, er habe sich in Wien gemeldet und dann nie wieder etwas gehört. Offenbar vollführte er an diesem Tag eine rhetorische und schauspielerische Glanzleistung, jedenfalls verzichteten die Polizei und das Konsulat auf weitere Zwangsmaßnahmen. Er wurde lediglich aufgefordert, sich am 5. Februar 1914 in Linz zur Musterung zu melden. Doch auch dazu war Hitler nicht in der Lage. In einem seitenlangen mitleiderheischenden Brief bat er den Magistrat in Linz um eine Musterung in Salzburg, da er sich angeblich eine so weite Reise nicht leisten könne:

> *„Und was meine Unterlassungssünde im Herbste 1909 anlangt, so war dies eine für mich unendlich bittere Zeit. Ich war ein junger unerfahrener Mensch, ohne jede Geldhilfe und auch zu stolz eine solche auch nur von irgend jemand anzunehmen geschweige denn zu erbitten. Ohne jede Unterstützung nur auf mich selbst gestellt, langten die wenigen Kronen, oft auch nur Heller, aus dem Erlös meiner Arbeiten kaum für meine Schlafstelle. Zwei Jahre lang hatte ich keine andere Freundin als Sorge und Not, keinen anderen Begleiter als ewigen unstillbaren Hunger. Ich habe das schöne Wort Jugend nie kennen gelernt, heute noch, nach fünf Jahren, sind die Andenken in Form von Frostbeulen an Fingern, Händen und Füßen ... Trotz größter Not, inmitten einer oft mehr als zweifelhaften Umgebung, habe ich meinen Namen stets anständig erhalten, bin ganz unbescholten vor dem Gesetz und rein vor meinem Gewissen bis auf jene unterlassene Militärmeldung, die ich damals nicht einmal kannte ..."*[30]

Hitler hatte Glück, man fiel auf seine rührselige Entschuldigung herein. Nicht nur, dass er bloß nach Salzburg reisen brauchte, er wurde auch am 5. Februar 1914 als *„zum Waffen- und Hilfsdienst untauglich, zu schwach"* erklärt und damit als *„waffenunfähig"* ausgemustert.[31]

---

[30] zit. n. Maser 1973, S. 40 f.
[31] ebd., S. 42

Der seltsame Gefreite

„So, wie wohl für jeden Deutschen, begann nun auch für mich die unvergesslichste und größte Zeit meines irdischen Lebens. Gegenüber den Ereignissen dieses gewaltigsten Ringens fiel alles Vergangene in ein schales Nichts zurück."

Adolf Hitler in „Mein Kampf" (1924)[1]

„Im reinsten Idealismus bin ich ins Feld gezogen, dann aber hat man Tausende verletzt und sterben gesehen, und da kommt einem das Bewusstsein dessen, dass das Leben ein dauernder grausamer Kampf ist, welcher letztlich der Erhaltung der Art gilt: der eine mag vergehen, wenn andere leben bleiben."

Adolf Hitler am 15. September 1941 im Führerhauptquartier[2]

Nur ein halbes Jahr später sollte der Drückeberger Hitler dann doch zu den Fahnen eilen; allerdings nicht für Österreich, sondern für das Deutsche Kaiserreich. Den Vielvölkerstaat der toleranten und katholischen Habsburger lehnte er von ganzer Seele ab. Doch die Waffenbrüderschaft mit Österreich war es, die Deutschland in den Ersten Weltkrieg riss. Am 1. August 1914 ordnete Kaiser Wilhelm II. die allgemeine Mobilmachung an, zwölf Stunden später erklärte er Russland den Krieg. Gegen Mittag des 2. August 1914 versammelte sich halb München vor der Feldherrnhalle zu einer patriotischen Kundgebung. In der Menge, und zwar in einer der vordersten Reihen, stand ein junger Österreicher: Adolf Hitler. Überwältigt von der Begeisterung der Massen und glücklich, *„in dieser Zeit leben zu dürfen"*[3], stimmte er aus ganzem Herzen in das aus zehntausenden Kehlen gesungene „Deutschland, Deutschland über alles …" ein. Gleich am nächsten Tag verfasste er ein Gesuch an

---

[1] Hitler 1925/27, S. 179
[2] Hem 1980, S. 71
[3] ebd., S. 177

Bayerns König Ludwig III., trotz seiner österreichischen Staatsbürgerschaft in einem bayerischen Regiment als Freiwilliger dienen zu dürfen. Die Genehmigung dazu, erteilt von der Kabinettskanzlei, traf schon am nächsten Tag ein. Mit „zitternden Händen"[4] öffnete er das Schreiben, geradezu euphorisch reagierte er auf die positive Antwort. Man nahm damals buchstäblich jeden; seine schwächliche körperliche Konstitution, die ihn noch ein halbes Jahr zuvor „waffenunfähig" erscheinen ließ, spielte plötzlich keine Rolle mehr. So kam Hitler nach der absolvierten Grundausbildung am 23. Oktober 1914 tatsächlich an die belgische Front. Nur fünf Tage später geriet sein Regiment in das erste Gefecht. Der „Feuertaufe" fielen viele seiner Kameraden zum Opfer. Hitler dagegen hatte Glück. Obwohl eine feindliche Kugel ihm den rechten Rockärmel wegriss, blieb er unverletzt.

Bei einem weiteren Gefecht am 1. November 1914 blieben von den 3600 Mann seines Regiments gerade einmal 611 kampffähig; die anderen fielen oder wurden schwer verletzt. Hitler, der auch diese Schlacht unbeschadet überstand, wurde zum Gefreiten befördert. Fortan diente er als Gefechtsmeldegänger, was die NS-Propaganda geflissentlich verschwieg. Gewiss war das eine gefährliche Aufgabe. Hitler, der sich nach den ersten Fronterlebnissen in die Vorstellung verrannt hatte, er sei unverletzbar, bewältigte sie mit fanatischem Eifer und geradezu „traumtänzerischer Sicherheit". Doch es klang heroischer, zu behaupten, der „Führer" habe „Mann gegen Mann" gekämpft und mit den Kriegskameraden im Schützengraben gelegen. Noch schwieriger war es für die Propaganda, zu erklären, weshalb Hitler trotz seiner unbestreitbaren Tapferkeit nie zum Offizier befördert worden war. Angeblich war es seine große Bescheidenheit, die ihn jede Beförderung ablehnen ließ. Tatsächlich aber erklärte sein Regimentsadjutant Friedrich Wiedemann: „Hitler hatte damals nach militärischer Auffassung wirklich nicht das Zeug zum Vorgesetzten ... irgendwie muss ein Mann schließlich zum ‚Anführer' geeignet sein."[5] Mit anderen Worten: Dem „Führer" mangelte es an Führungsqualitäten! Er war auch im Krieg ein Einzelgänger, galt bei seinen Kameraden als versponnener und fanati-

[4] Hem 1980, S. 179
[5] Joachimsthaler 1989, S. 160

scher Sonderling, als freudloser Eigenbrötler, der spöttisch nur „der Kunstmaler" genannt wurde.

Ein Granatsplitter, der Hitler am 5. Oktober 1916 (so laut seiner Kriegsstammrolle; er selbst behauptete später, es sei der 7. gewesen) am rechten Oberschenkel traf, machte auch dem Nimbus seiner „Unverwundbarkeit" ein Ende. Fast zwei Monate verbrachte er im Lazarett, bis er im März 1917 wieder an die Front durfte. Dort gab er noch einmal alles. Ein Meldegang war so gefährlich, dass der Regimentsadjutant demjenigen seiner Männer, der mit seiner Meldung durchkäme, das Eiserne Kreuz erster Klasse, die höchste Kriegsauszeichnung, versprach. Hitler wagte den Gang und erreichte sein Ziel. Am 4. August 1918 erhielt er das „EK 1" aus der Hand seines Regimentsadjutanten, eines Juden namens Hugo Gutmann![6] Auch diese Umstände vertuschte die Nazipropaganda. Offiziell war der „Führer" ausgezeichnet worden, weil er ganz allein 15 französische Soldaten gefangen genommen habe (was natürlich nicht stimmte). Seinen Gönner Gutmann aber diffamierte Hitler noch Jahre später im „Führerhauptquartier": *„Ich habe im Weltkrieg das EK 1 nicht getragen, weil ich gesehen habe, wie es verliehen wird. Wir hatten einen Juden im Regiment, Gutmann, einen Feigling sondergleichen. Er hat das EK 1 getragen. Es war empörend und eine Schande."*[7] Tatsächlich hatte Hitler gar nicht mehr so viel Zeit, das EK 1 an der Front zu tragen. Denn in der Nacht vom 13. auf den 14. Oktober 1918 geriet sein Regiment in einen britischen Gelbkreuz-Gasangriff. Hitler erblindete zeitweise. Mit einem Verwundetentransport wurde er in das preußische Reservelazarett Pasewalk bei Stettin gebracht, wo er bis zum 19. November 1918, dem Tag seiner Entlassung, behandelt wurde. Dort ereignete sich, glauben wir seiner Selbstdarstellung, das „Wunder" seiner Berufung.

---

[6] Joachimsthaler 1989, S. 174 ff.
[7] Heim/Jochmann 1980, S. 132

Das „Wunder" von Pasewalk

„Ich aber beschloss, Politiker zu werden."
Adolf Hitler in „Mein Kampf" (1924)[1]

„Der Weg von der Vision des halbblinden Soldaten vom Jahre 1918 bis zur Realität des nationalsozialistischen Staates ... war ein gewaltiger."
Adolf Hitler am 30. Januar 1944 im Rundfunk[2]

Hitler schilderte in „Mein Kampf" die Tage in Pasewalk im Stil christlicher Heiligenlegenden als Erweckungserlebnis: *„Es lag etwas Unbestimmtes, aber Widerliches schon lange in der Luft."* Immer wieder drangen Gerüchte von Streiks und Aufständen zu den Krankenbetten vor. In der Marine, so hieß es, solle es gären. Dann, am 7. November 1918, erfuhren Hitler und seine verwundeten Kameraden, dass der Krieg beendet und Bayern Republik geworden sei. Zwei Tage später unterschrieb der Sozialdemokrat Matthias Erzberger für die Regierung Ebert die von den Alliierten formulierten Waffenstillstandsbedingungen. Der Gefreite war verbittert. *„Ein paar Judenjungen waren die ‚Führer' in diesem Kampf um die ‚Freiheit, Schönheit und Würde' unseres Volksdaseins. Keiner davon war an der Front gewesen"*, schrieb er später. Der Krieg, dem er scheinbar sein Kostbarstes, das Augenlicht, geopfert hatte, war verloren:

> *„Es war alles umsonst gewesen. Umsonst all die Opfer und Entbehrungen, umsonst der Hunger und Durst von manchmal endlosen Monaten, vergeblich die Stunden, in denen wir, von Todesangst umkrallt, dennoch unsere Pflicht taten, und vergeblich der Tod von zwei Millionen, die dabei starben."* [3]

Es gab für ihn, so glaubte er, keine Hoffnung mehr, dass er, trotz allmählicher Besserung, je wieder gut genug sehen könne, um als

---

[1] Hitler 1925/27, S. 225
[2] Domarus 1973, S. 2086
[3] Hitler 1925/27, S. 221

Kunstmaler zu arbeiten. Wie viele andere Frontsoldaten seiner Zeit fühlte er sich verraten. Dem „im Felde unbesiegten" Deutschen Heer, so verbreitete sich bald, hätten die Sozialdemokraten hinterrücks den Dolchstoß versetzt.

Als am 10. November 1918 ein alter, würdiger Pastor in das Lazarett kam, um den Kriegsversehrten mitzuteilen, dass der Kaiser abgedankt habe und Deutschland Republik geworden sei, brach Hitler völlig zusammen. *„Da hielt ich es nicht mehr aus"*, schrieb er in „Mein Kampf". *„Mir wurde es unmöglich, noch länger zu bleiben. Während es mir um die Augen wieder schwarz ward, tastete und taumelte ich zum Schlafsaal zurück, warf mich auf mein Lager und grub den brennenden Kopf in Decke und Kissen. Seit dem Tage, da ich am Grabe meiner Mutter gestanden, hatte ich nicht mehr geweint."*[4] In diesen Tagen der Finsternis, die seinem Zusammenbruch folgten, wurde aus tiefster Verzweiflung sein Hass geboren. Später erzählte er seinen Vertrauten, er habe eine Vision gehabt. Er empfing den Auftrag, das deutsche Volk zu befreien und Deutschlands Größe wiederherzustellen.[5] In „Mein Kampf" brachte er das in einem Satz zum Ausdruck: *„Ich aber beschloss, Politiker zu werden."*[6] Danach, wie durch ein Wunder, konnte er wieder sehen.

Die Geschichte, so dramatisch sie ist, hat allerdings einen Haken: Hätte Gelbkreuzsubstanz Hitlers Augen getroffen, wären diese völlig verätzt worden und auf ewig erblindet. Kamen sie dagegen mit Gelbkreuzdämpfen in Kontakt, was anzunehmen ist, waren eine Bindehautentzündung und Lidschwellung die Folgen. Nach einigen Tagen hätte der Kranke wieder normal sehen können. Es gibt keinerlei Hinweis darauf, dass Hitlers Augen nach seiner Entlassung aus dem Lazarett auch nur irgendwie geschädigt waren. Schon am 13. November 1918 wurde er wieder „kriegsverwendungsfähig" geschrieben, am 19. November 1918 als vollständig geheilt in die Heimat entlassen. Hitler selbst erklärte in seinem bereits mehrfach zitierten Lebenslauf von 1921, dass seine *„Erblindung in verhältnismäßig kurzer Zeit wieder wich".*[7] Er stellte nie einen Antrag auf eine Kriegsversehrtenpension, nahm weder eine Nachsorge noch Rehabilitationsmaßnahmen in

[4] Hitler 1925/27, S. 223
[5] Kershaw 1998, Bd. I, S. 144
[6] Hitler 1925/27, S. 225
[7] zit. n. Domarus 2004, S. 13

Anspruch. Stattdessen unterschrieb er bei seiner Entlassung aus dem Militärdienst am 31. März 1920 auf seiner Kriegsstammrolle die Klausel *„Versorgungsansprüche werden von ihm nicht erhoben."*[8] Erst als er nach dem gescheiterten November-Putsch von 1923 vor Gericht stand und es um die Verteidigung seiner politischen Position ging, behauptete er Mitleid heischend: *„Mit Rücksicht auf meinen Beruf* (!) *als Architekt galt ich doch als vollkommener Krüppel und ich habe nie geglaubt, dass ich noch einmal eine Zeitung werde lesen können."*[9]

Sicher ist, aus rein medizinischer Sicht: So wie Hitler die Vorgänge zwischen dem 14. Oktober und dem 13. November 1918 schilderte, können sie sich nicht zugetragen haben. Hitler log über das „Wunder seiner Heilung".

Was sich damals in Pasewalk wirklich ereignet hat, kann nur aufgrund von Indizien rekonstruiert werden, da seine offizielle Krankenakte schon vor 1933 spurlos verschwand. In seiner Kriegsstammrolle wird er lediglich als verwundet und *„gaskrank"* beschrieben – ein ziemlich dehnbarer Begriff. Umfangreiche Recherchen führte der Jurist und Zeitgeschichtler Bernhard Horstmann durch, der seine Ergebnisse im Jahre 2004 unter dem Titel „Hitler in Pasewalk" publizierte. Sein Ausgangspunkt war die u. a. von dem Historiker Werner Maser erwähnte Information, General Ferdinand von Bredow habe 1932 die Krankenakte Hitlers im Auftrag des damaligen Reichskanzlers und vormaligen Reichswehrministers General Kurt von Schleicher beschlagnahmt. In dem Dokument habe es geheißen, Hitlers Erblindung sei ausschließlich „hysterischer Art" gewesen. Es gelang Horstmann sogar, Schleichers noch lebende Stieftochter aufzuspüren, die ihm bestätigte, dass ihr Stiefvater tatsächlich in Besitz dieses Dokumentes aus dem „Krankenbuchlager Berlin" gewesen sei. Wörtlich sei Hitler darin als *„Hysteriker mit entsprechenden Symptomen"* diagnostiziert worden. Zudem habe ihn der behandelnde Arzt, ein Prof. Dr. Edmund Forster, als *„zum Vorgesetzten untauglich"* eingestuft.[10] In Hitlers „Nacht der langen Messer", der massenweisen Ausschaltung seiner Gegner im Anschluss an die „Röhmkrise" am 30. Juni 1934, wurden Schleicher, seine Frau und Bredow erschossen. Danach verlor sich die Spur der Krankenakte.

---

[8] Horstmann 2004, S. 50
[9] zit. n. Joachimsthaler 1989, S. 177
[10] ebd., S. 16 ff.

Eine am 21. März 1943 verfasster Bericht des US-Marine-Geheimdienstes, betitelt als „Deutschland – Hitler – Psychiatrische Studie", bestätigte diese Information. Darin heißt es wörtlich: *„Professor Forster, damals im Zivilleben Assistenzarzt an der Berliner Universitäts-Nervenklinik und militärisch Neurologischer Chefarzt an dem Reserve-Lazarett von Pasewalk, erklärte ihn zu einem ‚Psychopathen mit hysterischen Symptomen'."*[11] Tatsächlich verstarb Prof. Dr. Edmund Forster am 11. September 1933 angeblich durch Selbstmord. Zuvor aber, so Horstmann, war er in der Lage, seinem im Pariser Exil lebenden Kollegen Dr. med. Ernst Weiß sein privates Protokoll über seine Begegnung mit Hitler zu übergeben. Dr. Weiß verarbeitete es in seinem Roman „Der Augenzeuge" und beging aus Furcht vor Hitlers Rache Selbstmord, als am 14. Juni 1940 die deutschen Truppen in Paris einrückten. Seiner Darstellung nach war Pasewalk eine Station speziell für die Opfer von Kriegspsychosen, was durch die zweifelsfrei erwiesene Anwesenheit von psychiatrischem Fachpersonal bestätigt wird. Forsters Spezialität war die Behandlung von Hysterikern durch suggestive Hypnose, und es ist durchaus möglich, dass er dem seltsamen Gefreiten suggerierte, über außergewöhnliche Kräfte zu verfügen oder in Deutschland gebraucht zu werden.

War dies das wahre „Wunder von Pasewalk"? Wurde so aus dem bis zur Selbstaufgabe devoten Soldaten der Charismatiker, der felsenfest davon überzeugt war, dass die Vorsehung ihn auserwählt hatte, Deutschland zu retten? Viele seiner Zeitgenossen bezeugen, dass der „Führer" manchmal wie besessen, dann wieder wie in Trance wirkte. Dass er ein Hysteriker und Simulant war, steht außer Frage; auch sein späterer Leibarzt Dr. Theodor Morell bezeichnete seine Leiden in den letzten Kriegsjahren, sein Gliederzittern und seinen schlürfenden Gang als „hysterisch" und nicht etwa krankheitsbedingt. Traf eine gute Nachricht ein, waren diese Symptome zur Verwunderung seines Umfeldes urplötzlich verschwunden. Dass Hitler alle Mitwisser, alle Zeugen dieser entlarvenden Diagnose ermorden ließ, spricht eine deutliche Sprache. Doch was immer damals geschah, eines ist sicher: Hitlers Heilung hatte fatale Folgen. Er mochte sein Augenlicht wieder haben, doch fortan senkte sich tiefe Finsternis über das Land.

---

[11] zit. n. Joachimsthaler 1989, S. 28

Wie Hitler zum Antisemiten wurde

„In dieser Zeit (in Wien) bildeten sich mir ein Weltbild und eine Weltanschauung, die zum granitenen Fundament meines derzeitigen Handels wurden. Ich habe zu dem, was ich mir einst schuf, nur weniges hinzulernen müssen, zu ändern brauchte ich nichts."[1]

Adolf Hitler in „Mein Kampf" (1924)

Sicher ist, dass es nicht in Pasewalk war, als Hitler beschloss, Politiker zu werden. Er selbst hat diese Entscheidung nie getroffen, sondern er ist langsam in die Politik gedrängt worden. So stellte der Historiker Ernst Deuerlein fest: *„Da Hitler in seinen nicht wenigen Reden bis zum Putsch vom 9. November 1923 kein Wort über den angeblich im Herbst 1918 gefassten Entschluss, Politiker zu werden, verlor, drängt sich die Vermutung auf, seine Begegnung mit der Politik wurde nicht durch seine eigene Willensleistung, sondern durch nicht bekannte Umstände veranlasst."*[2]

Als er im November 1918 in München eintraf, war weder von einer dramatischen Berufung noch von irgendeiner charakterlichen Veränderung etwas zu spüren. Er war noch derselbe unauffällige und eigenbrötlerische Sonderling, als der er an der Front in Erscheinung getreten war. Sein Leben bot ihm keine Perspektive, der Gedanke an seine Zukunft bereitete ihm noch immer *„so bittere Sorgen"*[3]. Die Zeit im Heer hatte ihm, bei allen Gräueln des Krieges, zumindest eine gewisse Sicherheit gegeben, einen geregelten Tagesablauf, regelmäßige Mahlzeiten und klare Befehle. So entschied er sich dagegen, wieder in sein unstetes und unsicheres Künstlerleben der Vorkriegszeit zurückzukehren; er wollte Soldat bleiben.

Wie aus seiner Kriegsstammrolle Nr. 4470/7111 hervorgeht, wurde er am 21. November 1918 der 7. Kompanie des 1. Ersatzbataillons des

---

[1] Hitler 1925/27, S. 21
[2] Deuerlein, Ernst, Hitler – eine politische Biographie, München 1969, S. 40
[3] Hitler 1925/27, S. 225

2. Infanterieregimentes zugeteilt, das in München stationiert war. Doch die Zeiten hatten sich geändert; es war die Zeit der Räterepublik unter Führung des Unabhängigen Sozialdemokraten Kurt Eisner, eines Juden. Hitler ging keineswegs in Opposition; er schien sich mit den neuen politischen Verhältnissen arrangiert zu haben, was ganz jener geradezu devoten Obrigkeitshörigkeit entspricht, von der seine Kriegskameraden immer wieder berichteten. Nur in „Mein Kampf" behauptete er: *„Der ganze Betrieb war mir so widerlich, dass ich mich sofort entschloss, wenn möglich, wieder fortzugehen. Mit einem treuen Feldzugskameraden, Schmiedt Ernst, kam ich nach Traunstein und blieb bis zur Auflösung des Lagers dort. Im März 1919 gingen wir wieder nach München zurück."*[4] Tatsächlich wurden Hitler und Schmidt im Dezember 1918 als Wachsoldaten für das Kriegsgefangenenlager Traunstein abkommandiert, doch das befand sich ebenfalls in den Händen der roten Soldatenräte. Ihr Dienst dort dauerte aber nur bis Januar 1919. Im Februar 1919 wurde Hitler, längst wieder in München, in die 2. Demobilmachungs-Kompanie versetzt, deren Ziel es war, ehemalige Weltkriegssoldaten wieder in das Zivilleben zu integrieren. Dort wurde er, wahrscheinlich am 15. Februar 1919, zum „Vertrauensmann" gewählt. Seine neue Aufgabe war, seinen Kameraden *„in Zusammenarbeit mit der ‚Propagandaabteilung' der SPD und USPD Regierung den demokratisch-republikanischen Staatsgedanken"*[5] zu vermitteln. Konrad Heiden, der in München als Journalist recherchierte und mit Augenzeugen sprach, stellte überrascht fest, Hitler habe damals *„in den erregten Diskussionen für die Sozialdemokraten und gegen die kommunistische Partei"*[6] Stellung bezogen. Das macht zumindest verständlich, weshalb er bewusst eine falsche Fährte legte und später behauptete, er sei zu dieser Zeit noch in Traunstein gewesen.

Nach der Ermordung Eisners durch einen rechtsgerichteten Weltkriegs-Unterleutnant griffen im April 1919 die Kommunisten in München nach der Macht. Diesmal entschied sich Hitlers Kompanie dazu, neutral zu bleiben. Als am 1. Mai 1919 Reichstruppen und rechtskonservative Freikorps in die bayerische Landeshauptstadt einmarschierten, war der rote Spuk vorbei und Hitler drehte, zum letzten Mal, sein Fähnchen nach dem Wind.

---

[4] Hitler 1925/27, S. 226
[5] Joachimsthaler 1989, S. 201
[6] Heiden, Konrad: Hitler – eine Biographie, Zürich 1936, S. 83

Mit Sorge hatte das Reichswehrministerium in Berlin festgestellt, wie weit kommunistisches Gedankengut auch die Soldaten erfasst hatte. Um eine erneute Revolution zu verhindern, galt es, sie politisch umzuerziehen. Zudem sollten die Bevölkerung, die Parteien und die Truppeneinheiten gründlich überwacht werden. Zu diesem Zweck wurde eine eigene „Nachrichten Abteilung" (Abt. Ib/P) im Sinne eines Nachrichtendienstes gegründet, die auch als „Presse- und Propagandaabteilung" oder „Aufklärungsabteilung" bezeichnet wurde. Ein ihr unterstellter „Agenten- und Nachrichtendienst" sollte speziell in München aktiv werden, das seit November 1918 als Zentrum kommunistischer Aktivitäten in Deutschland galt. Am 18. Mai 1919 erließ der Leiter der Nachrichten-Abteilung, Generalmajor Möhl, die Anweisung, geeignete Truppenangehörige zum „Propagandadienst" auszuwählen und in entsprechenden Lehrgängen politisch und rhetorisch zu schulen. Ihre Aufgabe war, *„zu Trägern der Aufklärung unter ihren Kameraden zu werden"*. Voraussetzungen waren *„Reife des Charakters, Takt und ein gesunder, scharfer Verstand"* sowie die Bereitschaft, *„voraussichtlich längere Zeit der Truppe angehören"*[7] zu wollen. Am 30. Mai 1919 übernahm der Generalstabsoffizier Karl Mayr, ein fanatischer Republikgegner und Antisemit, die Münchener Nachrichten-Abteilung. Auf der Suche nach geeigneten Personen fiel ihm der ehemalige Kompanievertrauensmann Adolf Hitler auf, der ihm bald als geeigneter Mann für den Propagandadienst erschien. Hitler war loyal, intelligent, belesen, und viel geredet hatte er auch schon immer. Zudem war er politisch unverdächtig, hatte er sich doch während der kommunistischen Räteherrschaft dafür eingesetzt, dass seine Kompanie neutral blieb. Dabei machte sich Mayr keine allzu großen Illusionen über seinen neuen Schützling, erklärte später: Er *„war nur einer der vielen tausend Ex-Soldaten, die auf der Straße waren und nach Arbeit suchten ... In dieser Zeit war Hitler bereit, von irgend jemandem einen Posten anzunehmen, der ihm freundlich gesinnt war ... Er hätte für einen jüdischen oder französischen Auftraggeber genau so gerne gearbeitet, wie für einen Arier. Als ich ihn das erste Mal traf, glich er einem müden streunenden Hund, der nach seinem Herrn suchte."*[8] Mit demselben blinden, fanatischen Eifer, mit dem er sich als Meldegänger an der Front das Eiserne Kreuz erworben hatte, steigerte sich Hit-

---

[7] zit. n. Joachimsthaler 1989, S. 226 f.
[8] zit. n. ebd., S. 186

ler in seine neue Aufgabe hinein. Nachdem er entsprechende Rhetorikkurse besucht hatte, stellte er bald fest: *„Ich konnte ‚reden'. Auch die Stimme war schon so viel besser geworden, dass ich wenigstens in kleinen Mannschaftszimmern überall genügend verständlich blieb. Keine Aufgabe konnte mich glücklicher machen als diese …"*[9] Der bis dahin eher unsicher und gehemmt wirkende Hitler hatte damit ein Erfolgserlebnis, durch das er regelrecht aufblühte. Als er einen Kurs des antisemitischen Wirtschaftswissenschaftlers Gottfried Feder besuchte, der lautstark gegen die „Zinsknechtschaft" wetterte, träumte er bereits davon, eine neue, „sozialrevolutionäre" Partei zu gründen und jetzt wirklich Politiker zu werden. In dieser Zeit trat er auch erstmals öffentlich als Antisemit in Erscheinung.

In seinem Buch „Mein Kampf" behauptete Hitler, das *„granitene Fundament"* seiner Weltanschauung sei bereits in Wien gelegt worden. Das mag insofern stimmen, als er sich damals den größten Teil des immensen Halbwissens anlas, mit dem er später immer wieder brillieren sollte. Dazu gehörten mit Sicherheit auch antisemitische Schriften, etwa die „Ostara"-Hefte des versponnenen Esoterikers und Ex-Mönchs Adolf Lanz, der sich bald „Georg Lanz von Liebenfels" nannte und den rassistischen Orden der „Neutempler" gründete. Hitler meinte wohl diese verschrobenen Schriften, die den Untertitel „Bücherei der Blonden und Mannesrechtler" führten, wenn er schreibt, in Wien die *„ersten antisemitischen Broschüren meines Lebens"* für ein paar Heller erworben zu haben; doch ihre *„außerordentlich unwissenschaftliche Beweisführung"*[10] hat ihn wohl nicht allzu sehr überzeugt. So ist anzunehmen, dass er zwar ihren Inhalt, wie alles, was er las, begierig in sich aufnahm – ganze Seiten in „Mein Kampf" gehen eindeutig auf Lanzens Thesen zurück –, aus ihnen aber noch keine praktischen Schlüsse zog.

Auch die Begegnung mit einem galizischen Juden *„in langem Kaftan mit schwarzen Locken"*[11], laut „Mein Kampf" Auslöser seines Judenhasses, machte ihn wohl eher neugierig. Jedenfalls berichtet sein Jugendfreund Kubizek, dass er daraufhin sogar eine Synagoge besuchte, um sich über das Judentum zu orientieren, allerdings auch einen „Antisemitenbund" kontaktierte. Tatsächlich war der

[9] Hitler 1925/27, S. 235
[10] ebd., S. 60
[11] ebd., S. 59

Antisemitismus damals fester Bestandteil der Wiener Politik, und die beiden Politiker, die Hitler am meisten beeindruckten und letztendlich prägten, der „alldeutsche" Georg Ritter von Schönerer (der sich selbst „der Führer" nannte) und der christsoziale Wiener Bürgermeister Dr. Karl Lueger, hetzten lautstark gegen die Juden. Zeugen aus Hitlers Zeit im Wiener Männerheim erlebten dagegen zwar seine Schimpftiraden gegen *„die Roten und die Jesuiten"*, erinnern sich aber auch an eine Reihe freundschaftlicher Kontakte zu Juden. Vor Hanisch, seinem zeitweisen Geschäftspartner, verteidigte er sogar seine jüdischen Freunde Josef Neumann und Siegfried Löffner. Als er seine Bilder verkaufte, waren einige seiner besten und großzügigsten Kunden Juden. Selbst Rudolf Häusler, mit dem er 1913 nach München ging, stellte bei seinem Mitbewohner keinerlei antisemitische Neigungen fest. Er erinnerte sich lediglich, dass sich Hitler einmal von einem jüdischen Trödler übervorteilt fühlte, gewiss kein Anlass für den unbändigen Hass, der zum Völkermord führte. Entsprechend unverkrampft war sein Verhältnis zu seinen jüdischen Vorgesetzten im Ersten Weltkrieg. Auch hier stand sein Regimentsadjutant Wiedemann vor einem Rätsel, konnte sich nicht erklären, *„wo die Ursache für den fanatischen Judenhass Hitlers lag"*.[12]

Tatsächlich trat Hitler erstmals Ende August 1919 als antisemitischer Redner in Erscheinung. Der frisch ausgebildete Propagandist – er war nie „Bildungsoffizier", wie er in „Mein Kampf" hochstapelnd behauptete – hatte sein Debüt im Durchgangslager Lechfeld, wo er die *„bolschewistisch und spartakistisch verseuchten, aus der Kriegsgefangenschaft zurückkehrenden deutschen Soldaten"* umzuschulen hatte. Im Rahmen eines Vortrags, den er am 25. August 1919 über den Kapitalismus zu halten hatte, *„streifte"* er *„die Judenfrage ... unter besonderer Berücksichtigung des germanischen Standpunktes"*, heißt es im Bericht von Oberleutnant Bendt, der das Wachkommando in Lechfeld anführte.[13] Offensichtlich war Hitler seine Wiener Lektüre noch gut im Gedächtnis, und er konnte das damals Erlesene jetzt gekonnt einsetzen. Als sein Vorgesetzter, Hauptmann Mayr, am 4. September 1919 von einem Kollegen aus Ulm die Anfrage bekam, wie sich *„eigentlich die Regierungssozialdemokratie gegen-*

---

[12] Joachimsthaler 1989, S. 174
[13] ebd., S. 247

über dem Judentum" verhielte und ob *„ihr verderblicher Einfluss über-schätzt ... oder verkannt"*[14] werde, delegierte er diese Aufgabe an Hit-ler. In sechs Tagen verfasste dieser eine dreiseitige Antwort, die er schließlich am 16. September 1919 vorlegte. Obwohl er keine Quel-len nennt, ist mehr als wahrscheinlich, dass Prof. Feder ihn vorher gründlich auf diese Aufgabe vorbereitet hatte. Die Formulierung: *„Seine Macht ist die Macht des Geldes, das sich in Form des Zinses in seinen Händen mühe- und endlos vermehrt und den Völkern jenes gefähr-lichste Joch aufzwingt"*, hätte jedenfalls auch aus Feders Buch „Das Manifest zur Brechung der Zinsknechtschaft" (1919) stammen kön-nen. Weiter behauptete Hitler:

> *„Zunächst ist das Judentum unbedingt eine Rasse und nicht Reli-gionsgenossenschaft ...*
> *Durch tausendjährige Innzucht (!), häufig vorgenommen in engs-tem Kreise, hat der Jude im allgemeinen seine Rasse und ihre Ei-genarten schärfer bewahrt, als zahlreiche der Völker, unter denen er lebt ...*
> *Alles, was Menschen zu Höherem streben lässt, sei es Religion, Sozialismus, Demokratie, es ist ihm alles nur Mittel zum Zweck, Geld und Herrschgier zu befriedigen. Sein Wirken wird in seinen Folgen zur Rassentuberkulose der Völker.*
> *Und daraus ergibt sich folgendes: Der Antisemitismus aus rein ge-fühlsmäßigen Gründen wird seinen letzten Ausdruck finden in der Form von Progromen (!). Der Antisemitismus der Vernunft jedoch muss führen zur planmässigen gesetzlichen Bekämpfung und Besei-tigung der Vorrechte des Juden(,) die er zum Unterschied der ande-ren zwischen uns lebenden Fremden besitzt (Fremdengesetzgebung). Sein letztes Ziel aber muss unverrückbar die Entfernung des Juden überhaupt sein. Zu Beidem ist nur fähig eine Regierung nationaler Kraft und niemals eine Regierung nationaler Ohnmacht."*[15]

Damit hatte er in abenteuerlicher Orthographie und eiskalter Men-schenverachtung die Umrisse seiner zukünftigen „Judenpolitik" von den Nürnberger Rassegesetzen bis zum Holocaust festgelegt. Er sollte, zum Schrecken der Welt, von ihnen nie mehr abrücken.

---

[14] Joachimsthaler 1989, S. 244 f.
[15] zit. n. Maser 2002, S. 223 ff.

Der gemachte Politiker

„In Erkenntnis dieses Verfalls habe ich vor 14 Jahren mit einer Handvoll Menschen eine neue Bewegung gebildet, die schon in ihrer Bezeichnung eine Proklamation der neuen Volksgemeinschaft ist."
Adolf Hitler am 15. Juli 1932 in seinem „Appell an die Nation"[1]

„Das ist das Wunder unserer Zeit, dass ihr mich gefunden habt unter so vielen Millionen! Und dass ich euch gefunden habe, das ist Deutschlands Glück!"
Adolf Hitler am 13. September 1936 auf dem Nürnberger Parteitag[2]

Offenbar hatte er seine Hausaufgaben zur vollsten Zufriedenheit seines Vorgesetzten erledigt. Vorher schon war er durch sein rhetorisches Talent aufgefallen. Als ihn der Historiker Prof. von Müller erlebte, wie er nach einem der Lehrvorträge lebhaft mit seinen Kameraden die Thesen von Prof. Feder diskutierte, war er ganz begeistert. „Weißt du, dass du ein rednerisches Naturtalent in deiner Gruppe hast?", schrieb er seinem Freund Hauptmann Mayr. Kurz darauf, wohl Anfang September 1919, schickte ihn sein Vorgesetzter in das Brauhaus „Sternecker", offiziell um eine neu gegründete kleine Partei zu beobachten, die sich „Deutsche Arbeiterpartei" nannte. Auf deren Programm stand ein Vortrag Prof. Feders. Befremdet notierte Hitler die *„lächerliche Spießigkeit"*[3] der kleinen Runde von vielleicht 40 Zuhörern und dem sechsköpfigen „Parteivorstand". Erst als in der anschließenden Diskussion ein Besucher die Loslösung Bayerns vom Reich und die Union mit Österreich forderte, hielt es ihn nicht mehr. Empört legte er los, leidenschaftlich begann er zu argumentieren. „Mensch, der hat a Gosch'n, den kunnt

---

[1] Domarus 1973, S. 115
[2] ebd., S. 643
[3] Hitler 1925/27, S. 238

ma braucha", flüsterte DAP-Mitgründer Anton Drexler in breitem Bayerisch seinem Tischnachbarn zu.

Als Hitler gerade gehen wollte und vielleicht dem „langweiligen Verein" für immer den Rücken gekehrt hätte, eilte Drexler auf ihn zu und drückte ihm die selbst verfasste Broschüre „Mein politisches Erwachen" in die Hand. Zurück in der Kaserne begann er zu lesen – und war fasziniert, weil er sich mit dem Autor identifizieren konnte. Auch Drexler war ein Ausgestoßener, und er glaubte, dass die Juden allein die Schuld an seinem Leidensweg trugen. Ein paar Tage später, er hatte gerade sein Pamphlet zur Judenfrage bei Hauptmann Mayr abgeliefert, wurde ihm unaufgefordert von Drexler der DAP-Mitgliedsausweis Nr. 555 übersandt. Er war das 55. Mitglied; um größer zu erscheinen, hatte die kleine Partei bei 500 zu zählen begonnen. Doch nur zwei Jahre später log er in seinem „Lebenslauf", nicht nur indem er seinen Parteibeitritt um drei Monate vordatierte:

> „Im Juni 1919 schloss ich mich der damals 7 Mitglieder zählenden Deutschen Arbeiterpartei an, in der ich nun endlich auf politischem Gebiet die Bewegung gefunden zu haben glaubte, die meinem Ideal entsprach."[4]

Später, so in seinem oben zitierten „Appell an die Nation", bezeichnete er sich sogar als „Gründer" dieser Partei, die bald NSDAP heißen sollte. Auch in „Mein Kampf" behauptete er fälschlich: *„Ein Zurück konnte und durfte es nicht mehr geben. So meldete ich mich als Mitglied der ‚Deutschen Arbeiterpartei' an und erhielt einen provisorischen Mitgliedsschein mit der Nummer: sieben."*[5] Zu so viel Zahlenmystik erklärte Michael Lotter, der 1. Schriftführer der DAP: *„Eine Mitgliedskarte mit der Nummer ‚sieben' gab es weder bei der am 9.1.1919 gegründeten DAP, noch bei der ab 1.2.20 erfolgten Namensänderung in NSDAP."*[6] Tatsächlich hatte die junge Partei einen guten Werberedner gebraucht, und Hitler einen Job für die Zeit nach der Reichswehr. Auch von seinem Vorgesetzten wurde er dabei nach Kräften unterstützt. Eine *„Gruppe hoher Offiziere und Finanziers, die sich ein-*

---

[4] zit. n. Maser 2004, S. 14
[5] Hitler 1925/27, S. 244
[6] zit. n. Joachimsthaler 1989, S. 252

mal wöchentlich im Hotel Vier Jahreszeiten trafen"[7], setzte sich ebenso bei Hauptmann Mayr für ihn ein wie der legendäre Weltkriegsgeneral Erich Ludendorff. Während normalerweise Reichswehrangehörigen die Mitgliedschaft in einer politischen Partei strikt untersagt war, machte man bei Hitler offenbar eine Ausnahme. Er wurde nicht nur freigestellt, er erhielt auch bis zum 31. März 1920 ein wöchentliches Salär von 20 Goldmark für die Parteiarbeit. Danach übernahm die DAP die Zahlung regelmäßiger „Rednerhonorare". Als ihn ein paar Monate später der Polizeiliche Nachrichtendienst (PND) zu seiner Tätigkeit befragte, erklärte er, er sei von Beruf *„Kaufmann ... und berufsmäßiger Werberedner."*[8] Doch wenn nicht Hitler, wer hat dann die DAP, die spätere NSDAP, gegründet?

Zu Weihnachten 1917 hatte Rudolf Glauer, ein schillernder Abenteurer, Esoteriker und Astrologe, der sich „Rudolf von Sebottendorff" nannte, den bayerischen Zweig des „Germanenordens" ins Leben gerufen, den er ein Jahr später in „Thule-Gesellschaft" umbenannte. Der „Germanenorden", 1912 von zwei Schülern des Wiener „Ariosophen" Guido „von" List gegründet, vertrat eine strikt völkische und antisemitische Linie. Organisiert wie eine Freimaurerloge, verstand er sich als Elite der *„arischen Rasse"* mit dem Ziel, *„die germanische Wiedergeburt"* einzuleiten. Seine Mitglieder mussten feierlich geloben, dass in ihren *„Adern kein Tropfen jüdischen oder farbigen Rasseblutes fließt"*[9]. Das Zeichen dieser Geheimgesellschaft war das Hakenkreuz.

Auch die „Thule-Gesellschaft" nutzte dieses Emblem und verstand sich als „antisemitische Loge". Ihr Name ging auf ein mythisches Land im Norden zurück, von dem schon der griechische Seefahrer Pytheas berichtete und das die ukrainische Okkultistin Helena Petrowna Blavatsky kurzerhand zur *„Urheimat der Arier"* erklärt hatte. Auch Sebottendorff beschrieb das Eiland als *„Wiege unserer göttlichen Vorfahren".*[10] So bizarr dies auch klingen mag – schon nach einem Jahr hatte die Loge über 1500 Mitglieder, meist Angehörige des Adels und der gesellschaftlichen Elite. Man traf sich

---

[7] Toland 1977, Bd. 1, S. 120
[8] zit. n. Joachimsthaler 1989, S. 250
[9] Germanenorden, „Beitritts-Erklärung", Formular, NA Koblenz, NS 26/852
[10] Sebottendorff in „Runen", Dezember 1918, S. 2

standesgemäß in einem eleganten Saal des Münchener Nobelhotels „Vier Jahreszeiten", das einem Thule-Bruder gehörte.

Als München zur Räterepublik wurde, rief Sebottendorff zum Sturm: *„An Stelle unserer blutsverwandten Fürsten herrscht unser Todfeind: Juda ... Eine Zeit wird kommen des Kampfes"*[11], verkündete er feierlich in einer Sonderversammlung der Loge am 9. November 1918. Daraufhin gründete die „Thule-Gesellschaft" den konterrevolutionären „Kampfbund", kaufte Waffen und eine Zeitung, die zur Trägerin ihrer politischen Propaganda werden sollte, den „Münchener Beobachter". Während Sebottendorff von Bad Aibling aus Freikorps aufbaute und bewaffnete, die gemeinsam mit der Reichswehr am 1. Mai 1919 in München einmarschieren sollten – als Erkennungszeichen trugen sie ein Hakenkreuz am Stahlhelm – schlug die kommunistische Räteregierung zurück. Am 26. April 1920 stürmte die Polizei die Räume der „Thule-Gesellschaft" und verhaftete 20 ihrer Mitglieder. Sieben von ihnen, darunter eine Frau, wurden vier Tage später erschossen. Später warfen „Thule"-Mitglieder Sebottendorff vor, die Loge im Stich gelassen und die Mitgliederlisten nicht rechtzeitig in Sicherheit gebracht zu haben. Zudem war bei der Hausdurchsuchung kompromittierendes Material in die Hände seiner Gegner gefallen. Als die Staatsanwaltschaft gegen ihn wegen Hochstapelei ermittelte, floh er zunächst nach Freiburg, dann in die Schweiz und schließlich in die Türkei. Erst 1933 kehrte er nach Deutschland zurück, um am 9. September 1933 mit 75 alten Thule-Mitgliedern im Hotel „Vier Jahreszeiten" den „Sieg des Hakenkreuzes" zu feiern und sein Buch „Bevor Hitler kam" zu veröffentlichen. Darin behauptete er: *„Thule-Leute waren es, zu denen Hitler zuerst kam, und Thule-Leute waren es, die sich mit Hitler zuerst verbanden!"*[12] Doch da dies der offiziellen NSDAP-Gründungslegende widersprach und den von der Vorsehung auserwählten „Führer" zur Marionette einer Loge degradiert hätte, wurde die zweite Auflage des Buches beschlagnahmt, der Autor verhaftet, dann in die Schweiz abgeschoben.

Dabei entsprach seine Darstellung, im Gegensatz zu Hitlers Legende, den Tatsachen. Schon im Herbst 1918 nämlich hatte er, um

---

[11] Sebottendorff 1933, S. 57 f.
[12] ebd., S. 7

die Arbeiterschaft für die Ideale der „Thule-Gesellschaft" zu gewinnen, den 29-jährigen Sportreporter und Logenbruder Karl Harrer beauftragt, einen „Arbeiter-Ring" zu gründen. Bald fand Harrer in dem gelernten Eisenbahnschlosser Anton Drexler einen geeigneten Mitstreiter. Drei Monate lang tagte der „Politische Arbeiterzirkel" erfolglos in den vornehmen Räumen des Hotels „Vier Jahreszeiten", dann, am 9. Januar 1919, gründeten seine sieben Mitglieder die „Deutsche Arbeiterpartei" (DAP). Drexler hätte den Namen „Deutsche Nationalsozialistische Partei" bevorzugt, doch die Mehrheit befürchtete, dadurch mit den verhassten Sozialisten in Verbindung gebracht zu werden. Sebottendorff stellte der jungen Partei seinen „Münchener Beobachter" als Organ zur Verfügung, der seit dem 9. August 1919 unter dem neuen Namen „Völkischer Beobachter" erschien. Um volksnäher zu sein, hielt man fortan Parteiversammlungen in Münchener Gasthäusern ab. Von der Verbindung zur „Thule-Gesellschaft" zeugte fortan nicht nur das Hakenkreuz, das zum Emblem der DAP wurde, sondern auch der Parteigruß „Sieg Heil", der aus dem Thule-Gruß „Heil und Sieg" hervorgegangen war.

Hitler verschwieg zeitlebens seinen Kontakt zur Thule-Gesellschaft, obwohl einige seiner engsten Mitarbeiter der Loge angehört hatten – darunter sein Stellvertreter Rudolf Heß, sein Jurist Hans Frank und sein Chefideologe Alfred Rosenberg. Auch jener Prof. Feder, auf den wahrscheinlich seine antisemitischen Thesen zurückgehen, war Mitglied der „Thule", ebenso Dietrich Eckart, ein antisemitischer Schriftsteller, der in den nächsten Jahren zu Hitlers Mentor und väterlichem Freund werden sollte. Ihm widmete der spätere „Führer" sein Buch „Mein Kampf".

Nur ein einziges Mal erinnerte sich Hitler an die Loge, in der die Wiege seiner Partei und seines eigenen politischen Wirkens stand, als er am 12. Februar 1936 in Schwerin über die Opfer der Kommunisten sprach. Während er, der er es mit der Wahrheit nie so genau nahm, die Zahl der Erschossenen von sieben auf elf erhöhte, rühmte er sie doch als *„Volksgenossen, zehn Männer und eine Frau, die ganz bewusst eine neue Idee vertreten haben, die niemals irgendeinem Gegner etwas zuleid taten, die nur ein Ideal kannten, das Ideal einer neuen und gereinigten besseren Volksgemeinschaft: die Mitglieder der Thule-Gesellschaft. Sie wurden in München als Geiseln barbarisch* *hingeschlachtet ... Dann betrat die nationalsozialistische Bewegung ihren Weg.*"[13]

Erst langsam, von anderen aufgebaut, gefördert und instrumentalisiert, nicht durch plötzliche Berufung, ist Hitler zum Politiker geworden. Noch 1922 bezeichnete er sich als „Trommler und Sammler", sah es als seine Aufgabe, das Volk für einen kommenden Diktator bereitzumachen. Erst als er im September 1923 den Schwiegersohn seines Idols Richard Wagner, den antisemitischen Schriftsteller und Geschichtsphilosophen Houston Stewart Chamberlain, traf, erhielt er die Bestätigung, die er brauchte, um selbst an seine Erwählung durch die Vorsehung zu glauben. Der sieche Greis, der etwas von dem sterbenden Gralskönig aus der Wagneroper „Parsifal" hatte, sah in ihm *„den wahren Erwecker"*, den deutschen „Siegfried" oder „Lohengrin". Begeistert schrieb er Ernst Boepple, einem Mitglied der „Thule-Gesellschaft", Hitler sei eine der seltenen *„Lichtgestalten"*, die *„Gott uns geschenkt hat"*.[14] Damit wurde aus dem bezahlten Werberedner der NSDAP, wie die DAP seit dem 1. Februar 1920 hieß, die Messiasgestalt einer Polit-Sekte.

---

[13] Domarus 1973, S. 574
[14] zit. n. Köhler 1999, S. 244 ff.

Teil II:
Das Wahngebäude des Nationalsozialismus

Von Ariern und Juden

„Den gewaltigsten Gegensatz zum Arier bildet der Jude."

„So glaube ich heute im Sinne des allmächtigen Schöpfers zu handeln: Indem ich mich der Juden erwehre, kämpfe ich für das Werk des Herrn."
Adolf Hitler in „Mein Kampf"[1]

Schon in seinem ersten Kommentar zum Judentum, seiner Abhandlung vom September 1919, machte Hitler einen gravierenden Fehler: Er bezeichnete die Juden als *„unbedingt eine Rasse und nicht Religionsgenossenschaft".*[2] Es gibt aber keine „jüdische Rasse". Es gibt nur ein Volk der Juden und eine jüdische Religion. Diese sind nicht automatisch miteinander identisch.

Der Begriff „Jude" geht auf das hebräische „yehudi" zurück, was so viel wie „Bewohner des Landes Juda" bedeutet. „Juda" war ursprünglich einer der zwölf Stämme Israels, wurde aber nach der Tei-

---

[1] Hitler 1925/27, S. 329, 70
[2] zit. n. Maser 2002, S. 224

lung des Reiches der Nachfolger von König David (10. Jh. v. Chr.) zum Namen für das Südreich mit der Hauptstadt Jerusalem. Aus ihm wurde zur Zeit Christi die römische Provinz „Judäa". Erst die Niederschlagung des jüdischen Aufstands im Jahre 70 n. Chr. durch die Römer führte zur Vertreibung seiner Bewohner und der Umbenennung des Landes in „Palästina". Hitler dagegen behauptete:

> *„Der jüdische Staat war nie in sich räumlich begrenzt, sondern universell unbegrenzt auf den Raum, aber beschränkt auf die Zusammenfassung einer Rasse. Daher bildete dieses Volk auch immer einen Staat innerhalb von Staaten. Es gehört zu den genialsten Tricks, die jemals erfunden worden sind, diesen Staat als ‚Religion' segeln zu lassen und ihn dadurch der Toleranz zu versichern, die der Arier dem religiösen Bekenntnis immer zuzubilligen bereit ist."[3]*

Das kleine Königreich Juda bestand mit Unterbrechungen über tausend Jahre, wurde aber stets von den Großmächten dieser Zeit bedroht. Gegen 700 v. Chr. deportierten die Assyrer zehn der zwölf Stämme Israels; hundert Jahre später eroberten die Babylonier Jerusalem, zerstörten den Tempel und verschleppten die Elite des Landes nach Babylon. Erst nach gut einem Jahrhundert erlaubten die Perser die Rückkehr der Juden aus dem babylonischen Exil. Die hellenistischen Seleukiden versuchten ab dem 4. vorchristlichen Jahrhundert, den Juden ihre Kultur aufzuzwingen. 63 v. Chr., mit der Eroberung durch Pompeius, wurde „Judäa" Teil des Römischen Imperiums, zunächst von Marionettenkönigen, dann von Statthaltern regiert. Um dem Provinzalltag zu entkommen, gingen Juden in die Hauptstadt Rom und in andere größere Städte im Ostteil des Reiches, blieben aber ihrer Religion und Tradition treu; die ersten Diasporagemeinden entstanden.

Je unsicherer die Zeiten, desto mehr wurde die mosaische Offenbarung für die Juden zum Instrument ihrer Abgrenzung und der Definition ihrer Identität. So entstand das Judentum als frühe Staats- und Volksreligion. Ihre Existenzberechtigung angesichts so vieler Bedrohungen leiteten seine Anhänger daraus ab, einen ganz

---

[3] Hitler 1925/27, S. 165

besonderen Bund mit einem einzigen Gott geschlossen zu haben, was schon im Gegensatz zur Vielgötterei ihrer Nachbarn stand. Die jüdische Gesellschaft kannte einen Grad an Gleichberechtigung und Solidarität, der anderswo undenkbar war. Sklaverei und Leibeigenschaft lehnten die Juden innerhalb ihrer Volksgemeinschaft ab, ihre Gesellschaft kannte keine Klassen. Das tägliche Leben wurde mehr als bei anderen Völkern durch religiöse Gesetze und Bestimmungen geregelt. Nach der Vertreibung bewahrten sie ihre Traditionen auch in einer Umwelt, die ihnen teils feindlich, teils mit Unverständnis gegenüberstand. Die Folge war eine allmähliche Isolation. Die von Hitler behauptete „Zusammenfassung einer Rasse" aber war das Judentum nie; immer wieder nahm man Proselyten („Bekehrte") auf, um 740 sogar ein ganzes Volk, die Chasaren, die zwischen der Wolga und dem Schwarzen Meer beheimatet waren. Auch die äthiopischen Falaschen, die ihren Glauben auf Menelik, den Sohn Salomos und der Königin von Saba, zurückführen, sind Juden. Stets galt als „Jude" auch jeder, den eine jüdische Mutter geboren hatte, gleich welcher Religion (oder welchen Blutes) der Vater war. Ein Rassismus war den Juden unbekannt. Nach ihrem Glauben stammen alle Völker von den drei Söhnen Noahs ab, der die Sintflut überlebte; ihre arabischen Nachbarn sind Söhne Ismaels, des Erstgeborenen ihres Stammvaters Abraham, gezeugt mit einer Magd namens Hagar. Nur die Gottesoffenbarung des Moses unterschied sie von anderen Völkern.

Eine eigene Rasse, wie Hitler behauptete, können die Juden gar nicht sein. Der schwedische Biologe Carl von Linné, auf den der Rassenbegriff zurückgeht, unterschied 1735 nur vier Menschenrassen: „Europaeus, Americanus, Asiaticus und Africanus", denen erst im Zeitalter des Kolonialismus qualitative Unterschiede zugeschrieben wurden. Ein Jahrhundert später, 1835, behauptete der Franzose Joseph Arthur Graf de Gobineau in seinem „Versuch über die Ungleichheit der menschlichen Rassen", die „Rassenfrage" sei die treibende Kraft der menschlichen Geschichte. Rassenvermischung führe zu Degeneration und Untergang von Völkern und Nationen. Seine abstrusen Theorien beeindruckten speziell Richard Wagner, der Gobineau zu sich nach Bayreuth einlud, um mit ihm ausgiebig zu diskutieren. Wagners Schwiegersohn Houston Stewart Chamberlain entwickelte daraus in seinem Bestseller „Die Grundlagen des

19. Jahrhundert" eine ganze Kulturgeschichte des Rassenkampfes. Dabei stilisierte er „den Juden" zum rassischen Antitypus des „Ariers" und prophezeite einen historischen Endkampf, in dem es nur Sieg oder Vernichtung geben könne. Er wurde zum Wegbereiter Adolf Hitlers, der behauptete:

> *„Der Arier gab die Reinheit des Blutes auf und verlor dafür den Aufenthalt im Paradiese, das er sich selbst geschaffen hatte. Er sank unter in der Rassenvermischung ... Die Blutvermischung und das dadurch bedingte Senken des Rassenniveaus ist die alleinige Ursache des Absterbens aller Kulturen."*[4]

Die „Arier" sind eben so wenig eine „Rasse" wie die Juden. Ursprünglich bezeichnete der Name „Aryas" („die Edlen") einen Stamm aus dem persischen Hochland, der um 2000 v. Chr. in Indien einfiel. Sein Ursprung wird dadurch bestätigt, dass auch der griechische Reisende Herodot die Perser und Meder als „Arier" bezeichnete; selbst der heutige Landesname „Iran" ist von „Aryan", „Land der Arier", abgeleitet. Doch Hitler lag falsch, als er schrieb:

> *„Was wir heute an menschlicher Kultur, an Ergebnissen von Kunst, Wissenschaft und Technik vor uns sehen, ist nahezu ausschließlich schöpferisches Produkt des Ariers ... Er ist der Prometheus der Menschheit ..., Kulturbegründer, Kulturträger."*[5]

Eindringlinge und Eroberer waren die Arier gewiss, keineswegs aber Kulturbringer; schon über tausend Jahre vor ihrer Ankunft gab es im Industal blühende Städte mit Steinhäusern, prächtigen Tempeln, Bibliotheken und einer ausgeklügelten Kanalisation, erbaut von den dunkelhäutigen Dravidern. Noch früher, nämlich vor 5800 Jahren, existierte im Zweistromland die Hochkultur der zumindest teilweise semitischen Sumerer, die sich „Schwarzköpfe" nannten. Sie waren die Erfinder der ersten Schrift, aus der über Umwege das Phönizische hervorging, nach dessen ersten Buchstaben (aleph und beth) noch heute das Alphabet benannt ist. Die griechische und lateinische Schrift geht ebenso darauf zurück wie das Alphabet der Etrusker, das die Germanen nur für eine Sammlung magischer Zei-

---

[4] Hitler 1925/27, S. 272
[5] ebd., S. 317 f.

chen hielten, aus denen sie das Runensystem entwickelten. Auch die eigentlichen Arier, die Perser, übernahmen ihre Hochkultur praktisch von den Assyrern und Babyloniern. Hitler und die „Ariosophen" umgingen diese Peinlichkeit jedoch, indem sie den Ursprung der Arier in das mythische Atlantis verlegten. Der fundamentale Fehler von Hitlers Vordenkern war, eine Sprachfamilie mit einer Rasse gleichzusetzen, also aus einer linguistischen Verbindung eine biologische zu konstruieren. Dass in der Geschichte oft genug unterlegene Völker die Sprache ihrer Eroberer übernahmen, „übersahen" sie einfach.

1786 wies der britische Sprachforscher William Jones auf die auffälligen Parallelen zwischen dem indischen Sanskrit und einer Reihe europäischer Sprachen hin. Fortan war von einer „indoeuropäischen Sprachenfamilie" die Rede. Aus dieser noch heute gültigen Entdeckung entwickelte der Deutsche Friedrich Schlegel 1808 die Hypothese, dass die Urinder wie die Ureuropäer Nachkommen ein und desselben geheimnisvollen vorgeschichtlichen Wandervolkes sein könnten, dem er den Namen „Arier" gab. Sein Schüler Christian Lassen schwärmte bereits von der „vollständigen Begabung" der Arier und erklärte sie zu Widersachern der „Semiten", deren Religion „selbstsüchtig und ausschließend sei". Auch mit den „Semiten", benannt nach Sem, einem der drei Söhne Noahs, war ursprünglich eine Sprachfamilie gemeint, die sich in Nordostafrika und Vorderasien entwickelt hat. Semitische Sprachen sprechen Juden wie Araber oder Äthiopier, Orientalen wie Schwarzafrikaner, insgesamt 250 Millionen Menschen. Doch selbst wenn man „Semiten" nach der Ahnentafel Sems definieren würde, blieben Aramäer und Assyrer, Elamiter und Sabäer, Araber und Juden Mitglieder einer Völkerfamilie. Mit den Arabern aber hat Hitler sympathisiert. Er sprach sich gegen die britische Besatzung Palästinas aus, empfing noch im Krieg den Großmufti von Jerusalem und schwärmte vom Islam, *„diese*(r) *Lehre von der Belohnung des Heldentums ... Die Germanen hätten die Welt damit erobert, nur durch das Christentum sind wir davon abgehalten worden."*[6]

So musste der Linguist Friedrich Müller, der auch den Begriff „arisch" anstelle von „indoeuropäisch" verwendete, sie ausdrücklich belehren:

---

[6] Heim/Jochmann 1980, S. 187

„Ich habe wieder und wieder erklärt, dass ich, wenn ich von Ariern
spreche, weder an Blut noch Knochen, noch Haare, noch Schädel
denke; ich meine einfach die, die eine arische Sprache sprechen.
Für mich ist ein Völkerkundler, der von arischer Rasse, arischem
Blut, arischen Augen und arischem Haar spricht, genauso ein
Sünder wie ein Sprachwissenschaftler, der von einer brachycepha-
lischen („rundköpfigen") Grammatik redet."[7]

Das selbe gilt natürlich für die Behauptung, es gäbe eine semitische
Rasse. Trotzdem prägte der Deutsche Wilhelm Marr 1873 den Begriff „Antisemitismus" als Synonym für einen rassistisch begründeten Judenhass und in Abgrenzung zum christlichen (und damit re-
ligiös begründeten) Antijudaismus. 1879 gründete Marr sogar eine
„Antisemiten-Liga" und verfasste später das populäre Buch „Der
Sieg des Judenthums über das Germanenthum". Seine Doktrin war
simpel: Im Rassenkampf, behauptete er, wolle „der Jude" die Ober-
hand gewinnen und die „andersrassigen" Völker beherrschen. Die
Wahnidee einer „jüdischen Weltverschwörung" war geboren.

Dabei berief sich Marr auch auf die Evolutionstheorie Charles
Darwins, deren speziell in Deutschland missverstandener Grundsatz vom „Überleben des Stärkeren" (eigentlich ist mit „Survival of
the Fittest" das „Überleben des Anpassungsfähigeren" gemeint), der
zudem nur für die „Arten" galt, jetzt auch auf die „Rassen" übertra-
gen wurde. Darwin selbst distanzierte sich 1880 von dieser fatalen
Interpretation seiner Lehre.

Auch Hitler bewies in „Mein Kampf", dass er von Biologie keine
Ahnung hatte. Auch er verwechselte Arten mit Rassen, als er be-
hauptete, es gäbe einen *„in der Natur gültigen Trieb zur Rassenrein-*
heit" als *„scharfe Abgrenzung der einzelnen Rassen nach außen"*: *„Der*
Fuchs ist immer ein Fuchs, die Gans eine Gans, ein Tiger ein Tiger usw.
... Es wird aber nie ein Fuchs zu finden sein, der seiner inneren Gesinnung
nach etwa humane Anwandlungen Gänsen gegenüber haben könnte ..."[8]
Die logische Schlussfolgerung aus diesem Satz wäre die korrekte
Feststellung, dass dann auch ein Mensch immer ein Mensch ist.
Dass sich innerhalb einer Art die Rassen gerne paaren, dürfte eigent-
lich auch dem Hundenarren Hitler nicht entgangen sein. Die durch

---

[7] zit. n. Zentner 1992, S. 223 f.
[8] Hitler 1925/27, S. 312

eine solche Kreuzung entstehenden „Mischlinge" sind oft intelligenter und widerstandsfähiger als die überzüchteten „Rassehunde". Ganz allgemein ist die natürliche Evolution durch eine permanente Auffächerung gekennzeichnet; eben dadurch, vereinfacht ausgedrückt, dass sich in zahlreichen Kreuzungen stets die besten Ergebnisse durchsetzen. Wo Hitler versuchte, biologisch-darwinistisch zu argumentieren, scheiterte er also kläglich.

Auch mit dem christlichen Antijudaismus der Spätantike und des Mittelalters hatte der rassistische Antisemitismus nur noch die Opfer und die Methoden gemein. So erschreckend die Hasspredigten selbst von Kirchenvätern und Reformatoren auch waren, so abscheulich die Pogrome, die Ausgrenzung und Isolierung der Juden, denen man, aufgrund einer theologisch unsinnigen Interpretation von Mt 27, 25 („*Das ganze Volk rief als Antwort: ‚Sein Blut komme über uns und unsere Kinder!'*"), kollektiven „Gottesmord" vorwarf – das Christentum richtete sich gegen die Religion der Juden, nicht gegen die Menschen. Nach der Lehre des Kirchenvaters Augustinus (4. Jh.), der wie kein anderer die Theologie des Mittelalters bestimmte, hatte Gott die Juden in alle Welt zerstreut, damit sie mit ihren Schriften, die sie selbst angeblich nicht verstanden, Zeugnis für die Wahrheit des Evangeliums ablegten. Deshalb dürften sie auch nicht getötet werden; vielmehr sollten die Christen für ihre Errettung beten. Das Ziel des christlichen Antijudaismus war also nicht die Vernichtung, sondern die letztendliche, notfalls unfreiwillige „Bekehrung Israels". Dem Hass der Antisemiten dagegen entkamen die Juden nicht durch die Taufe, sondern nur durch den Tod.

Hitler konnte mit dem christlichen Antijudaismus nichts anfangen, bekannte er in „Mein Kampf", bezugnehmend auf seine Linzer Zeit:

> „*Noch sah ich im Juden nur die Konfession und hielt deshalb aus Gründen menschlicher Toleranz die Ablehnung religiöser Bekämpfung auch in diesem Falle aufrecht … Mich bedrückte die Erinnerung an gewisse Vorfälle des Mittelalters, die ich nicht gerne wiederholt sehen wollte.*"[9]

Tatsächlich entstammte der Antisemitismus eben keinem christlichen, sondern einem neuheidnischen Milieu, der „völkischen" Bewegung des 19. Jahrhunderts mit ihrer Naturmystik, kruden Esoterik

---

[9] Heim/Jochmann 1980, S. 56

und Germanenromantik. Sie wurde bald durch das Werk der ukrainischen Okkultistin Helena Petrowna Blavatsky beeinflusst, die 1875 in New York die „Theosophische Gesellschaft" gründete und später von Indien aus eine neue Religion verkündete, die „Theosophie" („Göttliche Weisheit"). In ihrem Wappen führte sie das Hakenkreuz. Als 1888 ihr Hauptwerk „Die Geheimlehre" erschien, wurde es von ihren Anhängern wie eine heilige Schrift verehrt. Angeblich von Blavatsky „im Astrallicht geschaut", offenbarte es die Entstehung des Universums und der Menschheit. Danach existierten bereits fünf Menschheiten auf der Erde, dazu diverse Ur-, Wurzel- und Unterrassen. Juden und Arier wurden zu eigenen Rassen erklärt, die aus zwei verschiedenen Schöpfungen stammten. Die Arier waren nach Blavatsky die Überlebenden der versunkenen Hochkultur von Atlantis, ihre Rasse wurde *„in fernem Norden geboren und entwickelt".*[10] Eben das glaubte auch Hitler, als er am 13. August 1920 im Münchener Hofbräuhaus erklärte, in den *„unerhörten Eiswüsten"* des Nordens sei *„ein Geschlecht von Riesen an Kraft und Gesundheit …, die wir als Arier bezeichnen",* herangewachsen.[11] Nur so konnte er die Attribute des nordischen Menschentyps, blaue Augen und blonde Haare, zu arischen Rassemerkmalen erklären, obwohl die eigentlichen Aryas, Perser, braunäugig und schwarzhaarig waren.

Der Wiener Guido „von" List war es, der eine Synthese aus der Theosophie und der Germanenromantik der „Völkischen" schuf, die er „Ariosophie", „arische Weisheit", nannte. List träumte von einem neuen Germanien unter Leitung einer rassereinen Priesterschaft, das über die „unterlegenen" Völker herrscht. Strikte Rassen- und Ehegesetze sollten Mischehen verhindern; jede Familie sollte die Pflicht haben, ihre rassische Reinheit durch eine „Sippenchronik" zu belegen. Auch Hitler forderte:

> *„Ein völkischer Staat wird … in erster Linie die Ehe aus dem Niveau einer dauernden Rassenschande herauszuheben haben, um ihr die Weihe jener Institution zu geben, die berufen ist, Ebenbilder des Herrn zu zeugen und nicht Missgeburten zwischen Mensch und Affe … Der völkischen Weltanschauung muss es im völkischen Staat endlich gelingen, jenes edlere Zeitalter herbeizufüh-*

---

[10] Blavatsky 1899, Bd. 2, S. 812
[11] zit. n. Jäckel/Kuhn 1980, S. 186 f.

ren, in dem die Menschen ihre Sorge nicht mehr in der Höherzüchtung von Hunden, Pferden und Katzen erblicken, sondern im Emporheben des Menschen selbst."[12]

Mit den Nürnberger Rassegesetzen von 1935 verwirklichte er die Forderung des Ariosophen.

List setzte das Hakenkreuz auf seine Bücher. Sein Schüler Georg Lanz „von Liebenfels", ein verkrachter Ex-Mönch, sammelte unter der Hakenkreuzflagge „rassereine" Ritter im Orden der „Neutempler" und gab die antisemitischen „Ostara"-Hefte heraus, die auch Hitler inspirierten. Für Lanz war die „Reinhaltung der Rasse" eine religiöse Pflicht. Hitler war überzeugt: *„Die Sünde wider Blut und Rasse ist die Erbsünde der Welt und das Ende einer sich ergebenden Menschheit ... es gibt nur ein heiligstes Menschenrecht ... dafür zu sorgen, dass das Blut rein bleibt ..."*[13]

Der deutsche „Germanenorden" und damit die „Thule-Gesellschaft" gingen auf die Lehren von List und Lanz zurück. Hitler dagegen versuchte, sich nach außen hin von ihnen zu distanzieren, wollte lieber ihre „Erkenntnisse" als seine eigenen verkaufen, behauptete sogar:

> *„Überhaupt habe ich ... immer wieder vor jenen deutschvölkischen Wanderscholaren warnen müssen, deren positive Leistung gleich null ist ... Es ist das Charakteristische dieser Naturen, dass sie von altgermanischem Heldentum, von grauer Vorzeit, Steinäxten, Ger und Schild schwärmen, in Wirklichkeit aber die größten Feiglinge sind, die man sich vorstellen kann. Denn (sie) predigen ... immer nur den Kampf mit geistigen Waffen und fliehen vor jedem kommunistischen Gummiknüppel ..."*[14]

Tatsächlich waren sie zwar die Vordenker des Völkermordes, nicht aber die Täter.

---

[12] Hitler 1925/27, S. 444 ff.
[13] ebd., S. 444
[14] ebd., S. 396

Ein arischer Christus

„(Der Jude) ist nur von dieser Welt, und sein Geist ist dem wahren Christentum innerlich so fremd, wie sein Wesen es zweitausend Jahre vorher dem großen Gründer der neuen Lehre selber war. Freilich machte dieser aus seiner Gesinnung dem jüdischen Volke gegenüber kein Hehl ..."

Adolf Hitler in „Mein Kampf" (1924)[1]

„Christus war ein Arier."

Adolf Hitler am 13. Dezember 1941 im „Führerhauptquartier"[2]

Hitlers Antisemitismus war nicht biologisch-darwinistisch begründet, sondern esoterisch. Es ging ihm nicht um das Überleben des Anpassungsfähigeren, auch nicht des Stärkeren, sondern nur des „Reineren". *„Bei kaum einem Volke der Welt ist der Selbsterhaltungstrieb stärker entwickelt als beim sogenannten auserwählten"*[3], erklärt er in „Mein Kampf". Damit wären die Juden, nach Darwin, den „Ariern" überlegen. Hitler hat dafür eine bizarre Erklärung:

> *„Die Impotenz der Völker, ihr eigener Alterstod, liegt aber begründet in der Aufgabe ihrer Blutsreinheit. Und diese wahrt der Jude besser als irgendein anderes Volk der Erde. Somit geht er seinen verhängnisvollen Weg weiter, so lange, bis ihm eine andere Kraft entgegentritt und in gewaltigem Ringen den Himmelsstürmer wieder zum Luzifer zurückwirft."*[4]

Erst wenn er selbst an sich diese Reinheit des Blutes wiederhergestellt hat, so Hitler, wäre der Arier stark genug, den Juden „niederzuringen"; die Nürnberger Rassegesetze waren sein Mittel dazu. Der

---

[1] Hitler 1925/27, S. 336
[2] Picker 2003, S. 109
[3] Hitler 1925/27, S. 329
[4] ebd., S. 751

gravierendste Unterschied des Ariers zum Juden, so behauptet Hitler weiter, sei sein Idealismus, sein Jenseitsglaube. Die jüdische Religion sei dagegen rein diesseitig, *„in erster Linie eine Anweisung zur Reinhaltung des Blutes des Judentums sowie zur Regelung des Verkehrs der Juden untereinander, mehr aber noch mit der übrigen Welt"*[5], heißt es in „Mein Kampf". Schon weil ihnen *„die idealistische Gesinnung"* fehle, seien die Juden auch *„niemals im Besitze einer eigenen Kultur"*[6] gewesen. Stattdessen hätten sie sich nur *„das Gut der anderen Völker"*[7] angeeignet.

Es gehört schon einige Chuzpe dazu, ausgerechnet den Juden eine „echte Religion" und „wahre Kultur" abzusprechen. Immerhin stammte ihr Urvater Abraham aus dem „Ur der Kaldäer" (1 Mos 11, 28), einer uralten Stadt des ersten Kulturvolks der Welt, der Sumerer, die damit zu den Vorfahren der Juden zählten. Zudem ist die mosaische Offenbarung die unbestrittene Grundlage aller monotheistischen Weltreligionen – nicht nur des Judentums, sondern auch des Christentums und des Islam, jener Religionen also, der heute die Hälfte der Weltbevölkerung angehört.

Tatsächlich gab es im Judentum zwei konkurrierende Jenseitsvorstellungen. Die ältere geht davon aus, dass die reine Seele, unbefleckt durch Geburt, Leben und Tod, wieder zu Gott zurückkehrt. Sie ist unsterblich und existiert unabhängig vom Körper fort. Die jüngere Vorstellung, die sich während der Babylonischen Gefangenschaft herausgebildet hat, geht von einer leiblichen Wiederauferstehung der Toten in der Zeit des Messias aus. Dabei würden alle Menschen, die Lebenden und die Toten, einem Gottesgericht unterzogen. Nur wer dem Bund mit Gott treu gewesen ist, seine Gebote befolgt hat, sei dann würdig, im Messiasreich zu leben. Dieser Glaube wurde von den Christen übernommen.

Die schönsten Zeugnisse einer rein jüdischen Kultur, entstanden vor der Diaspora, sind die Psalmen. Sie zeichnen sich nicht nur durch ihre hohe Spiritualität, sondern auch durch ihre subtile, bildreiche Sprache aus. Weder die Ägypter noch die Hochkulturen des Zweistromlandes, die parallel existierten, brachten eine Literatur

---

[5] Hitler 1925/27, S. 336
[6] ebd., S. 330
[7] ebd., S. 331

dieser Qualität hervor. Offenbar hat Hitler sie nie gelesen – oder ignoriert.

Tatsächlich aber steckt mehr hinter seiner Behauptung, es würde ein extremer Dualismus zwischen Juden und Ariern bestehen, der gleichzeitig ein Dualismus zwischen Materialismus und Idealismus sei. Denn die Gründerväter der DAP, die Thule-Brüder, waren Ariosophen, Anhänger eben jener Lehre, die auf Blavatskys Theosophie zurückgeht, die wiederum ihren Ursprung in der Gnosis der Spätantike sah. Unter „Gnosis" versteht man eine Vielzahl von Selbsterlösungslehren, die sich zwar christlicher Bilder und Begriffe bedienten, aber in völligem Gegensatz zur orthodox-christlichen Theologie standen. Gemein haben sie alle den Glauben an einen extremen Dualismus. Die geistige „Welt des Lichtes", so glaubten die Gnostiker, ist gut, die materielle „Welt der Finsternis" schlecht, ein „Gefängnis der Seele", aus dem sie sich durch „geheimes Wissen" zu befreien versuchten. Daher konnte der Schöpfer der materiellen Welt, der Gott der Juden, für sie nur der Satan sein. Das Alte und das Neue Testament waren für sie Offenbarungen verschiedener Götter, des bösen Weltenschöpfers und des Lichtgottes, der sich in Christus verkörperte. Dieser sei nach ihrer Überzeugung *„zur Vernichtung des Gottes der Juden erschienen und zur Rettung derer, ... die den Lichtfunken in sich hätten"*[8], wie der Kirchenvater Irenäus berichtet. Den heiligen Paulus dagegen bezeichneten die Gnostiker als jüdischen Agenten, der im Auftrag des Sanhedrin Christi Lehren verfälschte, um sie „unschädlich" zu machen. Dass die Tempellobby ihn – nicht anders als drei Jahrzehnte zuvor Jesus – bei den Römern anklagte und seinen Tod forderte – nur sein Rechtsstatus als römischer Bürger verhinderte eine Hinrichtung in Jerusalem –, verschwiegen sie geflissentlich.

Auch Hitler behauptete nicht erst 1941 bei seinen „Tischgesprächen" im „Führerhauptquartier":

> *„Der Galiläer ... den man später Christus benannte ... war ein Volksführer, der gegen das Judentum Stellung nahm. Galiläa war sicher eine Kolonie, in welcher die Römer gallische Legionäre angesiedelt haben, und Jesus war bestimmt kein Jude ... Der Galilä-*

---

[8] Adversus haereses 124, 1–2, zit. n. W. Foerster, Die Gnosis, Zürich 1995, Bd. 1, S. 56

er hatte die Absicht, sein galiläisches Land von den Juden zu be-
freien, er wandte sich mit seiner Lehre gegen den jüdischen Kapi-
talismus und deshalb haben die Juden ihn getötet."[9]

Das war natürlich Unsinn. Jesus stammte über seine Mutter in direkter Linie vom jüdischen Königsgeschlecht der Daviden ab, und noch heute wird in Jerusalem das Geburtshaus Mariens verehrt. Nazareth war, wie sein Name („Sprossdorf") enthüllt, eine „Kolonie" der Davidssippe, die, wie viele jüdische Traditionalisten, nach Galiläa floh, als die aufständischen Hasmonäer im 2. Jahrhundert v. Chr. Krone und Hohepriesteramt an sich rissen. Römische Legionäre wurden erst ab 6 n. Chr. nach der Niederwerfung eines Aufstands in Galiläa stationiert. Als Jesus ca. 7 v. Chr. in Betlehem *„im Lande Juda"* geboren wurde, herrschte König Herodes der Große, ein Marionettenkönig Roms, aber mit eigenen Truppen. Der Name „Galiläa" hat mit Galliern auch rein gar nichts zu tun; er ist von dem hebräischen Wort „galil", „Kreis", abgeleitet. Der Name ist seit dem 16. Jahrhundert v. Chr. nachgewiesen, also 1500 Jahre, bevor es römische Legionäre aus Gallien gab. Jesus war Jude. Er wurde im Tempel beschnitten (Lk 2,21), pilgerte mit seinen Eltern und später als Erwachsener zu den Tempelfesten nach Jerusalem (z. B. Lk 2,41; Joh 2, 13; 7,2) und besuchte zeitlebens die Synagoge (z. B. Mk 1,21; 6,2), wo er auch die Messiasprophezeiung des Jesaja auf sich bezog (Lk 4,21). Jeden politischen Anspruch lehnte er ab, erklärte Pilatus: „Mein Königtum ist nicht von dieser Welt" (Joh 18,36). Doch als Jude war er Purist. Er verurteilte die Kommerzialisierung des Tempels durch die Sadduzäer, die Jerusalemer Priesterhierarchie unter Kajaphas, der nach traditionell jüdischer Auffassung als Hohepriester illegitim war, stammte er doch nicht aus dem Hause Aaron. Auch mit den angepassten und selbstgefälligen Pharisäern führte Jesus hitzige Debatten. Er forderte eine Rückbesinnung auf das Wesentliche, das Gesetz Gottes, und propagierte in direkter Anknüpfung an Moses einen „neuen Bund" mit dem Vater, von dem er offenbarte: „Mein Vater ist es ... von dem ihr sagt: Er ist unser Gott" (Joh 8,54). „Das Heil kommt aus den Juden" (Joh 4,22), belehrte er die Samaritanerin. Seine Gegner, die „Tempellobby", klagten ihn

---

[9] Heim/Jochmann 1980, S. 84

bei Pilatus an – eine Partei im breiten Spektrum der jüdischen Gesellschaft, nicht etwa „die Juden". Gekreuzigt aber wurde er von den Römern.

Hitler verfälschte die Lehre Christi bewusst, um sich zu seinem legitimen Nachfolger, ja zum „Vollender seines Werkes" zu stilisieren. *„Indem ich mich der Juden erwehre, kämpfe ich für das Werk des Herrn"* [10], hatte er schon in „Mein Kampf" erklärt, um den geplanten Völkermord zum Gottesopfer zu verklären. Seine Partei, die mehr eine Polit-Sekte war, bekannte sich zu einem *„positiven Christentum"*, das *„den jüdisch-materialistischen Geist in und außer (!) uns"* bekämpft.[11] Öffentlich verkündete Hitler:

> *„In grenzenloser Liebe lese ich als Christ und Mensch die Stelle durch, die uns verkündet, wie der Herr sich endlich aufraffte und zur Peitsche griff, um die Wucherer, das Nattern- und Otterngezücht hinauszutreiben aus dem Tempel! Seinen ungeheuren Kampf aber für diese Welt, gegen das jüdische Gift, den erkenne ich heute, nach zweitausend Jahren, in tiefer Ergriffenheit am gewaltigsten an der Tatsache, dass er dafür am Kreuz verbluten musste",*

um im Anklang an die Leidensgeschichte Christi und seine letzten Worte am Kreuz zu ergänzen: *„Wir wollen vermeiden, dass auch unser Deutschland den Kreuzestod erleidet! Mögen wir inhuman sein! Aber wenn wir Deutschland retten, haben wir die größte Tat der Welt vollbracht!"*[12]

Um die vermeintlichen Parallelen zwischen ihm und Christus offensichtlich zu machen, trug er in seiner Münchener Zeit immer eine Nilpferdlederpeitsche bei sich. Selbst seinem Mentor Eckart ging er bald mit seinem Messiaskomplex zu weit, als er vollen Ernstes erklärte: *„Ich muss nach Berlin wie Jesus in den Tempel nach Jerusalem, um die Wucherer herauszupeitschen."*[13] Doch Hitler steigerte sich mehr und mehr in seine neue Rolle als gottgesandter Erlöser hinein. Auf der Weihnachtsfeier der Münchener NSDAP 1926 gelobte er nicht nur, *„die Ideale von Christus zur Tat werden (zu) lassen"*, wie der

---

[10] Hitler 1925/27, S. 70
[11] Parteiprogramm der NSDAP vom 25.2.1920
[12] so am 12. und 20. April 1922, zit. n. Fest 1973, S. 220 f.
[13] ebd., S. 1070

„Völkische Beobachter" am nächsten Tag vermeldete, sondern auch: *„Das Werk, welches Christus angefangen hatte, aber nicht beenden konnte, werde er zu Ende führen."* Die Zeitung kommentierte: *„Der aufgehende Stern in der Weihnachtsnacht deutete auf den Erlöser; der sich nun teilende Vorhang zeigte den neuen Erlöser, den Erretter des deutschen Volkes aus Schande und Not – unseren Führer Adolf Hitler."*[14] Folgerichtig wurde Hitlers Machtergreifung 1933 von der NS-Propaganda in österlicher Terminologie als *„deutsche Wiederauferstehung"* gefeiert. Wenn Hitler also behauptete, Christ zu sein, dann bezog sich das längst nicht mehr auf den katholischen Glauben seiner Kindheit; den hatte er, wie sein Jugendfreund Kubizek bestätigt, schon früh verloren. Das „positive Christentum", das er auf seine Fahnen schrieb, hatte mit dem Evangelium nichts mehr gemein. Es degradierte Christus zum gescheiterten Vorläufer Adolf Hitlers, ersetzte die Juden als „auserwähltes Volk" durch die Arier und verkündete den einen Vernichtung, den anderen aber statt des Gottesreichs im Himmel ein sehr irdisches „Drittes Reich" – die Herrschaft über die Welt.

---

[14] Völkischer Beobachter, 23. Dezember 1926, S. 1

Die erfundene Weltverschwörung

„Die Rassenfrage (ist) der Schlüssel zur Weltgeschichte. Wir wussten da-
her auch ganz genau, und ich wusste es vor allem, dass hinter diesem
Geschehen der Jude die treibende Kraft war, und dass es – wie immer in
der Geschichte – Strohköpfe sind, die bereit waren, für ihn einzutreten …
Ich habe diese Juden als die Weltbrandstifter kennen gelernt.“

Adolf Hitler am 8. November 1941 vor den „Alten Kämpfern“
der NSDAP[1]

Wer die Geschichte der Juden objektiv studiert, muss bewegt
feststellen, wie unendlich leidgeplagt dieses Volk ist. Kaum
hatten sie sich, nach Jahrhunderten der Sklaverei in Ägypten, einen
Platz in ihrem Gelobten Land erobert und gegen die feindlichen
Kanaaniter auf der einen und die Philister auf der anderen Seite
behauptet, kaum hatte das Reich unter den Königen David und Sa-
lomon eine innere Festigung erfahren, folgte die erste Spaltung in
Juda und Israel. Keines der Königreiche war stark genug, um sich
dem Ansturm erst der Assyrer, dann der Babylonier zu widersetzen;
Hunderttausende wurden zwangsumgesiedelt oder ins babyloni-
sche Exil verbannt. Während ein Teil der Juden sich dem neuen
Umfeld anpasste, saßen andere an den Flüssen Babylons, beweinten
Zion und hüteten die Traditionen ihres Glaubens wie einen Schatz.
Als ihnen von den toleranten Persern erlaubt wurde, in ihre Heimat
zurückzukehren, bauten sie den zweiten Tempel. Doch wieder war
der Friede nicht von langer Dauer. Mit Alexander dem Großen ka-
men die freizügigen Griechen ins Land, die mit Unverständnis auf
die Sittenstrenge der Juden reagierten, den Tempel schändeten.
Wieder revoltierten die Juden, erkämpften sich die Unabhängigkeit.
Erst der Übermacht Roms mussten sie sich endgültig beugen; als sie
auch hier einen Aufstand versuchten, wurden Jerusalem und der
Tempel zerstört, die Juden in alle Welt vertrieben.

---

[1] Domarus 1973, S. 1772

Es folgten fast zwei Jahrtausende in der Fremde, eine Zeit der Verfolgung und Ausgrenzung, aber auch der störrischen Selbstbehauptung. Immer wieder gelang es den Juden, aus der Not eine Tugend zu machen und für sich Nischen zu finden, in denen sie überleben, ihr Schicksal meistern konnten. Was ihnen dabei zugute kam, sie von ihren Nachbarn abhob, war ihre hoher Bildungsstand. In keiner anderen Religion hatte das Lernen einen so hohen Stellenwert wie bei den Juden. Jeder männliche Jude musste, um sie auszuüben, die Thora, die fünf Bücher Mose, lesen und auslegen können. Um dies allen jungen Männern zu vermitteln, war jede Synagoge zugleich eine Schule. Selbst das Wort „Schule" ist, ebenso wie „Kader", jüdischen Ursprungs.

Da ihnen im Mittelalter in ganz Europa der Beitritt in die Zünfte verwehrt war, durften Juden die meisten Handwerksberufe nicht ausüben. Auch der Landerwerb war ihnen untersagt. So konzentrierten sie sich auf den Fernhandel, wobei ihnen ihr Zusammengehörigkeitsgefühl dabei zugute kam, Netzwerke zu bilden. Diese Tätigkeit war nicht nur von den Autoritäten geduldet, sie war erwünscht; zahlreiche Städte bemühten sich, jüdische Fernhändler durch Privilegien in ihre Mauern zu locken. Auch die Gelehrsamkeit und speziell die Medizin war eine Domäne der Juden. Wohl eher eigennützig erlaubte Papst Alexander III. 1179 den Juden den Geldverleih gegen Zinsen, der 1215 von Innozenz III. den Christen ausdrücklich untersagt wurde. War den Juden bis dahin die Zinserhebung nach ihrem eigenen Gesetz verboten, gab man dem Druck aus Rom bald nach; führende Rabbiner erlaubten jetzt auch den Geldverleih. Der jüdische Beitrag zur Entstehung des Kapitalismus war trotzdem gering. Das Bankgeschäft war eine Erfindung der norditalienischen Lombarden. Das erste Personenkonto wurde 1250 in Genua geführt, die erste Großbank wurde 1472 in Siena gegründet, der erste Großkonzern gehörte Francesco di Datini, „Francesco, dem Reichen" aus Prato. Später folgten in Deutschland die Handelshäuser der Fugger und Welser, die auch Großbanken unterhielten. Dabei umgingen die Christen zunächst das päpstliche Zinsverbot dadurch, dass sie Geld nicht verliehen, sondern sich an Geschäften beteiligten; der daraus erwirtschaftete Gewinnanteil war meist bedeutend höher, als es die jüdischen „Wucherzinsen" gewesen wären. Daraus entstand das „christliche" Kreditwesen als „Vorfinanzierung" durch die Verpfändung künftiger Einnahmen. Irgendwann blieben den Juden nur noch der Kleinhandel, der Trödel und die Pfandleihe. Erst Ende des 18. Jahrhunderts gelang einem Juden, dem Frankfurter Textilkleinhändler und Geldwechsler Mayer Amschel Rothschild, der Aufbau des ersten jüdischen Bankhauses. Seine Karriere begann als Buchhalter des reichen Kurfürsten von Hessen-Kassel, bei dem die meisten europäischen Herrscherhäuser in der Kreide standen; sie war ein seltener Glücksfall in den Wirren der napoleonischen Zeit.

Für Hitler aber stand ein Plan hinter dieser Entwicklung. *„In seiner tausendjährigen händlerischen Gewandtheit ist er den noch unbeholfenen, besonders aber grenzenlos ehrlichen Ariern weit überlegen"*[2], schreibt er in „Mein Kampf": Zunächst habe „der Jude" als Händler die ersten festen Siedlungen besucht, dann habe er das Monopol des Handels übernommen, danach Geld zu Wucherzinsen verliehen und schließlich „sämtliche Geldgeschäfte" an sich gerissen. Bald habe ihm sämtlicher Grund und Boden gehört, den er nicht selbst bebaut, sondern nur benutzt habe, um den tumben Arier noch weiter auszubeuten. Habe sich das Volk dann doch einmal gegen diese „Gottesgeißel" aufgelehnt, sei er einfach weitergezogen, habe an das Mitleid eines Fürsten appelliert, sich Freibriefe und Privilegien erbettelt und sich in höhere Kreise eingeschlichen. Habe er einmal diverse Ministerposten besetzt, sei ein Land zum Spielfeld seiner Arglist geworden, hinter der immer nur ein Ziel stünde: der *„Traum der Weltherrschaft"*. Getarnt als *„Wohltäter der Menschheit"* verändere er die Gesellschaft, zerstöre die Grundlagen ihrer Wirtschaft, manipuliere durch die Presse die öffentliche Meinung. Schließlich stürze er Monarchien, übernehme in Demokratien die Macht und degradiere die einheimischen Arier zu Arbeitssklaven. Unter dem Vorwand des „Internationalismus" risse er dann ein Land nach dem anderen in denselben zerstörerischen Strudel, bis die ganze Welt ihm Untertan sei.

So absurd Hitlers Version der Weltgeschichte ist, er glaubte, er könne sie beweisen. Hatte nicht sein Parteigenosse Alfred Rosenberg, auch ein Anhänger der Thule-Gesellschaft, die „Protokolle der Weisen von Zion" aus Russland mitgebracht? Sie beinhalteten, so

---

[2] Hitler 1925/27, S. 338

glaubten Hitler und Rosenberg gerne, die geheimen Pläne der jüdischen Weltverschwörung. *„Mit geradezu grauenerregender Sicherheit"*, so Hitler in „Mein Kampf", würden sie *das Wesen und die Tätigkeit des Judenvolkes aufdecken"*.[3] Doch in Wirklichkeit handelte es sich bei den „Protokollen" um eine der perfidesten Fälschungen der Weltgeschichte.

Der Legende nach entstanden sie auf dem Basler Zionistenkongress von 1897; es sei einem Agenten des zaristischen Geheimdienstes gelungen, sie in seinen Besitz zu bekommen. In 24 Punkten legten die vermeintlichen Verfasser dar, wie sie innerhalb eines Jahrhunderts die Weltherrschaft erlangen könnten. Danach seien die Ideen von Freiheit, Gleichheit, Brüderlichkeit ebenso wie der Liberalismus und Sozialismus von den Juden in die Welt gesetzt worden, um die Macht der christlichen Staaten zu brechen. Alkohol, Prostitution und Hedonismus sollten die Menschen von ihrem Glauben und ihren Werten entfremden und damit manipulierbar machen. Durch die Infiltration der Wirtschaft, Wissenschaft, Kultur, Presse und der Parteien sollten die Staaten gefügig gemacht werden. Die Plutokratie, die Herrschaft des Geldes, sollte die Aristokratie ersetzen. Wenn man die Staaten gegeneinander aufgehetzt und in Kriege gestürzt habe, wenn Krankheiten, Bürgerkriege und Wirtschaftskrisen die Menschen verzweifeln ließen, sei die Zeit gekommen, einen totalitären jüdischen Staat, ein globales Zion zu errichten.

Doch die „Protokolle" waren schon Jahrzehnte vor dem Basler Zionistenkongress entstanden, und ihre Autoren waren keine Juden, sondern Franzosen, Deutsche und Russen. Tatsächlich basierte die Schrift auf der Satire „Dialog in der Hölle zwischen Macchiavelli und Montesquieu" des französischen Liberalen Maurice Joly aus dem Jahre 1864, der damit gegen Kaiser Napoleon III. Stimmung machen wollte. Sie fiel vier Jahre später dem preußischen Postbeamten Hermann Goedsche in die Hände, der sie in seinen unter dem Pseudonym Sir John Retcliffe veröffentlichten Roman „Biarritz" einbaute. Auf dem Prager Judenfriedhof besprechen hier Vertreter der zwölf Stämme Israels einen Plan zur Eroberung der Welt. 1881 druckte die französische Zeitung „Le Contemporain" die Ge-

---

[3] Hitler 1925/27, S. 337

schichte in abgewandelter Form als Bericht ab, wobei sie sich auf den „englischen Diplomaten Sir John Readcliff" berief. Der Artikel gelangte in die Hände von Pjotr Iwanowitsch Raschkowski, dem Chef der Pariser Abteilung des zaristischen Geheimdienstes „Ochrana". Der überzeugte Antisemit entwickelte 1891 den Plan, eine „Kampagne gegen die russischen Juden" zu starten. So verfasste er eine Zusammenfassung der Texte von Joly und Goedsche/Retcliffe, die er an Mitglieder der russischen Oberschicht weiterleitete. Der Moskauer Patriarch war so beeindruckt, dass er Ausschnitte auf allen 368 Kanzeln seiner Stadt verlesen ließ. Fortan galten die „Protokolle" als Rechtfertigung für die Pogrome des Zaren. Dass an der russischen Revolution tatsächlich auch jüdische Intellektuelle beteiligt waren, muss als Notwehr verstanden werden. Die russischen Juden hatten tatsächlich jeden Grund, sich gegen den Zarenstaat zu wenden, der so viel Leid über sie gebracht hatte. Den Antisemiten aber musste ihre Beteiligung am Umsturz als eine Bestätigung der „Protokolle" und damit der „Jüdischen Verschwörung" erscheinen. Über 100.000 russische Juden wurden zwischen 1918 und 1920 im Bürgerkrieg zwischen den Kommunisten und der gegenrevolutionären Weißen Armee von deren Angehörigen aus Rache massakriert. So waren es dann auch russische Flüchtlinge wie Rosenberg – ein Baltendeutscher, der in Moskau studiert hatte –, die die „Protokolle" nach Deutschland brachten. Dort fielen sie auf fruchtbaren Boden, schienen sie doch zu beweisen, was die deutsche Rechte längst ahnte: dass auch die deutsche Kapitulation im Ersten Weltkrieg das Werk jüdischer Verschwörer gewesen sei.

Erst die Geschichte widerlegte die Lüge von einer jüdischen Weltregierung, die Hitler immer wieder propagierte. Als er ab 1939 immer neue territoriale Forderungen stellte, um seinen Angriffskrieg gegen die Sowjetunion vorzubereiten, drohte er:

> *„Wenn es dem internationalen Finanzjudentum in und außerhalb Europas gelingen sollte, die Völker noch einmal in einem Weltkrieg zu stürzen, dann wird das Ergebnis nicht die Bolschewisierung der Erde und damit der Sieg des Judentums sein, sondern die Vernichtung der jüdischen Rasse in Europa."*[4]

---

[4] Domarus 1973, S. 1058

Drei Jahre später, am 30. Januar 1942, konkretisierte er diese Drohung, als er erklärte,

> *„dass dieser Krieg nicht so ausgehen wird, wie es sich die Juden vorstellen, nämlich dass die europäisch-arischen Völker ausgerottet werden, sondern dass das Ergebnis dieses Krieges die Vernichtung des Judentums sein wird ... Aug' um Aug', Zahn um Zahn! ... Und es wird die Stunde kommen, da der böseste Weltfeind aller Zeiten wenigstens auf ein Jahrtausend seine Rolle ausgespielt haben wird.“*[5]

Nur zehn Tage zuvor hatten Vertreter der SS-Dienststellen, der Reichs- und der Parteikanzlei, des Innen- und Ostministeriums, des Justizministeriums und des Auswärtigen Amtes unter Vorsitz von Reinhard Heydrich auf der Wannseekonferenz die systematische „Endlösung der Judenfrage" geplant, ganz wie sie Hitler befohlen hatte. Schon im Mai 1942 informierte der Warschauer Jüdische Bund die polnische Exilregierung in London über den Mord an 700.000 Juden, nannte die Standorte der Todeslager. Im Juni 1942 berichtete der BBC in zwei Sendungen über den gerade beginnenden Holocaust. Die Welt unternahm nichts. Selbst als im August 1944 britische Kampfflieger das Konzentrationslager Auschwitz überflogen, kam niemand auf die Idee, die Bahngleise zu bombardieren, auf denen jeden Tag Tausende in den Tod rollten. Stattdessen fotografierte man die Todesfabrik gründlich – und wartete 60 Jahre, bis die Bilder veröffentlicht werden durften. Hitlers Erpressung, einer gigantischen Geiselermordung gleich, konnte zu keinem Erfolg führen, weil es keine „jüdische Weltregierung" gab, das Judentum weder in London noch in Washington etwas zu entscheiden hatte.

---

[5] Domarus 1973, S. 1829

Das Märchen vom "jüdischen Bolschewismus"

"Im russischen Bolschewismus haben wir den im zwanzigsten Jahrhundert unternommenen Versuch des Judentums zu erblicken, sich die Weltherrschaft anzueignen."

Adolf Hitler in „Mein Kampf" (1924)[1]

"Hier gelang es der zahlenmäßig zum russischen Volk selbst in keinem Verhältnis stehenden jüdischen Minorität, über den Umweg einer Aneignung der Führung des nationalrussischen Proletariats die bisherige gesellschaftliche und staatliche Führung nicht nur aus ihrer Stellung zu drängen, sondern kurzerhand auszurotten. Gerade deshalb ist aber das heutige Russland nichts anderes als ... eine brutale Diktatur einer fremden Rasse."

Adolf Hitler am 13. September 1937 auf dem Nürnberger Parteitag[2]

Der Eintritt Russlands in den Ersten Weltkrieg markierte das Ende des Zarentums. Hatte Österreich nach der Ermordung des Thronfolgers Erzherzog Franz Ferdinand am 28. Juni 1914 in Sarajevo Strafmaßnahmen gegen Serbien angekündigt, musste Russland jetzt dem slawischen Brudervolk zu Hilfe eilen. Dadurch wiederum wurden auch Russlands Verbündete Frankreich und England zu den Waffen gerufen, während Deutschland mit Österreich paktierte. Mit der Kriegserklärung vom 1. August 1914 begannen von deutscher Seite her auch geheimdienstliche Aktivitäten mit dem Ziel, den Kriegsgegner Russland zu schwächen. Während der Zar an der Front den Oberbefehl ausübte, brach im zweiten Kriegsjahr in Teilen des Landes die Versorgung zusammen. Die Zarin, die, von einer Hofkamarilla unterstützt, die Politik leitete, war mit der Situation

---

[1] Hitler 1925/27, S. 751
[2] Domaras 1973, S. 729

heillos überfordert. Speziell in der Hauptstadt St. Petersburg, in antideutscher Stimmung eiligst in „Petrograd" umbenannt, kam es zu Streiks und Demonstrationen. „Die Unfähigkeit der Regierung grenzt an Landesverrat", erklärte der liberale Parteiführer Pawel Miljukow vor der Duma, dem Parlament. Doch der Zar weigerte sich, eine Regierung zu bilden, die das Vertrauen der Duma besaß. Als er am 10. März 1917 seinen Soldaten befahl, einen Streik von 200.000 hungernden Arbeitern blutig niederzuschlagen, verweigerten die Soldaten den Befehl und verbrüderten sich mit den Aufständischen. Schließlich übernahm das Parlament die Macht. Dem Zaren blieb nichts anderes übrig, als den liberalen Fürsten Georgij Lwow zum Ministerpräsidenten zu ernennen und abzudanken.

Jetzt sah Deutschland seine Chance kommen, den Krieg schnell zu beenden. Seit 1915 hatte Berlin nicht ohne Erfolg „zersetzerische Elemente" im Zarenreich gefördert. Wollte auch die neue Regierung den Krieg an der Seite der Westmächte fortsetzen, hatte man noch eine Trumpfkarte im Ärmel. Denn eine politische Gruppe, die Radikalsozialisten oder Bolschewiki, forderte ein sofortiges Kriegsende. Ihr Führer, der charismatische Wladimir Iljitsch Lenin, lebte im Schweizer Exil. So statteten die Deutschen Lenin mit Millionenbeträgen aus und stellten ihm einen verplombten Diplomatenzug zur Verfügung, um ihn eiligst nach Petrograd zu bringen. Dort traf er am 14. April 1917 ein, um sogleich eine bolschewistische Revolution vorzubereiten; dabei arbeitete er „völlig nach Wunsch", wie es in einem Funkspruch der Obersten Heeresleitung des Deutschen Reiches hieß. Nur ein halbes Jahr später, am 7. November 1917 (dem 26. Oktober nach dem russischen Kalender), griff er in einer blutigen Revolution nach der Macht und proklamierte die Gründung des Sowjetstaates.

Tatsächlich trugen viele der frühen Bolschewisten jüdische Namen. Ihre Absage an das alte System, das in unzähligen Pogromen so viel Leid über die Juden gebracht hatte, und ihr Versprechen, für Gleichberechtigung und soziale Gerechtigkeit einzutreten, machte die rote Bewegung für die junge jüdische Intelligenz äußerst attraktiv. Für viele jüdische Studenten aus den Großstädten bot die junge Sowjetunion erstmals überhaupt die Möglichkeit, politisch aktiv zu werden, führende Positionen zu besetzen und mit den einstigen Unterdrückern abzurechnen. Die Kommunisten wiederum brauchten als Beamte des neuen Staates begeisterungsfähige junge Männer und Frauen, Akademiker, die nicht dem Establishment des Zarenreiches angehört hatten. Nicht wenige von ihnen wurden im Auftrag der atheistischen Kommunisten bald auch gegen ihre einstigen Glaubensgenossen aktiv. Kurz gesagt: Juden wurden vom Kommunismus instrumentalisiert, nicht (wie Hitler behauptete) der Kommunismus von den Juden. Eine „jüdische Verschwörung" war der Bolschewismus ebenso wenig, wie Stalins Herrschaft ein Versuch der Georgier war, die Weltherrschaft zu erlangen. Die rote Revolution war nicht von „den Juden" initiiert worden, sondern wurde von Deutschland finanziert.

Waren die Bolschewisten ursprünglich auf die idealistischen Juden als Ersatz für das von der Revolution bekämpfte Bürgertum und den gnadenlos verfolgten Adel angewiesen, machte sich bald bei den russischen Arbeitern ein „roter Antisemitismus" breit. „Schlag die Juden, rette die Räte", lautete ihr Slogan. Nur wenige Monate nach Lenins Tod, im Mai 1924, inszenierte Stalin den „antijüdischen Umsturz", zwang fünf Jahre später seinen jüdischen Widersacher Lew Bronstein alias Leo Trotzki ins Exil und ließ ihn schließlich 1940 ermorden. 1936 und 1939 kam es zu weiteren „Säuberungen", denen fast alle jüdischen Kommunisten zum Opfer fielen, die vor 1936 in der UdSSR eine wichtige Rolle gespielt hatten. *„Wir machen hier und jetzt für immer Schluss mit der Synagoge"*, kommentierte der neue Außenminister Wjatscheslaw Molotow den Machtwechsel. Im Innenministerium sank im selben Jahr der Anteil der jüdischen Kommunisten von 50 % auf gerade einmal 6 %. Dass Hitler trotzdem seinen Überfall auf Russland als Schlag gegen die *„jüdischen Machthaber der bolschewistischen Moskauer Zentrale"*[3] bezeichnete, war schon mehr als ein Anachronismus.

Es gab also jüdische Bolschewisten, aber keinen jüdisch gesteuerten Bolschewismus. Die Oktoberrevolution in Russland wurde allenfalls von einigen Juden unterstützt, ganz gewiss aber nicht von ihnen inszeniert. Doch Hitler brauchte das Schreckgespinst vom „jüdischen Bolschewismus", um seine mörderische Judenpolitik und seine Gier nach Lebensraum im Osten durch eine echte Bedrohung, den Terror der Sowjetherrschaft, zu legitimieren.

---

[3] Domarus 1973, S. 1731

Die Dolchstoßlegende

„Kaiser Wilhelm II. hatte als erster deutscher Kaiser den Führern des Marxismus die Hand zur Versöhnung gereicht, ohne zu ahnen, dass Schurken keine Ehre besitzen. Während sie die kaiserliche Hand noch in der ihren hielten, suchte die andere schon nach dem Dolche. Mit dem Juden gibt es kein Paktieren, sondern nur das harte Entweder-Oder."

Adolf Hitler in „Mein Kampf" (1924)[1]

„Ungeschlagen und unbesiegt ist Deutschland damals geblieben, zu Lande, zur See und in der Luft. Und dennoch haben wir den Krieg verloren. Wir kennen die Macht, die damals Deutschland besiegt hat. Es war die Macht der Lüge, das Gift einer Propaganda, die vor keiner Verdrehung und vor keiner Unwahrheit zurückschreckte, und der das Deutsche Reich, weil es unvorbereitet war, gänzlich wehrlos gegenüberstand."

Adolf Hitler am 1. April 1939 in Wilhelmshaven[2]

Tatsächlich dachte Lenin gar nicht daran, den Deutschen nach seiner Machtergreifung weiter gefällig zu sein. *„Ich werde öfters beschuldigt, in der Revolution mit Hilfe deutschen Geldes gesiegt zu haben. Diese Tatsache habe ich nie geleugnet – noch tue ich das jetzt. Ich will jedoch hinzufügen, dass wir mit russischem Geld eine ähnliche Revolution in Deutschland inszenieren werden"*[3], hatte er bereits unmittelbar nach der gelungenen Oktoberrevolution auf einer Sitzung seiner Partei erklärt. Schon im November 1918 schickte er einen neuen Botschafter nach Berlin, der 14 Millionen Mark im Handgepäck hatte, um linkssozialistische Zeitungen zu finanzieren und die linksextreme USPD – die „Unabhängigen Sozialdemokraten" – zu unterstützen. Kurz darauf entstand aus dem „Spartakus-Bund" von Rosa Luxemburg und Karl Liebknecht die „Kommunistische Partei

---

[1] Hitler 1925/27, S. 225
[2] Domarus 1973, S. 1120
[3] zit. n. Reuth 2005, S. 72

Deutschlands" (KPD) als fünfte Kolonne Moskaus. Bereits Anfang Januar 1919 versuchten KPD und Teile der USPD die deutsche Revolution gegen die sozialdemokratische Regierung Ebert-Scheidemann. Sie wurde mit unerbittlicher Härte von der Reichswehr und den Freikorps niedergeschlagen. 15 Monate später scheiterte ein Versuch der Kommunisten, in München eine Räterepublik zu erreichen, auf die gleiche Weise. Die damals durchaus berechtigte Angst vor einer kommunistischen Machtergreifung, die durch Berichte von den Gräueltaten der „Roten" in Russland noch genährt wurde, machte erst den Aufstieg der Nationalsozialisten möglich, die sich als Kämpfer gegen den Bolschewismus präsentierten. Die Tatsache, dass sich auch in Deutschland jüdische Intellektuelle für den Kommunismus engagierten, gab dem Antisemitismus Auftrieb.

Die nationalistischen Phrasen der Braunhemden wirkten dabei wie Balsam auf die verletzte deutsche Seele. Die deutsche Kapitulation vom 9. November 1918 war für sie das böse Erwachen aus den einstigen Großmachtträumen, die ungewöhnlich harten Bedingungen, die der Versailler Vertrag dem Reich diktierten, ließen die Zukunft düster erscheinen. Nicht nur war Deutschland die Alleinschuld am Ersten Weltkrieg zugeschrieben worden, es verlor auch seine sämtlichen Überseekolonien sowie 70.000 Quadratkilometer des bisherigen Kernlandes mit 7,3 Millionen Menschen und war auf Jahrzehnte mit dramatischen Reparationsforderungen belastet. Fortan musste es 75 % der jährlichen Zink- und Eisenförderung, 28 % der Steinkohlenförderung und 20 % seiner Kartoffel- und Getreideernte an die Siegermächte abtreten, ebenso sämtliche Handelsschiffe über 1600 BRT und die Hälfte aller Handelsschiffe von 1000 bis 1600 BRT. Das Kohlerevier im Saarland ging an Frankreich. Die Heeresstärke wurde von 400.000 auf 100.000 Mann reduziert, die allgemeine Wehrpflicht ebenso verboten wie der Besitz schwerer Waffen. Der Kaiser, als Kriegsverbrecher angeklagt, musste ins Exil nach Doorn in den Niederlanden. Die Folge war ein Jahrzehnt der Unruhen, Wirtschaftskrisen, Inflation und Arbeitslosigkeit – der richtige Nährboden für selbst ernannte Retter, die das Volk mit dem Versprechen künftiger Größe blendeten und gegen die vermeintlichen Verantwortlichen des Desasters aufhetzten. So wurden jene, die den Waffenstillstand von 1918 unterschrieben und Deutschland in die Demokratie der Weimarer Republik führten, von der rechten Propaganda als „Novemberverbrecher" abgeurteilt. Die „Dolchstoßlegende" kam auf. Das deutsche Heer sei „im Felde unbesiegt", ja der Sieg „zum Greifen nah" gewesen, als Feiglinge und Verräter ihn hinterrücks vereitelten. Dem tapferen Soldaten, der in den Schützengräben der Westfront unter Einsatz seines Lebens für das Reich gekämpft hatte, wurde bildlich ein Dolch in den Rücken gestoßen.

Doch die Urheber dieser Legende, Generalfeldmarschall Paul von Hindenburg und sein Generalquartiermeister Erich Ludendorff, wollten damit nur ihr eigenes Versagen kaschieren. Als er am 18. November 1919 vor einem Untersuchungsausschuss der Nationalversammlung verhört wurde, erklärte Hindenburg: *„Ein englischer General sagte mit Recht: Die deutsche Armee ist von hinten erdolcht worden. Wo die Schuld liegt, ist klar erwiesen."* Er vergaß zu erwähnen, dass er und Ludendorff in ihrer Funktion als kaiserliche Oberste Heeresleitung nach der gescheiterten Sommeroffensive 1918 selbst schon am 29. September 1918 die Reichsregierung ultimativ aufgefordert hatten, Waffenstillstandsverhandlungen aufzunehmen. Die Führer der im Reichstag vertretenen Parteien reagierten mit Bestürzung. Der Parteivorsitzende der SPD, Friedrich Ebert, wurde totenblass und brachte kein Wort hervor, der Nationalliberale Gustav Stresemann kollabierte förmlich. Doch auch dem am 3. Oktober 1918 ernannten neuen Reichskanzler Prinz Max von Baden musste Hindenburg erklären: *„Die Lage verschärft sich täglich … Unter diesen Umständen ist es geboten, den Kampf abzubrechen und dem deutschen Volk und seinen Verbündeten nutzlose Opfer zu ersparen. Jeder versäumte Tag kostet Tausenden von Soldaten das Leben."* Geschürt wurde die Legende dadurch, dass der Abzug der deutschen Truppen selbstständig und geordnet stattfand. Das vermittelte den Eindruck, das Heer sei nicht aus reiner Not, sondern aufgrund einer politischen Entscheidung heimgekehrt. Dass diese Entscheidung aus einer militärisch völlig aussichtslosen Notlage gefallen war, war für die Soldaten nicht erkennbar. Auch der Bevölkerung erschien die Lage keineswegs dramatisch, da noch keine Kampfhandlungen auf deutschem Boden stattgefunden hatten.

Bevor sie kapitulierten, wollten Hindenburg und Ludendorff jedoch noch einmal versuchen, durch den Einsatz der deutschen Hochseeflotte das Blatt zu wenden. Als die Matrosen, die zwei Jahre lang vergeblich auf den Kriegseinsatz gewartet hatten, von diesem

Selbstmordkommando erfuhren, meuterten sie am 3. November 1918. Für die Linke erschien die Stunde günstig, nach russischem Vorbild eine deutsche Revolution zu starten. In vielen deutschen Städten griffen die Arbeiter und Soldaten nach der Macht. Die SPD solidarisierte sich mit ihnen. In München entstand ein „Freier Volksstaat" mit USPD-Führer Kurt Eisner an der Spitze. In Berlin dagegen übernahm die gemäßigte SPD unter Friedrich Ebert die Regierung und versprach nach der Abdankung des Kaisers einen geordneten Übergang von der Monarchie in eine parlamentarische Demokratie. Koalierte die SPD zunächst mit der USPD, kam es schon Ende Dezember zum Bruch, der schließlich zum gescheiterten Aufstand der Spartakisten und der USPD am 6. Januar 1919 führte. Der jungen Weimarer Republik gelang es damals, ganz aus eigener Kraft mit ihrer größten Bedrohung fertig zu werden. Erst 14 Jahre später kam Adolf Hitler mit der Lüge, dass eine neue kommunistische Revolution unmittelbar bevorstünde, an die Macht.

Nicht die Juden und auch nicht die *„Regierung der Novemberverbrecher"*[4], wie Hitler die Regierung Ebert nannte, hatten also die Kapitulation zu verantworten, sondern eben jene Generäle, die bald zu den Galionsfiguren der deutschnationalen Rechten wurden. Freilich nutzten die Kommunisten das Chaos, das durch den Regimewechsel entstanden war. Doch der Einzige, der letztendlich von der Wirtschaftskrise und der politischen Instabilität der 1920er Jahre profitierte, war Hitler selbst. Er versprach, Deutschland aus den Fesseln des Versailler Vertrages zu befreien und wieder aufzurichten – das einzige Versprechen, das er hielt. Seine Absicht, es danach in einen noch brutaleren Krieg zu führen, der seine letzten Kräfte aufbrauchen und es am Ende völlig zerschmettern würde, hatte er freilich verschwiegen.

In einer geordneten Gesellschaft wäre er nur ein Namenloser, bestenfalls ein bizarrer Sonderling geblieben. So aber liefen die Verzweifelten in Scharen dem braunen Rattenfänger in die Arme, der ihnen Frieden und Wohlstand versprach, aber nur den millionenfachen Tod brachte.

---

[4] Domarus 1973, S. 14

Teil III:
Propagandalügen

Der inszenierte Reichstagsbrand

„Wonach ich strebe, ist die Macht und nicht ein Titel … Ich will nur die Macht. Wenn wir einmal die Macht bekommen, dann werden wir sie, so wahr uns Gott helfe, behalten. Wegnehmen lassen wir sie uns dann nicht mehr."

Adolf Hitler am 17. Oktober 1932 in Königsberg[1]

„Die Brandstiftung im Reichstag als missglückter Versuch einer groß angelegten Aktion ist nur ein Zeichen dessen, was Europa vom Siege dieser teuflischen Lehre zu erwarten hätte."

Adolf Hitler am 23. März 1933 im Reichstag[2]

Hitlers Machtergreifung verlief zunächst nach allen Regeln der Demokratie. Aus den Reichstagswahlen vom 24. November 1932 ging die NSDAP mit 33,1 % der Stimmen zwar als stärkste Partei, aber ohne regierungsfähige Mehrheit hervor. Bis zuletzt weigerte sich Reichspräsident Paul von Hindenburg, der Generalfeldmarschall des Ersten Weltkriegs, ihn mit der Regierungsbildung zu beauftragen. Stattdessen ernannte er zunächst Franz von Papen von der Zentrums-Partei, dann den parteilosen Kurt von Schleicher zum Reichskanzler, ohne dass sie über eine Mehrheit im Reichstag ver-

---

[1] Domarus 1973, S. 140
[2] ebd., S. 230

fügten. Am 4. Januar 1933 fand in Köln ein geheimes Treffen zwischen Hitler und von Papen statt, in dem es um eine Regierungsbeteiligung der Nazis ging. Es folgten Wochen zäher Verhandlungen. Während Reichskanzler von Schleicher noch den Staatsnotstand verkünden und NSDAP wie KPD verbieten lassen wollte, versicherten die Rechtsparteien, im Falle einer Koalition die Nazipartei an die Leine nehmen zu können. Hitler wiederum machte seine Kanzlerschaft zur Bedingung für eine Koalitionsbeteiligung. Schließlich gab Hindenburg nach und machte seinen „Pakt mit dem Teufel", bestand aber auf von Papen als Vizekanzler. Hitler wurde Reichskanzler, war aber noch auf seine Koalitionspartner angewiesen. Die wiederum hofften, dass er letztendlich an den Problemen der Realpolitik scheitern und damit seinen Nimbus als „Retter" verlieren würde. Sie hatten seine Skrupellosigkeit gründlich unterschätzt. Er schwor Verfassungstreue – und plante gleichzeitig, die Verfassung „streng verfassungsmäßig"[3], auszuhebeln.

Gleich bei seiner ersten Regierungserklärung versprach Hitler, fortan alles besser zu machen als die anderen:

> „14 Jahre lang haben die Parteien des Zerfalls, der November-Revolution, das deutsche Volk verführt und misshandelt. 14 Jahre lang haben sie zerstört, zersetzt und aufgelöst. Dann ist es nicht vermessen, wenn ich heute vor die Nation hintrete und sie beschwöre. Deutsches Volk, gib uns vier Jahre Zeit, dann richte über uns."

Scheinheilig bezeichnete er seine Kanzlerschaft, um die er 13 Jahre lang gekämpft hatte, als den „schwerste(n) Entschluss meines eigenen Lebens", um gleich seinen ersten Meineid als Reichskanzler zu leisten: „Deutsches Volk, gib uns vier Jahre, und ich schwöre, so wie wir und so wie ich in dieses Amt eintrete, so will ich dann auch gehen."[4] Wie er wirklich dachte, hatte er nur drei Monate zuvor in Breslau verkündet: „Wenn ich einmal in die Regierung eintrete, habe ich nicht die Absicht, wieder auszutreten."[5] Dazu aber musste er zunächst einmal die Demokratie außer Kraft setzen.

---

[3] Domarus 1973, S. 169
[4] ebd., S. 207
[5] ebd., S. 140

„Die Stunde der Niederschlagung dieses (kommunistischen) *Terrors kommt"*[6], versprach er am 2. Februar 1933 seinen SA-Männern. Sie ließ gerade einmal 25 Tage auf sich warten, dann brannte der Reichstag.

Am 27. Februar 1933 gegen 21.30 Uhr hörte ein Student, der auf dem Heimweg das Parlament passierte, das Klirren zerbrechender Fensterscheiben. Dann sah er eine Gestalt, die, in gebückter Haltung, einen brennenden Gegenstand in der Hand, in das Innere des Gebäudes eindrang. Er lief zu einem Wachpolizisten, der wiederum die Feuerwehr rief. Als diese um 22.00 Uhr endlich eintraf, stand der Plenarsaal bereits in Flammen. Zehn Minuten später erschien Hitlers Paladin Hermann Göring, der gerade neuer preußischer Innenminister geworden war, am Tatort. Sein wichtigster Befehl lautete, die Wandteppiche zu retten. Als Hitler fünf Minuten später, begleitet von Goebbels, eintraf, kannte er schon die Täter: *„Das waren die Kommunisten!"*, verkündete er der Presse, sprach von einem *„von Gott gegebenen Signal"* und dem *„Beginn einer neuen großen Epoche der deutschen Geschichte"*, forderte, *„die Mörderpest mit eiserner Faust (zu) zerschlagen"*.[7]

Kaum hatte er das gesagt, schleppte die Polizei ein abgerissenes, halb nacktes Männlein an, einen Holländer namens Marinus van der Lubbe, der stolz der Presse als Täter präsentiert wurde. Im Verhör gestand er die Tat, gab an, den Brand „aus Protest" gelegt zu haben. Hintermänner schien er keine zu haben, so sehr sich auch Hitler und seine Helfer versuchten, ihn als Teil einer kommunistischen Verschwörung erscheinen zu lassen. Immerhin hatte er sich vier Jahre zuvor von der kommunistischen Partei getrennt, seitdem einer moskaufeindlichen Splittergruppe angehört.

Doch es gibt eine andere Spur, der der bekannte Regisseur Geza von Cziffra nachging. Ihm vertraute Dzino Berlin, der Sekretär des bekannten Okkultisten und Bühnenhypnotiseurs Jan Erik Hanussen, an, sein Chef habe van der Lubbe zuvor das Verlangen induziert, den Reichstag anzuzünden. Der Plan dazu, sinnigerweise „Unternehmen Nero" genannt, war von SA-Männern ausgeheckt worden, die in freundschaftlichem Kontakt mit Hanussen standen.

---

[6] Domarus 1973, S. 215
[7] zit. n. Toland 1977, Bd. I, S. 404

Tatsächlich hatte der selbst ernannte „Seher" schon am Abend des 26. Februars in einer von einflussreichen Berlinern besuchten spiritistischen Séance prophezeit, *„ein großes Gebäude Berlins werde vom Feuer verschlungen … aus den Flammen steige ein Adler empor".*[8] Nur vier Wochen nach dem Reichstagsbrand, am 24. März 1933, bezahlte Hanussen seine gefährliche Mitwisserschaft mit dem Leben. Vorher war bekannt geworden, dass er jüdischer Abstammung war, eigentlich Hermann Steinschneider hieß. SA-Männer holten ihn aus seiner Wohnung ab, um ihn in einem Waldgebiet südlich von Berlin zu erschießen. Erst zwei Wochen später wurde seine Leiche von Chausseearbeitern entdeckt.

Hitler jedenfalls kam die Brandstiftung sehr gelegen. Noch in der Brandnacht ließ er rund 5000 führende Oppositionelle, insbesondere Kommunisten, verhaften. Tags darauf setzte er in einer „Notverordnung" jene sieben Artikel der Weimarer Verfassung außer Kraft, die die bürgerlichen und persönlichen Freiheiten garantierten. Nur eine Woche später, am 5. März 1933, fanden die Reichstagswahlen statt, die seine Kanzlerschaft bestätigen sollten. Diesmal kam die NSDAP auf 43,9 % der Stimmen, 10,8 % mehr als noch vier Monate zuvor, womit die rechte Koalition erstmals eine regierungsfähige Mehrheit hatte. Das Land stand noch immer unter dem Schock des „Terroraktes" von Berlin. Zum „Schutz des Volkes" wurde das Versammlungsrecht eingeschränkt, allein in Preußen in nur vier Wochen über 10.000 Menschen festgenommen. Weil die Gefängnisse bald überfüllt waren, entstanden die ersten Konzentrationslager im Reich.

Am 23. März 1933 vollendete Hitler seinen Griff nach der Macht. Die historische Krolloper, in der der Reichstag jetzt provisorisch tagte, wurde von der SS abgeriegelt, während im Innern lange Reihen braunhemdiger SA-Männer drohende Spaliere bildeten. Im Hintergrund der Bühne, auf der das Kabinett Platz genommen hatte, hing eine riesige Hakenkreuzfahne. Im Braunhemd seiner „Bewegung" betrat Hitler das Podium und schilderte in einer pathetischen Rede die Not des Landes seit dem „Verrat" der „Novemberverbrecher", um endlich die totale Macht durch ein eigens formuliertes „Ermächtigungsgesetz" zu fordern. Sein Cocktail aus subtilen Drohun-

---

[8] zit. n. Toland 1977, Bd. I, S. 402

gen und großmundigen Versprechungen verfehlte seine Wirkung nicht: Mit 441 zu 94 Stimmen wurde das Gesetz angenommen, das alle Macht des Parlamentes auf die Reichsregierung und vom Reichspräsidenten auf den Reichskanzler, also Hitler, übertrug. Fortan diente der Reichstag nur noch als Kulisse für Hitlers programmatische Reden, waren seine 900 Abgeordneten bessere Claqueure. Da sie zwar nicht mitreden durften, dafür aber anschließend das Deutschlandlied und das Horst-Wessel-Lied singen mussten, bezeichnete man sie auch als *„den größten Gesangverein der Welt".*[9] Die Gleichschaltung der Deutschen im Dienste der nationalsozialistischen Ideologie konnte damit beginnen. Doch zunächst galt es, sich von unliebsamen Gegnern und Konkurrenten aus den eigenen Reihen zu befreien.

---

[9] zit. n. Toland 1977, Bd. I, S. 1276

Der vermeintliche Putsch

*„Ich erklärte ihm weiter, dass mir auch Gerüchte zu Ohren gekommen
seien über die Absicht, die Armee in den Kreis dieser Pläne einzubeziehen.
Ich versicherte dem Stabschef Röhm, dass die Behauptung, die SA solle
aufgelöst werden, eine niederträchtige Lüge sei, dass ich mich zu der Lüge,
ich selbst wolle gegen die SA vorgehen, überhaupt nicht äußern könnte."*

*„Ich habe den Befehl gegeben, die Hauptschuldigen an diesem Verrat zu
erschießen, und ich gab weiter den Befehl, die Geschwüre unserer inneren
Brunnenvergiftung und der Vergiftung des Auslandes auszubrennen bis
auf das rohe Fleisch. Und ich gab weiter den Befehl, bei jedem Versuch des
Widerstandes der Meuterer gegen ihre Verhaftung diese sofort mit der
Waffe niederzumachen."*

Adolf Hitler am 13. Juli 1934 vor dem Reichstag[1]

Wollte er einen Krieg führen, galt es zunächst einmal für Hitler,
die Reichswehr auf seine Seite zu bringen. Die Generäle waren mehrheitlich deutschnational, aber nicht nationalsozialistisch
eingestellt. Ihnen gefiel es nicht gerade, jetzt von einem ehemaligen Gefreiten kommandiert zu werden. Noch weniger behagte es
ihnen, dass die NSDAP längst über eine eigene, paramilitärische Mi-
liz verfügte, die SA. Die „Schutzabteilung" war im Dunstkreis von
Hitlers Münchener Brauhaus-Aktivismus gegründet worden und
war eine Mischung aus Privatarmee und Saalordner-Truppe. Sie bestand ursprünglich aus ehemaligen Frontsoldaten und Angehörigen
der Freikorps, die ursprünglich von der „Thule-Gesellschaft" für
den Marsch auf München aufgestellt worden waren. Ihr Kommandant war Hauptmann Ernst Röhm, ein Weltkriegssoldat mit einge-
drückter Nase und kahl rasiertem Schädel, rein zufällig der Amts-
nachfolger von Hitlers einstigem Vorgesetzten und „Entdecker",
Hauptmann Karl Mayr.

---

[1] Domarus 1973, S. 410 ff.

Erst nach Hitlers Haftentlassung und nach Aufhebung des NSDAP-Verbotes 1925 entstand neben der SA eine weitere Truppe, die ursprünglich als persönliche Leibwache für Adolf Hitler gedacht war und den Namen „Schutzstaffel", kurz SS, erhielt. Unter der Führung des ebenso ehrgeizigen wie skrupellosen Heinrich Himmler entwickelte sie sich zu einer Art nationalsozialistischem Kriegerorden und den eigentlichen Handlangern des braunen Terrors.

Verstand sich die SS als Elitetruppe, war die SA eher das bewaffnete Fußvolk der Partei. Bis 1933 stieg ihre Mitgliederzahl auf über 400.000 – die vierfache Stärke der Wehrmacht. Im Jahr nach der Machtergreifung hatte sie die vier Millionen überschritten. Damit war sie nicht nur den Reichswehrgenerälen, sondern auch Hitler selbst unheimlich geworden, stellte sie doch einen unkalkulierbaren Machtfaktor dar. Für den „Führer" war die „nationalsozialistische Revolution" mit der Verabschiedung des Ermächtigungsgesetzes beendet. Deshalb brauchte er die SA eigentlich nicht mehr; seine Gegner hielt er längst durch den offiziellen Nazi-Terror in Schach.

Röhm dagegen hatte ganz andere Ambitionen. Fand nicht auf allen Ebenen eine Gleichschaltung von Partei und Staat statt? Wurden nicht Reichsleiter zu Reichsministern, Gauleiter zu Reichsstatthaltern, der NSDAP-Jugendführer zum Reichsjugendführer und SS-Chef Himmler zum Chef der Polizei aller deutschen Länder ernannt? Lag es da nicht auf der Hand, die SA in die Reichswehr einzugliedern, wäre er nicht der richtige Mann, um Reichswehrminister zu werden oder zumindest in den Generalsrang aufzusteigen?

Doch Hitler war zu sehr Opportunist, um durch eine Geste der Dankbarkeit an seinen treuen Freund und Kampfgefährten die elitären Generäle zu brüskieren. Ewig von Minderwertigkeitskomplexen getrieben, wollte er ihnen durch einen Akt besonderer Brutalität imponieren, mit dem er sie auf ewig in die Pflicht nehmen konnte. Röhm hatte seine Schuldigkeit getan, Röhm musste sterben!

Doch zunächst heuchelte Hitler Freundschaft. Noch am 31. Dezember 1933 dankte er

> *„Dir, mein lieber Ernst Röhm, für die unvergänglichen Dienste …*
> *die Du der nationalsozialistischen Bewegung und dem deutschen*
> *Volke geleistet hast, um Dir zu versichern, wie sehr ich dem*
> *Schicksal dankbar bin, solche Männer wie du (!) als meine Freun-*

de und Kampfgenossen bezeichnen zu dürfen. In herzlicher Freundschaft und dankbarer Würdigung, Dein Adolf Hitler."[2]

Doch hinter Röhms Rücken wetzte Hitler bereits das Messer. Als er am 21. Februar 1934 den britischen Lordsiegelbewahrer Anthony Eden, den späteren Außenminister, zu Abrüstungsgesprächen traf, bot er bereits an, die Stärke der SA um zwei Drittel zu reduzieren und dem verbleibenden Drittel die militärische Ausbildung zu untersagen. Er wiederholte das Angebot noch einmal im April. Ebenfalls im April nahm Hitler an einer Fahrt des Panzerschiffs „Deutschland" in norwegischen Gewässern teil. Mit an Bord befanden sich der Reichswehrminister Generaloberst von Blomberg sowie eine Reihe hoher Marine- und Reichswehrgeneräle. Auf die SA angesprochen, versprach Hitler den Generälen, *„mit Röhm Schluss zu machen"*, sollte er noch einmal die Absicht äußern, die SA in irgendeiner Form in die Reichswehr einzugliedern.[3] Noch ahnungslos, erließ Röhm am 20. April 1934, zu Hitlers 45. Geburtstag, einen Tagesbefehl an die SA, in dem er dem „Führer" die *„unwandelbare Treue und niemals wankenden Gehorsam, seine Wege zu gehen und seine Werke zur wirken"*, versicherte und schloss: *„Heil dem Obersten SA-Führer Adolf Hitler!"*[4]

So konnte Röhm es zunächst nicht glauben, als er die ersten Gerüchte vernahm, dass Hitler einen Schlag gegen die SA plane. Schließlich bat er seinen Freund um ein persönliches Gespräch, das schließlich auch Anfang Juni 1934 in Berlin stattfand. *„Das ist eine niederträchtige Lüge"*, versicherte ihm Hitler, auf die Gerüchte angesprochen, in der fünfstündigen Unterredung. Wahrscheinlich ließ er Röhm glauben, sein Angebot an die Engländer sei nur eine List. Würde er die SA in die Wehrmacht eingliedern, würde er gegen das Truppenstärkediktat des Versailler Vertrages verstoßen. Daher müsse er zunächst ein Täuschungsmanöver durchführen. Zu diesem Zweck sollte die gesamte SA im Juli in Urlaub gehen, er selbst einen mehrwöchigen „Krankheitsurlaub" in Bad Wiessee antreten. Röhm, der Hitler blind vertraute, war sofort bereit, dieses üble Spiel mitzu-

---

[2] Domarus 1973, S. 338
[3] ebd., S. 375
[4] ebd., S. 377

pielen und kündigte am 7. Juni 1934 offiziell an, dass er sich, um „dem Rate meiner Ärzte zu folgen", zu einer längeren Kur entschlossen habe. Für den 1. August 1934 erwarte er, dass dann „die SA wieder voll ausgeruht und bekräftigt bereitsteht, um ihren ehrenvollen Aufgaben zu dienen."[5]

Damit war er in die Falle gegangen, die Hitler ihm gestellt hatte. Der „Führer", der von Natur aus feige war, hatte sich den Rücken frei gehalten. Gleich am Samstag, dem 30. Juni 1934, als die gesamte SA gerade in Urlaub gefahren war und ihm nicht mehr in die Quere kommen oder etwa putschen konnte, schlug er zu.

Schon am 28. Juni 1934 hatte er sämtliche SA-Führer telefonisch zu einer Tagung nach Bad Wiessee in das Hotel Hanselbauer bestellt. Bevor Hitler selbst in München landete, hatte SS-Chef Himmler eine kleine Aktion vorbereitet, die zumindest irgendwie nach Putsch aussah. Durch gefälschte Handzettel hatte er am Abend einige SA-Abteilungen auf die Straße gerufen, die sich jedoch durch den Gauleiter Wagner brav wieder nach Hause schicken ließen. Sofort wurden die lokalen SA-Führer in das bayerische Innenministerium bestellt, wo sie ebenso verdutzt wie entrüstet den Vorwurf von sich wiesen, die SA mobilisiert zu haben. Als Hitler gegen 4.30 Uhr früh dort eintraf, war seine erste, „mutige" Tat, ihnen eigenhändig ihre Rangabzeichen von der Uniform zu reißen und sie festnehmen zu lassen. Dann setzte er sich in den Wagen, um, gefolgt von seiner SS-Wache und der Kriminalpolizei, nach Bad Wiessee zu fahren. Ein Anruf im Hotel Hanselbauer verriet ihm, dass die Luft rein war; alle SA-Führer schliefen noch. So fasste er sich ein Herz, stürmte, von seiner SS-Wache und den Polizisten begleitet, in den ersten Stock, drang in Röhms Zimmer ein, brüllte: „Röhm, Du bist verhaftet". Verschlafen öffnete der SA-Chef langsam seine Augen. „Heil Dir, mein Führer", stammelte er, als er realisierte, wer da, die Reitpeitsche in der Hand, so früh am Morgen vor ihm stand. „Du bist verhaftet!", wiederholte Hitler. Im Zimmer gegenüber war der SA-Führer Heines, der sich zuvor mit einem homosexuellen Jüngling vergnügt hatte, durch den Lärm wach geworden. Er versuchte, den Eindringlingen Widerstand zu leisten, doch auch er wurde überwältigt und, wie alle seine Kameraden, verhaftet.

Domarus 1973, S. 386

Noch am selben Tag beeilte sich die NSDAP-Pressestelle um eine erste Erklärung. Zunächst hieß es, Röhms *„bekannte unglückliche Veranlagung"* – gemeint war seine Homosexualität – habe *„zu so unerträglichen Belastungen"* geführt, dass er *„selbst in schwerste Gewissenskonflikte getrieben wurde"*. Dabei habe es bei der *„Durchführung der Verhaftung ... moralisch so traurige Bilder"* gegeben, *„dass jede Spur von Mitleid schwinden musste ... Der Führer gab den Befehl zur rücksichtslosen Aufräumung dieser Pestbeule. Er will in Zukunft nicht mehr dulden, dass Millionen anständiger Menschen durch einzelne krankhaft veranlagte Personen belastet und kompromittiert werden."*[6]

Hatte Hitler also aus moralischer Entrüstung gehandelt? Wohl kaum, denn die Homosexualität Röhms war ihm seit Jahren bekannt. Er hatte sie immer auf den „Tropendienst" seines Freundes zurückgeführt und achselzuckend übergangen. Jetzt aber erklärte er in seinem Tagesbefehl: *„Ich will Männer als SA-Führer sehen und keine lächerlichen Affen."*[7]

Kaum hatte er diesen formuliert, erteilte Hitler den nächsten Befehl: Sein Leibstandartenkommandeur Dietrich sollte mit sechs Unteroffizieren und einem Kompaniechef in das Gefängnis Stadelheim fahren, um die jetzt dort einsitzenden SA-Führer erschießen zu lassen. Röhm wurde einen Tag lang die Gnade gewährt, Selbstmord zu begehen; als er dies unterließ, wurde auch er mit Pistolenschüssen niedergestreckt. Was folgte, ging als die „Nacht der langen Messer" in die Geschichte ein. Hitler nutzte die Gelegenheit, um sich gleich einer ganzen Reihe seiner Gegner zu entledigen. Himmler und Göring hatten bereits „Todeslisten" angelegt. Dutzende führender Oppositioneller, Ex-Reichskanzler von Schleicher und General von Bredow, aber auch ein Ordensmann und der Leiter der „Katholischen Aktion", fielen den „Säuberungen" zum Opfer. Natürlich reichte es jetzt nicht mehr aus, bloß von moralischen Verfehlungen zu reden. Darum hieß es nun offiziell, man habe eine Verschwörung aufgedeckt. Sämtliche Opfer der Nazi-Mordserie hätten zusammen *„mit den staatsfeindlichen Kreisen der SA-Führung und mit auswärtigen Mächten staatsgefährdete Verbindungen unterhalten"*[8] –

---

[6] Domarus 1973, S. 398 f.
[7] ebd., S. 401
[8] ebd., S. 404

und seien natürlich erst erschossen worden, als sie sich ihrer Verhaftung widersetzten. Um sich vollends abzusichern, holte sich Hitler nachträglich noch den Persilschein von seinem Reichskabinett, das offiziell bestätigte, dass die ganze Aktion *„zur Niederschlagung hoch- und landesverräterischer Angriffe am 30. Juni 1934 ... als Staatsnotwehr rechtens"*[9] war. Während Hitler zunächst behauptete, es habe bei den „Verhaftungen" 15 Tote gegeben, musste er später einräumen, dass es 74 waren; nach inoffiziellen Schätzungen ließen in dieser Nacht bis zu tausend Personen ihr Leben. Göring ließ zudem weitere 1124 Personen in „Schutzhaft" nehmen.

Erst dreizehn Tage nach der Tat, am 13. Juli 1934, hatte Hitler den Mut, vor dem Reichstag eine Erklärung für seine Aktion abzugeben, die natürlich dramatischer war als alles, was man seitdem von ihm gehört hatte. Röhm, so erklärte er, habe den Putsch vorbereitet, als er ihm den angestrebten Posten verweigerte und die Eingliederung der SA in die Reichswehr ablehnte. Die SA-Führer-Tagung in Bad Wiessee sei ein konspiratives Treffen gewesen. Für die Zeit des SA-Urlaubs sollten im ganzen Reich Tumulte inszeniert werden, die Hitler zwängen, nach seiner Sturmabteilung zu rufen, um die Ordnung wiederherzustellen. Hätte er sich dann immer noch geweigert, Röhm die gewünschten Befugnisse zu erteilen, hätte die SA von sich aus in blutigem Terror die Macht an sich gerissen, Hitler verhaftet und in seiner Zelle erschossen. Erst als er am 29. Juni 1934 *„so bedrohliche Nachrichten über letzte Vorbereitungen zur Aktion"* bekam, habe er sich entschieden, den Röhmputsch *„im Keim zu ersticken"*:

> *„Wenn überhaupt das Unheil noch zu verhindern war, dann musste blitzschnell gehandelt werden. Nur ein rücksichtsloses und blutiges Zugreifen war vielleicht noch in der Lage, die Ausbreitung der Revolte zu ersticken. Und es konnte dann keine Frage sein, dass besser hundert Meuterer, Verschwörer und Konspiratoren vernichtet wurden als zehntausend unschuldige SA-Männer auf der einen, zehntausend ebenso Unschuldige auf der anderen Seite verbluten zu lassen."*[10]

---

[9] Domarus 1973, S. 406
[10] ebd., S. 420 f.

Auf so schwere Vergehen wie Meuterei, Hoch- und Landesverrat stand auch nach dem Gesetz die Todesstrafe. Einer der infamsten Verschwörer, so Hitler weiter, sei der Berliner SA-Gruppenführer Karl Ernst gewesen, den er natürlich auch gleich erschießen ließ. Wie schuldig Ernst wirklich war, zeigt sein eher launiger Aufruf an die SA-Männer, den er noch am 26. Juni 1934 erlassen hatte:

> „Der Schulferienmonat soll den SA-Mann bei seiner Familie, seiner Frau und seinen Kindern finden. Somit sind etwaige Klagen über Beanspruchung und ‚zu viel Dienst usw.' behoben. Um diese beabsichtigte Situation um jeden Preis auch gegen solche, die sich ihren Angehörigen entziehen wollen, durchzusetzen, habe ich meinen Formationsführern das Ansetzen jeglichen Dienstes untersagt. Um ferner den SA-Mann zum wirklichen Privatmann in diesem Urlaubsmonat werden zu lassen, ist der Befreiung vom Dienst jeglicher Art ein Uniformverbot gefolgt."[11]

Klang das etwa nach einer Verschwörung? Erst drei Jahre später deutete Hitler den Kreisleitern der NSDAP, die sich in der „Ordensburg Vogelsang" in der Eifel versammelt hatten, an, was ihn damals tatsächlich veranlasst hatte, zu seinem *„eigenen Leidwesen … diesen Mann* (Röhm) *und seine Gefolgschaft* (zu) *vernichten"*: Es war seine Loyalität gegenüber der Reichswehr. *„Was würde das für ein Leben sein in diesem Volk, wenn nicht das Gebot der brutalsten Loyalität hier durchgeführt worden wäre? Wo würden wir heute sein? … Ich sage nicht viel, wenn ich* (die SA) *als einen gänzlich militärisch wertlosen Haufen anspreche."*[12]

Sie sollte nie mehr eine Rolle spielen. Trotz aller anders lautenden Versicherungen Hitlers wurde die SA nach dem Röhmputsch in einen besseren Sportverein umgewandelt. Sie hatte die jungen Deutschen vor Erfüllung der Wehrpflicht sportlich auszubilden und ihnen den Erwerb des „SA-Sportabzeichens" und des „SA-Wehrabzeichens" zu ermöglichen. Dagegen hatten auch die Generäle nichts einzuwenden. Das Volk erfuhr natürlich nichts von Hitlers Geständnis vor den NSDAP-Kreisleitern. Doch auch das Konstrukt von einem drohenden Putsch wurde, weil es wohl allzu leicht durch-

---

[11] Domarus 1973, S. 393
[12] ebd., S. 424

schaubar war, nur noch selten erwähnt. Stattdessen besann sich Hitler auf seine ursprüngliche Version der Ereignisse, seine angebliche moralische Entrüstung, als er am 30. Januar 1939 erst Ordensleute der Päderastie bezichtigte, um dann zu erklären:

> *„Als sich vor fünf Jahren führende Köpfe der nationalsozialistischen Partei dieser Verbrechen schuldig machten, wurden sie erschossen.“*[13]

Erstaunlicherweise waren die Deutschen nach der blutigen „Säuberungsaktion" keineswegs desillusioniert, was ihren „Führer" betraf. Ganz im Gegenteil trug sie entscheidend dazu bei, seinen Ruf als moralische Autorität zu etablieren. Er galt jetzt als jemand, der zu seinen Prinzipien stand und bereit war, zuerst im eigenen Haus aufzuräumen. Hinzu kam, dass die brutalen und proletarischen Schlägertrupps der SA vielen Deutschen eher in schlechter Erinnerung waren. Man traute ihnen durchaus all das zu, was Hitler ihnen jetzt vorwarf, nicht zuletzt Unsittlichkeit und Ausschweifungen. Wenn Hitler in seinem Tagesbefehl vom 30. Juni 1934 von der SA künftig Disziplin, vorbildliches Verhalten und ein höfliches und bescheidenes Auftreten verlangte, war dem nichts entgegenzusetzen. Man nahm es eher wohlwollend zur Kenntnis, wenn er etwa *„Festessen",* *„Schlemmereien"* für *„monatlich bis zu 30.000 Mark"* und *„kostbare Limousinen oder Cabriolets"* als Dienstwagen untersagte und SA-Führern, *„die sich vor aller Öffentlichkeit betrinken"* und auch sonst *„unwürdig benehmen, randalieren oder gar Exzesse veranstalten",* mit strenger Bestrafung drohte.[14]

„Wenn das der Führer wüsste", wurde fortan zur gängigen Entschuldigung für alle Missstände des Dritten Reiches, von der Korruption bis zur nackten Gewalt. Der Mythos, er allein halte den radikalen Flügel seiner Partei unter Kontrolle, ließ ihn selbst bei Gegnern des Regimes als unentbehrlich erscheinen, während er ihn zugleich jeder Verantwortlichkeit entzog. Das Schreckgespinst des Bolschewismus, das, von der Propaganda genährt, wie ein Damoklesschwert über dem Reich hing, ließ ihn auf alle Fälle als das geringere Übel erscheinen. So waren selbst Kirchenvertreter zeit-

---

[13] Domarus 1973, S. 1060
[14] ebd., S. 401

weise bereit, für ihn zu beten, weil ohne ihn ja alles noch viel schlimmer wäre.

Dabei nutzte Hitler die Vorliebe seiner Paladine, an erster Stelle natürlich Görings, für Prunk und Pomp und prachtvolle Uniformen zu einem wirkungsvollen Kontrast; er selbst trat meist nur im schlichten Soldatenrock bzw. (vor 1939) einer schmucklosen Parteiuniform auf. Das entsprach dem Mythos vom anspruchslosen, spartanisch lebenden, sich selbst nichts gönnenden und stets für sein Volk aufopfernden „Führer" entsprechend dem Mysterium der Selbstaufopferung des Messias. Sein Vegetarismus und seine strikte Alkoholabstinenz und nicht zuletzt sein vermeintlicher Zölibat unterstrichen dieses Bild vor der Öffentlichkeit.

Hitler thronte über allem, oft genug von der Welt entrückt in seinem „Berghof" auf dem Obersalzberg bei Berchtesgaden, der mehr ein Feriendomizil als ein Regierungssitz war. Von Phasen der Hyperaktivität einmal abgesehen, pflegte er nach wie vor die Lebensart eines Künstlers. Er schlief lange, oft bis mittags, frühstückte ausgiebig, ließ nachmittags Kaffee und Kuchen auftischen und führte bis in die Morgenstunden endlose Monologe über Gott und die Welt, während seine Untergebenen andächtig lauschen mussten. Wenn es offiziell hieß, er würde Tag und Nacht in unermüdlicher Arbeit dem Reich dienen und dabei geradezu titanische Arbeitsleistungen vollbringen, so war das reine Propaganda, auch wenn er selbst pathetisch verkündete:

> „Ich bin aber des unerschütterlichen Willens, in diesem Kampf der Nachwelt ein nicht minder lobenswertes Beispiel zu geben, als große Deutsche es in der Vorzeit gegeben haben. Mein eigenes Leben kann dabei keine Rolle spielen, d. h. ich werde weder meine Gesundheit noch dieses Leben selbst irgendwie schonen in der Erfüllung der mir als erstem Deutschen übertragenen Pflicht. Wenn ich in dieser Zeit zu euch, meine Parteigenossen, und zu dem ganzen deutschen Volk wenig und selten spreche, dann geschieht dies nur, weil ich arbeite, arbeite an der Erfüllung jener Aufgaben, die die Zeit mir aufgebürdet hat."[15]

---

[15] Domarus 1973, S. 2167

Tatsächlich war ihm als „Führer" systematische Vorbereitung und harte Arbeit noch genauso fremd wie in seiner Jugend in Linz und Wien. Behauptete er auch, er habe *selbst seit dem Jahre 1933 noch keine drei freien Tage als Urlaub für mich in Anspruch genommen*[16], so erlaubten ihm angebliche Krankheiten dann doch immer wieder eine Auszeit – etwa eine Kur in Wiesbaden im März 1935 oder eine Schiffsreise auf der Nordsee im April 1939, vor allem aber unzählige Wochen auf seinem „Berghof". So meinte er etwa am 26. April 1942, mitten im Krieg also, zu Goebbels, er müsse *seinem ganzen Gesundheitsstand nach unbedingt einmal drei Monate Urlaub machen*[17], um schnurstracks auf den Obersalzberg zu verschwinden, wo er dann doch „nur" einen ganzen Monat blieb. Schon am 10. Juni 1942 kehrte er für weitere zehn Tage Urlaub nach Berchtesgaden zurück. Im November standen noch einmal zwölf Tage „Berghof" auf dem Programm. Im Kriegsjahr 1943 blieb er im Mai/Juni sogar fünf Wochen auf dem Obersalzberg. Immerhin bot ihm das abgelegene Areal die Möglichkeit, ungestört seinen privaten Neigungen nachzugehen und mit seiner Geliebten Eva Braun zusammen zu sein.

---

[16] Domarus 1973, S. 1874
[17] ebd., S. 1878

Hitler und die Frauen

„Meine Geliebte ist Deutschland"
Adolf Hitler zu seiner Sekretärin Christa Schroeder[1]

„Das ist das Schlimme an der Ehe: Sie schafft Rechtsansprüche! Da ist es schon viel richtiger, eine Geliebte zu haben. Die Last fällt weg, und alles andere bleibt ein Geschenk. Das gilt natürlich nur für hervorragende Männer."
Adolf Hitler am 25. Januar 1942 in der Wolfsschanze[2]

Waren Hitlers Vegetarismus und seine Alkoholabstinenz auch echt, sein Zölibat war es keineswegs. Doch Hitler fürchtete Nähe, und so hatte er zwar heimliche Liebschaften und eine langjährige Lebensgefährtin, aber nie eine Ehefrau an seiner Seite, die ihm etwas zutiefst Menschliches verliehen hätte. Eine Ehe passte einfach nicht zum Bild des Übermenschen, des einsamen Genies, das sich ganz für Deutschland aufopferte. Ein Messias, und als solcher verstand sich Hitler, musste unverheiratet sein, wie auch Jesus es war, allem Weltlichen fern ganz im Dienste der göttlichen Vorsehung stehen.

Doch die Wahrheit war eine andere. Hitler war keineswegs homosexuell oder zeugungsunfähig, wie ihm immer wieder unterstellt wurde, sondern allenfalls verklemmt. Schon sein Jugendfreund Kubizek berichtet, wie er sich als Teenager in tiefer Liebe zu einer Schönen namens Stefanie verzehrte, die anzusprechen er nicht wagte. Während er sich in allen Farben ausmalte, wie wunderbar ein Leben mit ihr wäre, konnte er sich gerade noch überwinden, ihr einen Liebesbrief zu schreiben und zu geloben, er wolle sie heiraten, sobald er sein Studium abgeschlossen habe. Auch aus seiner Wiener Zeit sind keine Amouren bekannt, obwohl er mit Kubizek schon

---

[1] Schroeder 1985, S. 152
[2] Picker 2003, S. 121

mal verstohlen durch eine Bordellstraße schlich. Um sich mit einer Prostituierten einzulassen, hatte Hitler, stets hypochondrisch veranlagt, zeitlebens viel zu viel Angst vor Geschlechtskrankheiten. Auch das eindeutige Angebot einer nicht mehr ganz so jungen Vermieterin, die Hitler und Kubizek im Negligé empfing, lehnte er entrüstet ab. Zwar behauptet der Historiker Werner Maser, der spätere „Führer" habe als Weltkriegsgefreiter eine Affäre mit einer Französin gehabt und sogar ein Kind gezeugt, doch ist das eher unwahrscheinlich. Seine Kameraden jedenfalls amüsierten sich über den sittenstrengen Sonderling, gerade weil dieser es so entschieden ablehnte, die Vorzüge der Landestöchter kennen zu lernen. *„I tät mi z'Tod schäma bei einer Französin a Liab z'sucha"*, erklärte er, damals noch in tiefem Österreichisch. *„Habt Ihr überhaupt koa deutsch Ehrg'fühl mehr in Euch?"*[3]

In seiner Münchener „Kampfzeit" wurde er von einer ganzen Reihe gut betuchter reiferer Frauen umschwärmt, die sich allerdings selbst nur als „mütterliche Freundinnen" verstanden. Erst die Frau seines Freundes Ernst „Putzi" Hanfstaengl schien es ihm angetan zu haben, aber sie war eben schon vergeben. Trotzdem nennt Maser eine ganze Reihe von möglichen Geliebten Hitlers seit dieser Zeit, u. a. *„eine Finnin namens von Seydl"*, Stephanie Prinzessin von Hohenlohe, Jenny Haug, Susi Liptauer, eine ehemalige Nonne namens „Pia" oder Eleonore Bauer, Maria Reiter, die Botschaftertochter Marthy Dodd, Lady Unity Walkyrie Mitford, Tochter von Lord Redesdale und Schwägerin des britischen Faschistenführers Sir Oswald Mosky, Inga Ley und jene Sigrid von Laffert, von der Mussolinis Außenminister Graf Ciano 1939 schrieb: *„Zum erstenmal hörte ich im vertrauten Kreis eine Andeutung der zärtlichen Gefühle des Führers für ein schönes Mädchen. Sie ist zwanzig Jahre alt, hat zwei klare Augen, ein ebenmäßiges Gesicht und einen wundervollen Körper … Sie sehen sich sehr oft, auch unter vier Augen."*[4] Auch Goebbels bemühte sich, Hitler schöne und interessante Frauen zuzuführen, etwa die Schauspielerin Mady Rahl oder die Regisseurin Leni Riefenstahl. Belegt ist keine dieser angeblichen Affären. *„Ich kann mir das nicht leisten. Frauen machen mit mir nur Propaganda, und als Mann, der im Scheinwerferlicht*

---

[3] zit. n. Joachimsthaler 1989, S. 162
[4] zit. n. Maser 1971, S. 319

*der Öffentlichkeit steht, muss ich mich davor hüten ... Die Frauen kön-
nen den Mund nicht halten"*[5], vertraute er seinem Privatpiloten Hans
Baur an. Doch dass Hitler Frauen gegenüber sehr charmant, ja ga-
lant sein konnte, bestätigen nicht nur seine Sekretärinnen.

Die große Liebe seines Lebens war ausgerechnet seine Nichte
Geli, die Tochter seiner Halbschwester Angela Raubal, die ihm seit
1923 den Haushalt führte. Die dunkelhaarige dralle, ländliche
Schönheit mit unübersehbar slawischen Zügen – sie hätte eine
schöne Tschechin sein können – hatte es ihm angetan. Dass sie seine Verwandte war, kümmerte ihn dabei wenig; seine eigene Mutter
war die Nichte seines Vaters gewesen. Auch der Altersunterschied
spielte für ihn keine Rolle; seine geliebte Mutter war 22 Jahre jünger
als sein Vater, bei Geli waren es nur 19 Jahre. Doch das lebenslustige
junge Mädchen schien anders zu denken. Acht Jahre lang hielt sie
es mit ihrem jähzornigen und chronisch eifersüchtigen Onkel in
der gemeinsamen Wohnung aus, dann beging sie mit seinem Revol-
ver Selbstmord. Das Todeszimmer wurde für ihn fortan zum Schrein,
und quasi als Buße gelobte er damals, kein Fleisch mehr zu essen.

Erst nach Gelis Tod 1931 war er für ein anderes Mädchen frei,
dem er erstmals 1929 im Atelier seines „Leibfotografen" Heinrich
Hoffmann begegnet war. Die damals 17-jährige Blondine, Kloster-
schülerin und Lehrertochter, hieß Eva Braun. Sie nutzte ihre Chance, den tieftraurigen Hitler zu trösten, und zog schon ein halbes
Jahr später in seine Wohnung ein. Es war keine glückliche Bezie-
hung, wie Evas Briefe an ihre Schwester offenbaren. Einerseits durfte sie sich nie öffentlich mit dem Mann, den sie stets nur den „Führer" nannte, zeigen, andererseits hatte sie sich gegen eine ganze
Reihe von Nebenbuhlerinnen und Verehrerinnen durchzusetzen.
Gleich zweimal, 1932 und 1935, versuchte sie, sich das Leben zu
nehmen. *„Er braucht mich nur zu bestimmten Zwecken"*, vertraute sie
ihrem Tagebuch an. *„Wenn er sagt, er hat mich lieb, so meint er* (das)
nur in diesem Augenblick."[6] Welche Zwecke sie damit meinte, ent-
hüllte Hitlers Leibarzt Theo Morell, als er nach 1945 von den US-
Kommissionen verhört wurde. Er wusste, dass Hitler mit Eva Braun
geschlechtlich verkehrte. Als das sexuelle Verlangen des „Führers"

---

[5] zit. n. Maser 1971, S. 326
[6] ebd., S. 324

unter dem Druck der Kriegsjahre nachließ, mischte er ihm eigens für die Manneskraft ein entsprechendes Aufbaupräparat.

Hitler hielt generell nicht viel von der Ehe. *„Dass ein Mann wie ich noch heiraten wird, glaube ich nicht"*, vertraute er 1942 seinem engsten Umfeld an. Er habe sich ein Idealbild einer Frau geschaffen, dem keine seiner Liebschaften vollständig entspräche, womit er wohl auch Eva Braun meinte. Doch eigentlich würden Frauen die Männer nie begreifen. *„Eine Frau, die ihren Mann liebt, geht doch ganz auf in ihm ... so verlangt sie vom Mann, dass er in gleicher Weise in ihr lebt! Der Mann jedoch ist der Sklave seiner Gedanken: seine Aufgaben und Pflichten beherrschen ihn, und es mag Augenblicke geben, wo er wirklich sagen muss: Was schert mich Weib, was schert mich Kind!"*[7] Dann wiederum schwärmte er von ganz jungen Mädchen: *„Es gibt doch nichts Schöneres als sich ein junges Ding zu erziehen: Ein Mädel mit 18, 20 Jahren ist biegsam wie Wachs. Einem Mann muss es möglich sein, jedem Mädchen seinen Stempel aufzudrücken. Die Frau will auch nichts anderes!"*[8] Wahrscheinlich glaubte er, sie ließe sich so einfach dressieren wie Blondi, seine geliebte Schäferhündin.

Erst zwei Tage vor seinem Selbstmord änderte Hitler seine Meinung. Am 29. April 1945, kurz nach 1.00 Uhr früh, heiratete er im dumpfen Betonkeller des „Führerbunkers", in stickig-heißer Luft, seine dem Volk stets verschwiegene Geliebte Eva Braun. Das kam zumindest von der Symbolkraft her einem Rücktritt gleich. Mehr noch, es war das Ende eines Mythos.

---

[7] Picker 2003, S. 121
[8] ebd., S. 122

Frieden mit der Kirche?

„Ebenso legt die Reichsregierung, die im Christentum die unerschütterlichen Fundamente der Moral und Sittlichkeit des Volkes sieht, größten Wert auf freundschaftliche Beziehungen zum Heiligen Stuhl und sucht sie auszugestalten … Die Sorge der Regierung gilt dem aufrichtigen Zusammenleben zwischen Kirche und Staat … Die Rechte der Kirchen werden nicht geschmälert und ihre Stellung zum Staat nicht geändert."

Adolf Hitler am 23. März 1933 vor dem Reichstag[1]

„Der größte Volksschaden sind unsere Pfarrer beider Konfessionen. Ich kann ihnen jetzt die Antwort nicht geben, aber alles kommt in mein großes Notizbuch. Es wird der Augenblick kommen, da ich mit ihnen abrechne ohne langes Federlesen. Ich werde über juristische Zwirnsfäden in solchen Zeiten nicht stolpern. Da entscheiden nur Zweckmäßigkeitsvorstellungen."

Adolf Hitler am 8. Februar 1942 im „Führerhauptquartier"[2]

Nur wenige Wochen nach seiner Machtergreifung, im März 1933, hatte Hitler die Kirchen brüskiert, als er, statt an einer Festmesse zum „Tag der nationalen Erhebung" in Potsdam teilzunehmen, lieber die Gräber der „Alten Kämpfer" der NSDAP in Berlin besuchte. Die Geste war eindeutig und Hitlers Antwort darauf, dass gerade die katholische Kirche ihn in seiner „Kampfzeit" offen bekämpft habe. Schon 1923 warnte der vatikanische Nuntius Eugenio Pacelli, der spätere Papst Pius XII., vor der *„antikatholischen Bewegung"*, die *„den Mob systematisch gegen die Kirche, den Papst und die Jesuiten"* aufhetze.[3] 1928 verurteilte die „Kongregation für die Glaubenslehre" als höchste katholische Instanz den Rassismus und Antisemitismus der Nazis als *„widergöttlich"*, im Jahre 1932 war Katholiken die Mitgliedschaft in der NSDAP unter Strafe der Exkommuni-

---

[1] Domarus 1973, S. 229 ff.

[2] Picker 2003, S. 144

[3] zit. n. Hesemann 2004, S. 363

kation untersagt. Bezeichnete etwa Bischof Konrad von Preysing die Braunhemden noch Anfang 1933 als *„Verbrecher und Narren"*[4], wendete sich die Stimmung, als Hitler mit seiner programmatischen Reichstagsrede vom 23. März 1933 der Kirche demonstrativ die Hand zur Versöhnung entgegenstreckte. Immerhin war nach kirchlicher Lehre alle *„Obrigkeit … von Gott angeordnet"*, wie Paulus im Römerbrief erklärte (Röm 13,1–2), gilt Versöhnungsbereitschaft als eine der höchsten christlichen Tugenden. Als er dann noch ein Konkordat (einen Grundlagenvertrag, der die Rechte der Kirche sicherte) mit dem Vatikan versprach, lenkte die Kirche ein. Ein weiterer Grund war, dass die Hälfte ihrer Gläubigen ohnehin längst zu den Nazis übergelaufen war. Auch die katholische Zentrums-Partei stimmte für das „Ermächtigungsgesetz" und widersetzte sich nicht ihrer zwangsweisen Auflösung.

In Rom wiederum sah man in dem Konkordat ein Mittel, das braune Raubtier zu zähmen und zudem die Rechte der Katholiken in Deutschland zu sichern. Die Alternative wäre ohnehin nur ein gnadenloser Kulturkampf gewesen, mit dem Hitler offen drohte, als er sagte: *„Ich möchte nicht in den Fehler verfallen, Gegner bloß zu reizen, statt sie entweder zu vernichten oder zu versöhnen."*[5] der „Führer" habe ihm damit *„die Pistole auf die Brust gesetzt"*, klagte später Eugenio Pacelli, der mittlerweile zum Kardinalstaatssekretär aufgestiegen war und als solcher das Konkordat auszuhandeln hatte. Hitler hätte ihm *„Konzessionen angeboten …, die weiter gingen als alles, was jede vorausgehende deutsche Regierung zuzugestehen bereit gewesen wäre"*; die Alternative aber, so wörtlich, sei die *„tatsächliche Auslöschung der katholischen Kirche im Reich"* gewesen.[6]

Das war nicht übertrieben. So überfielen längst regelmäßig uniformierte SA-Schläger und Hitlerjugend die Veranstaltungen katholischer Vereine, wurden katholische Jugendheime besetzt, katholische Geistliche und Publizisten in „Schutzhaft" genommen, bei Bischöfen Razzien durchgeführt. Erst nach Abschluss des Konkordats, das der Kirche ihre seelsorgerische Tätigkeit zusicherte, aber jede politische Tätigkeit untersagte, ordnete Hitler die Aufhebung *„alle*(r) *Zwangsmaßnahmen gegen Geistliche und andere Führer dieser katholi-*

---

[4] zit. n. Hesemann 2004, S. 365
[5] Domarus 1973, S. 237 ff.
[6] zit. n. Hesemann 2004, S. 368-372

schen Organisationen" an. Eine *"Wiederholung solcher Maßnahmen"* sei *"für die Zukunft unzulässig und wird nach Maßgabe der bestehenden Gesetze bestraft."*[7]

Doch das war nur Hitlers übliche Taktik, den Gegner zunächst in Sicherheit zu wägen, ihn dann in die Zange zu nehmen und im entscheidenden Moment zuzuschlagen. Denn die Bischöfe waren keineswegs bereit, fortan das Evangelium des Dritten Reiches zu verkünden. In mehreren Hirtenbriefen protestierten sie gegen *"die ausschließliche Betonung der Rasse und des Blutes"* und die *"Ungerechtigkeiten"* des Regimes, die *"das christliche Gewissen belasten"*[8]. Der Münchener Erzbischof Kardinal Faulhaber hielt Adventspredigen, in denen er dem Antisemitismus entgegenwirkte, der neue Bischof von Münster, Graf von Galen, erklärte 1934 in seinem Oster-Hirtenbrief, die Nazi-Ideologe *"greift die Fundamente der Religion und der gesamten Kultur an"*, und prangerte *"die brutale Gewalt"* der braunen Machthaber an, *"die jedes Recht mit Füßen tritt"*.[9] Hitler antwortete mit Gegendruck, ließ eine katholische Zeitung nach der anderen beschlagnahmen und auf Massenveranstaltungen gegen die Kirche hetzen. Im März 1935 kam es zu einer spektakulären Welle von Verhaftungen von Priestern und Ordensleuten, die die Spenden der Gläubigen korrekt weitergeleitet hatten, jetzt aber des Devisenschmuggels angeklagt wurden. Dabei, so behauptete Hitler, wurde *"kompromittierendes Material"* über 6000 Geistliche gesammelt, die angeblich *"Sittlichkeitsvergehen"*[10] begangen hätten. Fortan konnte er die Kirche mit der Drohung erpressen, jederzeit entsprechende Prozesse zu inszenieren; hängen bleibt immer etwas, wusste auch er. Als Papst Pius XI. am Palmsonntag des Jahres 1937 auf allen deutschen Kanzeln die Enzyklika „Mit brennender Sorge" verlesen ließ, in der er den Rassenwahn der Nazis offen verurteilte, spielte der „Führer" kurzfristig mit dem Gedanken, jetzt diese „Büchse der Pandora" zu öffnen.

> *„Von jedem Deutschen muss ich verlangen: Auch du musst gehorchen können … Biegen oder Brechen, eines von beiden! Wir können nicht dulden, dass diese Autorität, die die Autorität des deutschen*

---

[7] zit. n. Hesemann 2004 , S. 371
[8] ebd., S. 378
[9] ebd., S. 379
[10] ebd., S. 389

Volkes ist, von irgendeiner anderen Stelle angegriffen wird. Das gilt auch für alle Kirchen … Es geht auch nicht an, von dieser Seite aus die Moral des Staates zu kritisieren, wenn man selbst mehr als genug Grund hätte, sich um die eigene Moral zu kümmern."[11]

Dabei verschwieg er geflissentlich, dass es keineswegs 6000 Fälle waren, wie er behauptet hatte; das vorhandene Material reichte gerade mal zu 58 Anklagen, die in 36 Fällen zu Freisprüchen selbst durch die Nazigerichte führte.

Kaum hatte Goebbels die Hatz auf die Kirche eröffnet und auf einer Massenkundgebung in der Berliner Deutschlandhalle gegen die „himmelschreienden Skandale" der Kirche gewettert, lenkte Hitler ein. Er wollte so kurz vor dem geplanten Krieg sein Volk nicht verunsichern, wagte es nicht, rund 40 Millionen Katholiken im Reich die Gewissensfrage zu stellen. Aus Staatsräson trat er nie aus der Kirche aus. Zwar beschloss er, sie *„auf Aussterbe-Etat"*[12] zu setzen, verschob aber alle Schritte gegen den Klerus auf die Zeit nach dem Endsieg. Lieber drohte er noch einmal am 30. Januar 1939, und zwar in derselben Rede, in der er den Holocaust ankündigte: *„Den deutschen Priester als Diener Gottes werden wir beschützen, den Priester als politischen Feind des Reiches werden wir vernichten."*[13]

Tatsächlich wurden gegen 12.105 Priester Zwangsmaßnahmen ergriffen – ein Drittel des katholischen Klerus. 407 Priester kamen in die Konzentrationslager, 107 fanden dort den Tod, 63 weitere wurden hingerichtet oder ermordet. Im besetzten Polen töteten die Nazis vier Bischöfe, etwa 2700 Priester und 200 Ordensleute. Die katholische Kirche im Dritten Reich wurde zu einer Kirche der Märtyrer.

Bei der evangelischen Kirche versuchte Hitler es zunächst mit einer Gleichschaltung. Sein Ziel war, die 28 autonomen Landeskirchen zu einer deutschen Evangelischen Reichskirche zu vereinen. Das Einzige, was er an der katholischen Kirche schätzte, war ihr Zentralismus und ihre hierarchische Struktur. Ein ebenso einheitlicher protestantischer Block könnte nicht nur als Gegengewicht zum Katholizismus dienen, sondern auch leichter in das politische

---

[11] Domarus 1973, S. 697

[12] Heim/Jochmann 1980, S. 41

[13] Domarus 1973, S. 1058–1061

System des NS-Staates integriert werden. Dabei setzte er auf eine Bewegung innerhalb des deutschen Protestantismus, die „Deutschen Christen", die für eine einheitliche Reichskirche eintraten und das Führerprinzip bejahten. Zunächst setzten sich die „Deutschen Christen" dann auch durch, wählten den von Hitler protegierten Marinepfarrer Ludwig Müller zum „Reichsbischof". Doch schon auf der nächsten Synode regte sich der erste Widerstand gegen sie. Immerhin wollten die „Deutschen Christen" nicht nur „Nichtarier" vom Priesteramt ausschließen, sondern auch das Alte Testament aus dem Kanon verbannen und einen „heldischen Jesus" proklamieren. Pastor Martin Niemöller und rund 6000 Pastoren vereinigten sich in einem „Notbund", protestierten gegen die Verfälschung der christlichen Lehre und riefen zur Bibeltreue auf. Der „Reichsbischof" war gescheitert. Als Hitler den NS-Kirchenminister Hanns Kerrl beauftragte, die Gleichschaltung voranzutreiben, kam es zur Spaltung; der Kreis um Niemöller, ein Drittel der evangelischen Geistlichen, gründete die „Bekennende Kirche".

Was er in der Kirchenfrage für die Zeit nach dem Krieg plante, offenbarte Hitler nur seinen Getreuen:

> *„Der Krieg wird ein Ende nehmen. Die letzte große Aufgabe unserer Zeit ist dann darin zu sehen, das Kirchenproblem noch zu klären. Erst dann wird die deutsche Nation ganz gesichert sein … Aber diesen Kampf der deutschen Geschichte werde ich endgültig einmal für immer zum Austrag bringen. Das mag manchen schmerzen, aber ich werde die Pfaffen die Staatsgewalt spüren lassen, dass sie nur so staunen. Ich schaue ihnen jetzt nur zu. Würde ich glauben, dass sie gefährlich werden, würde ich sie zusammenschießen. Dieses Reptil erhebt sich immer wieder, wenn die Staatsgewalt schwach ist. Deshalb muss man es zertreten."*[14]

Auch seinem Freund und Architekten Albert Speer vertraute er an: *„Wenn ich einmal meine anderen Fragen erledigt habe, werde ich mit der Kirche abrechnen. Hören und Sehen wird ihr vergehen."*[15] Wie er das meinte, hatte er bereits am Beispiel seiner politischen Gegner und nicht zuletzt der Juden gezeigt.

---

[14] 11. August 1942, Heim/Jochmann 1980, S. 171
[15] Speer 1969, S. 137

Der Auftakt zum Holocaust

„Was würde Amerika tun, wenn die Deutschen Amerikas sich so gegen Amerika versündigen würden wie diese Juden gegen Deutschland? Die nationale Revolution hat ihnen kein Haar gekrümmt. Sie konnten ihren Geschäften nachgehen wie zuvor."

Adolf Hitler am 28. März 1933[1]

„Dieser Kampf wird deshalb auch nicht, wie man es beabsichtigt, mit der Vernichtung der arischen Menschheit, sondern mit der Ausrottung des Judentums in Europa sein Ende finden."

Proklamation Adolf Hitlers am 24. Februar 1943
zur „Parteigründungsfeier"[2]

Nur zwei Monate nach seiner Machtergreifung, nur fünf Tage, nachdem er durch das Ermächtigungsgesetz die diktatorische Macht an sich gerissen hatte, begann Hitlers Krieg gegen die Juden. Hatten ausländische Tageszeitungen, die für Hitler natürlich alle unter jüdischer Kontrolle standen, warnend über die Entwicklungen in Deutschland berichtet, hatten weltweit Juden, Ausschnitte aus „Mein Kampf" zitierend, ihre Sorge um ihre deutschen Glaubensbrüder ausgedrückt, nahm er das schon zum Anlass für den ersten Schritt. Zum 1. April 1933 rief er zur *„planmäßigen Durchführung des Boykotts jüdischer Geschäfte, jüdischer Waren, jüdischer Ärzte und jüdischer Rechtsanwälte"* unter dem Motto *„Kein guter Deutscher kauft noch bei einem Juden"* auf. Aktionskomitees sollten den Boykott *„bis in das kleinste Bauerndorf hinein"* organisieren.[3] Zudem begann der Ausschluss jüdischer Bürger aus dem öffentlichen Dienst. Hunderte Beamte, darunter viele Hochschullehrer, verloren ihren

---

[1] Domarus 1973, S. 249
[2] ebd., S. 1992
[3] ebd., S. 249

Job, viele Künstler und Wissenschaftler waren fortan gezwungen, das Land zu verlassen.

Zwei Jahre lang wurden den Deutschen antisemitische Hetzparolen eingeimpft, dann holte Hitler 1935 mit den „Nürnberger Rassegesetzen" wie dem „Gesetz zum Schutze des deutschen Blutes und der deutschen Ehre" zu seinem nächsten Schlag aus. Juden waren fortan keine deutschen Staatsbürger mehr und durften keine Nichtjuden heiraten. Dass einzelne Juden dagegen protestierten, war für den Nazi-Diktator wieder ein „Beweis" für eine jüdische Verschwörung und diente als Vorwand für weitere Drangsalierungen:

> *„Aus zahllosen Orten wird auf das Heftigste geklagt über das provozierende Vorgehen einzelner Angehöriger dieses Volkes, das in der auffälligen Häufung und der Übereinstimmung des Inhaltes der Anzeigen auf eine gewisse Planmäßigkeit schließen lässt"*[4],

spekulierte Hitler vor dem Reichstag. Da man im Ausland mehr Angst vor den Bolschewisten als vor den Juden hatte, setzte er sie einfach gleich, als er der US-Presseagentur „United Press" Ende November 1935 ein Interview gab:

> *„Die Notwendigkeit der Bekämpfung des Bolschewismus ist einer der Hauptgründe für die Judengesetzgebung in Deutschland. Diese Gesetzgebung ist nicht anti-jüdisch, sondern pro-deutsch. Die Rechte der Deutschen sollen dadurch gegen destruktive jüdische Einflüsse geschützt werden."*

Schließlich seien ja *„fast alle bolschewistischen Agitatoren in Deutschland Juden gewesen"*, und da Deutschland *„nur durch wenige Meilen von Sowjetrussland getrennt sei"*, gehöre es zu den ständig notwendigen Abwehrmaßnahmen, *„Deutschland gegen die Umtriebe der meist jüdischen Agenten des Bolschewismus zu schützen."*[5] Auch auf dem Nürnberger Parteitag 1937 behauptete Hitler, es sei eine *„durch nicht wegzustreitende Belege erwiesene Tatsache"*, dass der Bolschewismus ein *„jüdisches"* Problem sei. Wer den Bolschewismus bekämpfen wolle, müsse die Juden treffen.[6]

---

[4] Domarus 1973, S. 537
[5] ebd., S. 557 f.
[6] ebd., S. 728 f.

Während Deutschland Gastgeber der Olympischen Spiele war und es um die Selbstdarstellung des Regimes ging, erlebten die leidgeplagten Juden eine verführerische Ruhe vor dem Sturm. Das erklärt vielleicht, weshalb nicht viel mehr von ihnen frühzeitig das Land verließen, das für sie zur Todesfalle werden sollte. Das Auserwählte Volk hatte in seiner 2000-jährigen Geschichte schon viel mitgemacht; es glaubte, auch diese Verfolgung überstehen, sich den neuen Gegebenheiten irgendwie anpassen zu können. Doch kaum waren die Sportler aus aller Welt abgereist, gingen die Repressalien weiter. Schon im Frühjahr 1937 begannen die Enteignungen jüdischer Kaufleute in Deutschland. Im November stellte die Münchener Ausstellung „Der ewige Jude" den vermeintlichen Zusammenhang zwischen Judentum und Bolschewismus dar.

> *„Wenn wir in Berlin oder Wien einen jüdischen Hetzer veranlassen, einmal sein Geschäft etwas (!) zu schließen und woanders hinzugehen, dann gerät die ganze Demokratie in Aufregung und spricht von einem Angriff auf heilige Rechte"*[7],

war Hitlers sarkastische Entgegnung auf die internationale Kritik. Dann unterzeichnete er einen neuen Erlass, der die Juden aus dem Wirtschaftsleben des Landes entfernte und Zugriff auf jüdisches Eigentum ermöglichte. Seit dem 26. April 1938 waren alle Juden gezwungen, ihr bewegliches und unbewegliches Vermögen, soweit es mehr als 5000 Reichsmark betrug, den Behörden zu melden. Ihre Enteignung war damit beschlossene Sache. Zudem kam es zu einer Reihe von Ausschreitungen speziell in Österreich und in München, wo am 9. Juni 1938 die größte Synagoge der Stadt von den Nazis niedergebrannt wurde. Jetzt erst wollten viele Juden auswandern. Auf einer Konferenz in Evian-les-Bains, Frankreich, beriet eine von US-Präsident Franklin Roosevelt einberufene Konferenz über ihr Schicksal. Bis auf Costa Rica und die Dominikanische Republik, die gegen Zahlung hoher Geldbeträge bereit waren, eine kleine Anzahl Flüchtlinge aufzunehmen, lehnten die 32 Teilnehmerstaaten die Einwanderung deutscher Juden ab. Die Schweiz verlangte sogar von den deutschen Behörden, ein „J" auf die Pässe jüdischer Auswanderer zu stempeln. Hitler selbst schlug vor, die

---

[7] Domarus 1973, S. 840

jetzt noch etwa 300.000 (von einstmals 500.000) in Deutschland verbliebenen Juden nach Madagaskar zu deportieren. Die tropischen Temperaturen, so argumentierte er zynisch, würden den menschlichen Organismus schwächen und die Widerstandskraft verringern. Die britische Seeherrschaft verhinderte jedoch die Umsetzung dieses Planes. 17.000 polnische Juden trieben die Nazis an die Grenze ihres Heimatlandes, wo ihnen jedoch von den polnischen Behörden die Einreise verweigert wurde. Fast ein Jahr, bis zum Kriegsausbruch, mussten sie in einem Lager an der Grenze kampieren.

Der Amoklauf eines jungen Juden namens Herschel Grynszpan, der am 7. November 1938 in Paris einen deutschen Botschaftssekretär tödlich verwundete, lieferte Hitler den lang ersehnten Vorwand zum Pogrom. Als er einen Tag später seine jährliche Rede im Bürgerbräukeller hielt, erwähnte er zum Erstaunen aller Anwesenden den Vorfall mit keinem Wort. Währenddessen liefen die geheimen Vorbereitungen für die Pogromnacht – alles sollte so aussehen, als habe sich der Volkszorn spontan entladen. Dabei wollte Hitler auch die von ihm ersponnene „jüdische Weltregierung" einschüchtern, die ihm gerade, wie er glaubte, den Einmarsch in der Tschechoslowakei vermasselt hatte. Die „Dreckarbeit" musste, wie immer, die SA erledigen, die jetzt „endlich" wieder eine Aufgabe hatte. Im ganzen Land gingen SA-Schlägertrupps, meist im Zivil, gegen jüdische Geschäftshäuser und Synagogen vor. Sie zerstörten, brandschatzten und töteten. 91 Juden mussten ihr Leben lassen, 29 Warenhäuser, 171 Wohnhäuser und 101 Synagogen brannten, 7500 Geschäfte wurden verwüstet, 35.000 Juden zusammengetrieben und vorübergehend in ein Konzentrationslager gebracht. Die im ganzen Land zerstörten Schaufensterscheiben jüdischer Geschäfte ließen das Pogrom als „Reichskristallnacht" in die Geschichte eingehen – ein zynischer Euphemismus. Um dem allen die Krone aufzusetzen, präsentierte Göring den Juden auch noch die Rechnung für die Aufräumarbeiten nach dieser Nacht. Sie betrug eine Milliarde Reichsmark. Die neue Devise lautete, Deutschland müsse „judenfrei" werden. Wer als Jude dem Reich sein Vermögen überließ, durfte das Land schnell und ungehindert verlassen.

Hitler aber schwieg zu den Vorfällen. Erst im Januar 1939 drohte er den Juden, sollte das Ausland seinen Expansionsplänen den Riegel vorschieben, mit Vernichtung. Es war eines der wenigen Versprechen, die er hielt. Kaum hatte er Polen besetzt, wurden Juden, die noch im Reich verblieben waren, nach Osten deportiert, zunächst in überfüllte Ghettos verschleppt, dann in die Arbeits- und Todeslager gepfercht. Die meisten von ihnen wurden, zusammen mit Juden aus den besetzten Ländern, Opfer des Holocaust.

Noch in seinen letzten Tagen im „Führerbunker", so zeichnete sein Sekretär Martin Bormann auf, rühmte sich Hitler seiner Bluttaten. *„Ich habe gegen die Juden mit offenem Visier gekämpft"*, log er schamlos am 13. Februar 1945.

> *„Ich habe ihnen bei Kriegsausbruch eine letzte Warnung zukommen lassen. Ich habe sie nicht im Ungewissen darüber gelassen, dass sie, sollten sie die Welt von neuem in den Krieg stürzen, diesmal nicht verschont bleiben würden – dass das Ungeziefer in Europa endgültig ausgerottet wird ... Die Zukunft wird uns ewigen Dank dafür wissen."*

Auch die letzten von Bormann notierten Worte seines „Führers", gesprochen am 2. April 1945, befassten sich mit dem Holocaust: *„Man wird dem Nationalsozialismus ewig dafür dankbar sein, dass ich die Juden in Deutschland und Mitteleuropa ausgelöscht habe"*[8], glaubte er tatsächlich. Noch im Angesicht des Todes war er unbelehrbar geblieben.

---

[8] zit. n. Zentner 1992, S. 175 f.

Wie Hitler die Arbeitslosigkeit beseitigte

„Wir wollen nicht lügen und wir wollen nicht schwindeln. Ich habe es deshalb abgelehnt, jemals vor dieses Volk zu treten und billige Versprechungen zu geben ... In 14 Jahren haben die November-Parteien ... eine Armee von Millionen Arbeitslosen geschaffen. Die nationale Regierung wird mit eiserner Entschlossenheit und zähester Ausdauer folgenden Plan verwirklichen: ... Binnen vier Jahren muss die Arbeitslosigkeit endgültig überwunden sein. Gleichlaufend damit ergeben sich die Voraussetzungen für das Aufblühen der übrigen Wirtschaft."

Adolf Hitler in seinem „Aufruf an das deutsche Volk"
vom 1. Februar 1933[1]

„Vielleicht ist das das größte Wunder unserer Zeit: Bauten entstehen, Fabriken wurden gegründet, Straßen werden gezogen, Bahnhöfe errichtet, aber über all dem wächst ein neuer deutscher Mensch heran!"

Adolf Hitler am 12. September 1936 auf dem
Nürnberger Parteitag[2]

Mit dem Slogan *„Deutsches Volk, gib mir vier Jahre Zeit ..."*[3], mit der Aufforderung, ihn nach seiner Leistung zu beurteilen, war Hitler an die Macht gekommen. Vier Jahre später hatte er in den Augen vieler Zeitgenossen ein wahres Wunder vollbracht. Die Depression der Weimarer Republik war gewichen, die Arbeitslosigkeit schien beseitigt, das Land in eine riesige Baustelle verwandelt, und dem kleinen Mann wurde vorgegaukelt, in einem regelrechten Wohlfahrtsstaat zu leben. Bald, sehr bald würde er sogar ein eigenes Auto haben, um damit die herrlichen Autobahnen zu befahren, die

---

[1] Domarus 1973, S. 203 ff.
[2] ebd., S. 642
[3] ebd., S. 203 ff.

erade überall im Reich entstanden. Doch es war und es kam alles ganz anders.

Tatsächlich lag die Zahl der Arbeitslosen im Januar 1933 bei 6,1 Millionen. Bis zu Ende des Jahres war sie bereits auf 4,8 Millionen gesunken. Ende 1934 zählte man noch 2,7 Millionen, im Jahr darauf nur noch 2,1 Millionen; 1937 war offiziell Vollbeschäftigung erreicht.

Die schnelle Reduzierung der Arbeitslosenzahlen hatte verschiedene Ursachen. Zunächst einmal ging es, ganz ohne Hitlers Verdienst, 1933 weltweit wieder wirtschaftlich bergauf. Die große Depression, die Weltwirtschaftskrise als Folge des Börsen-Crashs von 1929, war auch im Ausland langsam überwunden; in England etwa stieg der Produktionsindex von 1929 bis 1937 sogar um 124 %, in Hitlers Deutschland dagegen nur um 117,2 %. Dabei wurden 1936 im Reich weniger Konsumgüter produziert als im ersten Weltkriegsjahr 1914, dagegen aber mehr Rüstungsgüter. Durch die Verpflichtung zum sechsmonatigen Arbeitsdienst und die Einführung der allgemeinen Wehrpflicht im Jahre 1935 wurde eine ganze Generation für mindestens zweieinhalb Jahre vom Arbeitsmarkt ferngehalten; rund 700.000 junge Männer waren betroffen. Zudem wurden die Frauen aus der Produktion gedrängt. *„Das Ziel der weiblichen Erziehung hat unverrückbar die kommende deutsche Mutter zu sein"*[4], forderte Hitler. Mit einem Ehestandsdarlehen lockte er die Deutschen an die Traualtäre; 1933 wurden 200.000 Ehen mehr geschlossen als im Vorjahr, womit auch fast 200.000 Frauen vom Arbeitsmarkt verschwanden. Um Arbeit finanzierbar zu machen, senkten die Nazis die Löhne; die Gewerkschaften, die in solchen Fällen protestieren würden, waren bereits im Mai 1933 gleichgeschaltet und in die „Deutsche Arbeitsfront" (DAF) eingegliedert worden. Durch die Steuerbefreiung für den Bau von Kleinwohnungen kurbelte Hitler nicht nur die Bauwirtschaft an, er konnte sich auch rühmen, dem Proletariat neue Wohnungen geschaffen zu haben. Sein entscheidender Schritt zur Bekämpfung der Arbeitslosigkeit aber waren staatliche Großaufträge an die Bau- und Rüstungsindustrie, die allerdings zu einer so immensen Staatsverschuldung führte, dass Reichsbankpräsident Hjalmar

---

zit. n. Picker 2003, S. 522

Schacht 1939 zurücktrat, um sich der weiteren Verantwortung zu entziehen.

Das Aushängeschild für Hitlers Bauboom waren die noch heute gerne zitierten Reichsautobahnen. Er selbst habe schon 1924 während seiner Haft in Landsberg die Vision *„eines Netzes kreuzungsfreie Straßen"* gehabt, behauptete die Nazi-Propaganda. Doch die Autobahnen waren keineswegs Hitlers Erfindung. Schon 1921 wurde in Berlin eine zehn Kilometer lange „Automobil-Verkehrs- und Übungsstraße" (AVUS) eröffnet, die das Messegelände mit dem Naherholungsgebiet Wannsee verband. Mussolinis italienische „Autostrade" machten in den 1920er Jahren weltweit Schlagzeilen und haben wohl auch Hitler beeindruckt. Die meisten Autobahnen wurden schon in der Weimarer Republik geplant, als sich das Automobil allmählich durchsetzte; fast alle Projekte wurden jedoch nach 1929 aufgrund der Weltwirtschaftskrise zunächst auf Eis gelegt. Trotzdem konnte der Kölner Bürgermeister Konrad Adenauer 1932 die erste deutsche Autobahn einweihen, die Köln mit Bonn verband – es ist die heutige A 555. Ein Jahr zuvor hatte man mit einer Teilstrecke der schon 1925 geplanten Autobahn Köln–Düsseldorf begonnen. Hitler griff also nur bestehende Pläne auf, als er am 27. Juni 1933 das Gesetz über die Errichtung der „Reichsautobahnen" unterzeichnete und Fritz Todt mit der endgültigen Linienführung und Ausgestaltung beauftragte. Immerhin wurden bis zu 124.000 Arbeiter für dieses Prestigeprojekt verpflichtet. Im Oktober 1934 befanden sich bereits 1500 Straßenkilometer im Bau, bis 1939 waren 3301 Kilometer fertig gestellt. Dabei ist es ein weit verbreiteter Irrtum, dass auch Hitlers Autobahnbau der Kriegsvorbereitung diente. Für Panzer und Schwertransporte war die Fahrbahndecke viel zu dünn, es fehlte an der nötigen Infrastruktur für Truppentransporte, die Streckenplanung war keineswegs an möglichen Frontzielen orientiert. Die Aufgabe des Autobahnnetzes war, Wirtschaftszentren miteinander zu verbinden. In erster Linie aber diente es der nationalsozialistischen Propaganda, sollte es technischen Fortschritt und die Modernität des NS-Regimes suggerieren.

Dabei waren die neuen Reichsautobahnen zunächst fast leer, weil sich damals kaum jemand ein Auto leisten konnte. Auch hier schaffte Hitler zumindest scheinbare Abhilfe. Er versprach jedem Volksgenossen ein eigenes Auto, das weniger als tausend Mark kosn sollte. Damit folgte er der Idee eines seiner größten Vorbilder, es bekennenden amerikanischen Antisemiten Henry Ford, der beits die USA mit Billigautomobilen versorgte. Allerdings war das ojekt „Volkswagen", der offiziell „KdF-Wagen" hieß und Teil der Kraft durch Freude"-Propagandamaschinerie war, eines der größn Betrugsmanöver der neueren Geschichte. So verkündete Hitler 936 vor Vertretern der deutschen Automobilindustrie, dass er r. Ferdinand Porsche mit dem Entwurf eines Kraftwagens beaufagt habe, den sich auch die Masse leisten könne. *„Millionen unserer olkswagen"*[5], so versprach er ein Jahr später, würden schon bald die euen Autobahnen befahren. In kürzester Zeit, so 1938, würde eutschland nicht nur *„die besten, sondern auch die billigsten Wagen r Welt"*[6] herstellen. Langsam nahm der Plan, zumindest auf dem apier, Gestalt an. Durch einen lautstark propagierten Sparplan urde der „KdF-Wagen" zum meistverkauften Automobil seiner eit – ohne dass je mehr als ein paar hundert Stück ausgeliefert wuren. Noch aber standen die Volksgenossen Schlange, um an das egehrte Fahrzeug zu kommen. Fast drei Jahre lang sollten sie jede Voche 5 Reichsmark einzahlen, um dann, wenn sie insgesamt 50 Mark zusammengespart hätten, eine Bestellnummer zu erhaln. Diese gab ihnen zumindest auf dem Papier das Anrecht auf nen Wagen. Für den Bau der geplanten *„zwei oder drei Millionen"*[7] utomobile wurde eine eigene Stadt gegründet, Wolfsburg, die ren Namen dem „Führer" verdankt. Hitler deutete seinen Voramen „Adolf" als „Adelwolf", „der edle Wolf"; „Wolfsschanze", Wolfsschlucht" und „Werwolf" hießen auch seine Führerhauptuartiere im Osten.

Doch statt der millionenfach bestellten KdF-Automobile baute as Wolfsburger VW-Werk ab 1939 Kübelwagen für die Wehrmacht. er „KdF-Wagen" wäre auch ein schlechtes Geschäft gewesen, denn ie Produktionskosten lagen deutlich über dem Preis. Seine Auslierung ist jedoch nie ernsthaft erwogen worden; die ganze Aktion iente nur dem Zweck, den Aufbau des kriegsnotwendigen VW-Verkes zu finanzieren. Erst nach dem Krieg, nach einem jahrelan-

Domarus 1973, S. 578
ebd., S. 577 f.
ebd., S. 578

gen Rechtsstreit, erhielten die KdF-Sparer Anfang der 1960er Jah
beim Kauf eines Volkswagens einen Rabatt von einigen Hunde
Mark gewährt. Zwischenzeitlich, in der Adenauerära, war der „K
fer" zum Symbol des bundesrepublikanischen Wirtschaftswunde
geworden.

Hitlers „Rettung der Deutschen aus der Not", sein „größtes Wur
der", war also, näher betrachtet, eine Mogelpackung. Er freilic
drückte das so aus:

> *„Es gibt zwei Arten, wie man eine Not lindern kann: entwed*
> *indem man die Not tatsächlich beseitigt – das geht nicht imme*
> *zum mindesten nicht sofort – oder indem man das Gefühl für d*
> *Not beseitigt! Und das geht, wenn man es richtig anfängt!"*[8]

Dazu trugen nicht nur Propagandaprojekte bei – der Autobahnba
leere Versprechen wie der Volkswagen oder die Urlaubsangebote d
KdF („Kraft durch Freude) inklusive Kreuzfahrten auf Schiffen, d
später bequem für den Kriegseinsatz benutzt werden konnten
sondern auch die fast andauernde Volksfeststimmung, die von de
Nazis seit der Machtergreifung inszeniert wurde. Den meisten Deu
schen war nicht bewusst, dass die „fröhliche Hitlerjugend" daz
diente, Kindern einen soldatischen Drill zu vermitteln, dass schein
bar harmloser Sport nicht der Volksgesundheit, sondern der Stäł
lung künftiger Soldaten galt. Sie hatten wieder etwas, woran sɪ
glauben konnten, und jemanden, dem sie blind vertrauten. Dɑ
„Führer befiehl, wir folgen Dir" auf den Lippen, zogen sie zuve
sichtlich ins Verderben.

---

[8] zit. n. Friedemann Bedürftig, Als Hitler die Atombombe baute, München 2003

Teil IV:
Der Weg in den Krieg

Der „Garant für den Frieden"

„Wir werden niemals fremde Menschen zu unterwerfen versuchen, die uns innerlich nur hassen."

Adolf Hitler am 27. Mai 1933[1]

„Die steigende Volkszahl erfordert größeren Lebensraum. Mein Ziel war, ein vernünftiges Verhältnis zwischen Volkszahl und Volksraum herbeizuführen. Hier muss der Kampf einsetzen."

Adolf Hitler am 23. November 1939[2]

Als Adolf Hitler zwischen 1924 und 1927 sein Buch „Mein Kampf" verfasste, tat er dies in dem Bewusstsein, der Welt – oder zumindest seinem auserwählten Volk, den „Ariern" – ein neues Evangelium zu verkünden. Bombastisch und megalomanisch wie seine Phrasen, ausholend und versponnen wie seine Bandwurmsätze war auch der Anspruch seines Werkes, nicht weniger als die Welt, wenn nicht gleich das ganze Universum, erklären zu wollen. Hitlers persönlicher Kampf erschien nur als das mikrokosmische Widerspiel eines makrokosmischen Dramas. Er selbst wurde durch diese Verdichtung gleichermaßen zur Personifikation wie

---

Domarus 1973, S. 279
ebd., S. 1422

zum Zentralhelden der nationalsozialistischen Heilsgeschichte und damit zur Erlösergestalt. Er hatte als Einziger die Gesetze der Schöpfung verstanden und er war es, der sie jetzt offenbarte, um damit zur finalen Heilstat aufzurufen: dem Endkampf der Kinder des Lichtes, der Arier, gegen die Mächte der Finsternis, die Juden.

In Hitlers darwinistischer Gnosis war das gesamte Dasein ein einziger Kampf:

> *„Die Natur ... setzt die Lebewesen zunächst auf diesen Erdball und sieht dem freien Spiel der Kräfte zu. Der Stärkste an Mut und Fleiß erhält dann als ihr liebstes Kind das Herrenrecht des Daseins zugesprochen."*[3]
> *„Der Stärkere hat zu herrschen ... Nur der geborene Schwächling kann dies als grausam empfinden, dafür aber ist er auch nur ein schwacher und beschränkter Mensch, denn würde dieses Gesetz nicht herrschen, wäre ja jede vorstellbare Höherentwicklung aller organischen Lebewesen undenkbar."*[4]
> *„... die Welt wird beherrscht nach den Gesetzen der natürlichen Kraftordnung ... Am Ende siegt ewig nur die Sucht der Selbsterhaltung. Unter ihr schmilzt die sogenannte Humanität als Ausdruck einer Mischung von Dummheit, Feigheit und eingebildetem Besserwissen wie Schnee in der Märzensonne. Im ewigen Kampfe ist die Menschheit groß geworden – in ewigen Frieden geht sie zugrunde."*[5]

Diese Prinzipien des „ewigen Kampfes" um die „Selbsterhaltung", der „Herrschaft des Stärkeren" und die Absage an jede Humanität und Friedensliebe beherrschten auch seine Außenpolitik. Wer „Mein Kampf" aufmerksam las, der konnte eigentlich schon 1927 erahnen, dass die nationalsozialistische Herrschaft unweigerlich auf einen Krieg hinauslaufen würde.

Im 13. Kapitel des 2. Teiles von „Mein Kampf", das die Überschrift „Deutsche Bündnispolitik nach dem Kriege" trägt, schreibt Hitler: *„Das Ziel einer deutschen Außenpolitik von heute hat die Vorbereitung zur Wiedererringung der Freiheit von morgen zu sein."*[6] Die Vor-

---

[3] Hitler 1925/27, S. 147
[4] ebd., S. 312
[5] ebd., S. 148 f.
[6] ebd., S. 687

aussetzung zu diesem „militärischen Freiheitskampf"[7] sei zunächst einmal „die Beseitigung der Ursachen unseres Zusammenbruchs (im Ersten Weltkrieg, d. Verf.) sowie die Vernichtung der Nutznießer desselben", womit die Juden gemeint waren. Seien einmal „politische Macht und Unabhängigkeit" im deutschen Mutterland hergestellt, könnten durch dessen „Machtmittel" „verlorene Gebietsteile" des deutschen „Volkes und Staates" „wiedergewonnen" werden.

Hitler wörtlich: „Mithin ist die Voraussetzung für die Gewinnung verlorener Gebiete die intensivste Förderung und Stärkung des übriggebliebenen Reststaates sowie der im Herzen schlummernde unerschütterliche Entschluss, die dadurch sich bildende neue Kraft in gegebener Stunde dem Dienste der Befreiung und Einigung des gesamten Volkstums zu weihen." Schon deshalb sollten Forderungen nach diesen Gebieten so lange zurückgestellt werden, bis die eigene innere Kraft wiederhergestellt sei. „Denn unterdrückte Länder werden nicht durch flammende Proteste in den Schoss eines gemeinsamen Reiches zurückgeführt, sondern durch ein schlagkräftiges Schwert."[8]

Doch Hitlers außenpolitisches Ziel war keineswegs die Wiederherstellung der Grenzen von 1914. Die Forderung danach wies er sogar entschieden zurück, indem er sie als „politischen Unsinn", ja als „Verbrechen" bezeichnete.[9] Da jede Gebietsgewinnung, so Hitler, nur durch Blutvergießen erreicht werden könne, solle man das kostbare deutsche Blut doch besser gleich für ein „würdigeres Ziel" opfern, „nämlich dem deutschen Volke den ihm gebührenden Grund und Boden auf dieser Erde zu sichern. Und diese Aktion ist die einzige, die vor Gott und unserer deutschen Nachwelt einen Bluteinsatz gerechtfertigt erscheinen lässt."[10]

Hitler postuliert als Doktrin die beiden in „Mein Kampf" in Sperrschrift gesetzten Sätze:

> „Die Außenpolitik des völkischen Staates hat die Existenz der durch den Staat zusammengefassten Rasse auf diesem Planeten sicherzustellen, indem sie zwischen der Zahl und dem Wachstum des Volkes einerseits und der Größe und Güte des Grund und Bodens andererseits ein gesundes, lebensfähiges, natürliches Verhält-

---

[7] Hitler 1925/27, S. 688
[8] ebd., S. 688 f.
[9] ebd., S. 736
[10] ebd., S. 739

nis schafft ... Nur ein genügend großer Raum auf dieser Erde sichert einem Volk die Freiheit des Daseins."[11]

Deutschland sei nur daher keine Weltmacht, weil es flächenmäßig zu klein, sein *„Verhältnis von Volkszahl und Grundfläche so jämmerlich beschaffen"* sei. Daher sei es die *„große Mission"* der nationalsozialistischen Bewegung, hier Abhilfe zu schaffen. Sie solle alle Skrupel überwinden und *„den Mut finden, unser Volk und seine Kraft zu sammeln zum Vormarsch auf jener Straße, die aus der heutigen Beengtheit des Lebensraumes dieses Volk hinausführt zu neuem Grund und Boden".* Die Größe des deutschen Volkes und seine tausendjährige Geschichte, seine Rolle als *„germanische Mutter all des Lebens, das der heutigen Welt ihr kulturelles Bild gegeben hat"*[12], rechtfertigten eine solche Expansion, machten sie gar zwingend, wolle es nicht *„auf dieser Erde vergehen"* oder als *„Sklavenvolk"* enden.[13]

Hitler ließ auch keinen Zweifel daran, wo der neue Lebensraum der Deutschen liege. An Übersee-Kolonien hatte er jedenfalls keinerlei Interesse; er dachte an eine Expansion in Richtung Osten: *„Wenn wir aber heute in Europa von neuem Grund und Boden reden, können wir in erster Linie nur an Russland und die ihm untertanen Randstaaten denken"*, schrieb er unverhohlen. *„Wir stoppen den ewigen Germanenzug nach dem Süden und Westen Europas und weisen den Blick nach dem Land im Osten ..."*[14]; *„... dann musste sich das neue Reich wieder auf der Straße der einstigen Ordensritter in Marsch setzen, um mit dem deutschen Schwert dem deutschen Pflug die Scholle, der Nation aber das tägliche Brot zu geben."*[15]

Politische Grenzen seien kein Hinderungsgrund für die Schaffung neuer Reiche in *„den Grenzen des ewigen Rechtes"*[16], womit er das Recht des Stärkeren meinte: *„Staatsgrenzen werden durch Menschen geschaffen und durch Menschen geändert."*[17] Wer sie anerkennt, beweist damit nur seine Schwäche.

---

[11] Hitler 1925/27, S. 729
[12] ebd., S. 742
[13] ebd., S. 732
[14] ebd., S. 742
[15] ebd., S. 154
[16] ebd., S. 152
[17] ebd., S. 740

Ganz klar formulierte Hitler seine Absichten in „Mein Kampf": *„Grund und Boden als Ziel unserer Außenpolitik und ein neues, weltanschaulich gefestigtes, einheitliches Fundament als Ziel politischen Handelns im Innern"*[18]. Mit anderen Worten: Krieg und Diktatur würde seine Herrschaft bringen. Und eben so kam es auch.

Doch kaum war er an der Macht, fraß der Wolf Kreide. Mit einer ganzen Serie rhetorischer Nebelbomben versuchte er sechs Jahre lang, die Welt über seine wahren Absichten zu täuschen. Er gab sich als Friedensfürst, heuchelte Verhandlungsbereitschaft, willigte scheinbar in politische Kompromisse ein, um sofort, wenn sich die Lage nur etwas beruhigt hatte, bestehende Verträge zu brechen und sich doch zu holen, was er wollte. Die ersten sechs Jahre nationalsozialistischer Herrschaft waren nichts anderes als Kriegsvorbereitung bei Volksfeststimmung.

Am Anfang stand der große Bluff. *„Deutsches Volk, gib uns vier Jahre Zeit, dann richte und urteile über uns"*[19], hatte er am 10. Februar 1933 im Berliner Sportpalast verkündet. Was folgte, war ein unermüdlicher Aktivismus, der tatsächlich den Eindruck erweckte, es würde wieder aufwärts gehen. Doch hinter der Fassade der opernartig inszenierten Reichsparteitage, des Autobahnbaus und der „Kraft durch Freude"-Schiffe wurde gigantisch aufgerüstet und eine ganze Generation gnadenlos für den Kampfeinsatz gedrillt.

Nach außen hin bekundete Hitler währenddessen gebetsmühlenartig seinen Friedenswillen. *„Niemand in Deutschland, der den Krieg mitgemacht hat, wolle diese Erfahrung noch einmal durchmachen"*[20], erklärte er; er kenne *„auch nicht den Begriff des Germanisierens"*, sondern respektiere *„die nationalen Rechte auch der anderen Völker"* und möchte *„aus tiefinnerstem Herzen mit ihnen in Frieden und Freundschaft leben"*[21]. Ja sogar zum Verzicht auf Angriffswaffen, die Deutschland ja gar nicht besitze, und zur Unterzeichnung jedes feierlichen Nichtangriffspaktes sei er bereit, *„denn Deutschland denkt nicht an einen Angriff, sondern an seine Sicherheit"*[22]. So verkündete Hitler am 27. Mai 1933 ausgerechnet in Danzig eine seiner größten Lügen:

---

[18] Hitler 1925/27, S. 736
[19] ebd., S. 207
[20] ebd., S. 265
[21] ebd., S. 273
[22] ebd., S. 277

„Der Nationalsozialismus kennt keine Politik der Grenzkorrekturen auf Kosten fremder Völker. Wir wollen keinen Krieg nur zu dem Zweck, um einige Millionen Menschen vielleicht zu Deutschland zu bringen, die gar keine Deutschen sein wollen und es auch nicht sein können. Wir werden niemals fremde Menschen zu unterwerfen versuchen, die uns innerlich nur hassen …"[23]

Als ein französischer Politiker Hitlers Friedensabsichten infrage stellte, sie als Tarnung bezeichnete, hinter der die aggressiven Absichten der Zukunft verborgen seien, gab er sich entrüstet. *„Dieser Politiker hat noch nie ein Volk geführt"*, erklärte er dem britischen Journalisten Ward Price, *„oder könnte er sonst glauben, dass man ein Jahrzehnt lang vom Frieden reden kann, um dann plötzlich mit demselben Volk so mir nichts, dir nichts einen Krieg zu beginnen? Wenn ich vom Frieden rede, drücke ich nichts anderes aus als was der tiefinnigste Wunsch des deutschen Volkes ist. Ich kenne die Schrecken des Kriegs: Gemessen an seinen Opfern sind alle Gewinne unbefriedigend."[24]*

Zum Beweis für seinen Friedenswillen unterzeichnete er sogar diverse Nichtangriffspakte, so schon am 26. Januar 1934 mit Polen, auf zehn Jahre angelegt – zumindest ein Zeitgewinn für Hitler, der dadurch nur um so überraschender zuschlagen konnte. Seine eigenen Friedensvorschläge gestaltete er jedoch immer so utopisch, dass sie von den Regierungen anderer Staaten einfach abgelehnt werden mussten, was ihm dann wiederum einen Grund gab, nach Bekundung von so viel gutem Willen doch wieder weiter zu rüsten.

Seine erste Landgewinnung verlief dagegen noch ganz friedlich. Die Rückkehr des nach dem Ersten Weltkrieg französisch besetzten Saargebietes ins Reich fand auf der Grundlage einer Volksabstimmung statt, deren eindeutiges Ergebnis von Frankreich wie vom Völkerbund anerkannt wurde. Fortan lotete Hitler immer wieder aus, wie weit er sich vorwagen konnte. Als er am 9. März 1935 offiziell bekannt gab, dass Deutschland sich wieder im Besitz einer Luftwaffe befinde, wusste er, dass er damit eindeutig gegen den Versailler Vertrag verstoßen hatte; eben deshalb waren die Militärflieger bislang als „Deutscher Luftsportverband" getarnt worden. Da niemand pro-

---

[23] Hitler 1925/27, S. 279
[24] ebd., S. 476

testierte, folgte nur eine Woche später der nächste Vertragsbruch mit der Einführung der allgemeinen Wehrpflicht in Deutschland. Als Grund nannte er die *„fortgesetzt steigende Aufrüstung der übrigen Welt"*. Verfügten nicht auch die Russen über 101 Divisionen, hatte nicht Frankreich gerade eine zweijährige Dienstzeit beschlossen? Immerhin versicherte er, dass die deutsche Wehrmacht *„ausschließlich der Verteidigung und damit der Erhaltung des Friedens"*[25] dienen würde. Fünf Tage später beteuerte er vor dem Reichstag:

> *„Das nationalsozialistische Deutschland will den Frieden aus tiefinnersten weltanschaulichen Überzeugungen. Es will ihn weiter aus der einfachen primitiven Erkenntnis, dass kein Krieg geeignet sein würde, das Wesen unserer allgemeinen europäischen Not zu beheben, wohl aber diese zu vermehren. Das heutige Deutschland lebt in einer gewaltigen Arbeit der Wiedergutmachung seiner inneren Schäden. Keines unserer Projekte sachlicher Natur wird vor zehn bis zwanzig Jahren vollendet sein. Keine der gestellten Aufgaben ideeller Art kann vor fünfzig Jahren oder vielleicht auch hundert Jahren ihre Erfüllung finden … Was könnte ich anderes wünschen als Ruhe und Frieden? Wenn nur die Führer und Regierenden den Frieden wollen, die Völker selbst haben sich noch nie den Krieg gewünscht. Deutschland braucht den Frieden und es will den Frieden."*[26]

Zwei Monate später, wieder vor dem Reichstag, versicherte er erneut:

> *„Die deutsche Reichsregierung … sieht weder zu Lande, noch zur Luft, noch zur See in der Erfüllung ihres Programms irgendeine Bedrohung einer anderen Nation. Sie ist aber jederzeit bereit, in ihrer Waffenrüstung jene Begrenzungen vorzunehmen, die von den anderen Staaten ebenfalls übernommen wird … wir würden am glücklichsten sein, wenn eine solche Regelung (zur Rüstungsbegrenzung) uns die Voraussetzungen geben würde, den Fleiß unseres Volkes für nützlichere Produktionen verwenden zu können, als für die Herstellung von Instrumenten zur Zerstörung von Menschenleben und Gütern."*[27]

---

[25] Hitler 1925/27, S. 495
[26] ebd., S. 506
[27] ebd., S. 514

Dem Volk wurde die neu eingeführte Wehrpflicht auf vielerlei Weise schmackhaft gemacht. Die Wehrmacht erziehe die Jugend *„nur zu zuverlässigen, anständigen Volksgenossen"*, zu *„tapfere(n), ordentliche(n), zuverlässige(n) und sichere(n) Menschen"*, versprach Hitler 1935 auf dem Nürnberger Parteitag; ihr Ziel sei nicht etwa, *„Angriffskriege zu führen"*, sondern die Jugend *„disziplinierter, straffer und strammer"* und damit *„kerngesund"* werden zu lassen. *„Der deutsche Junge muss rank und schlank sein, flink wie ein Windhund, zäh wie Leder und hart wie Kruppstahl. Er muss lernen, Entbehrungen auf sich zu nehmen."*[28]

In einem Memorandum aus demselben Jahr offenbarte er den wahren Grund für diesen Drill: *„Das Ausmaß und das Tempo der militärischen Auswertung unserer Kräfte können nicht groß und schnell genug gewählt werden! Wenn es uns nicht gelingt, in kürzester Frist die deutsche Wehrmacht in der Ausbildung, in der Aufstellung der Formationen, in der Ausrüstung und vor allem auch in der geistigen Erziehung zur ersten Armee der Welt zu entwickeln, wird Deutschland verloren sein."* Zur Rechtfertigung berief sich Hitler nicht etwa auf eine Bedrohung von außen, sondern stellte fest: *„Wir sind überbevölkert und können uns auf der eigenen Grundlage nicht ernähren ... Die endgültige Lösung liegt in einer Erweiterung des Lebensraumes."* So forderte er 1935: *„I. Die deutsche Armee muss in 4 Jahren einsatzfähig sein. II. Die deutsche Wirtschaft muss in 4 Jahren kriegsfähig sein."*[29]

Die Unterzeichnung eines Beistandspaktes zwischen Frankreich und der Sowjetunion im März 1936 nutzte Hitler als Vorwand für seinen nächsten Schritt. Er ließ die Wehrmacht ins Rheinland einrücken, das nach dem Vertrag von Locarno seit 1925 als entmilitarisierte Zone galt. Den Vertragsbruch begründete er mit der vermeintlichen Gefahr, dass Frankreich kommunistisch werde: Die *„Riesenmobilmachung des Ostens gegen Mitteleuropa"* zwinge ihn zum Handeln. Er dagegen wolle nur für die *„Verständigung der Völker in Europa"* eintreten und habe *„in Europa keine territorialen Forderungen zu stellen"*.[30] *„Sprecht nicht von Gesten und nicht von symbolischen Handlungen, sondern schließt und haltet Frieden! Das ist der Wunsch der Völker"*[31], forderte Hitler am 27. März 1936 vor Rüstungsarbeitern der

---

[28] Hitler 1925/27, S. 531 ff.
[29] zit. n. Hofer 2002, S. 85 f.
[30] Domarus 1973, S. 591 ff.
[31] ebd., S. 613

Firma Krupp. Als der italienische Diktator Benito Mussolini im September 1937 Deutschland besuchte, verkündete die nationalsozialistische Propaganda: „Der Führer und der Duce – die Garanten für den Frieden." Tatsächlich ging es Hitler darum, von seinem Verbündeten grünes Licht für seine österreichischen Ambitionen zu bekommen.

Wie wenig ernst ihm seine Friedensappelle waren, erklärte Hitler am 10. November 1938, einen Tag nach der „Reichskristallnacht", in einer Geheimrede vor deutschen Zeitungsverlegern und linientreuen Chefredakteuren:

„Die Umstände haben mich gezwungen, jahrzehntelang fast nur vom Frieden zu reden. Nur unter der fortgesetzten Betonung des deutschen Friedenswillens und der Friedensabsichten war es mir möglich, dem deutschen Volk Stück für Stück die Freiheit zu erringen und ihm die Rüstung zu geben, die immer wieder für den nächsten Schritt als Voraussetzung notwendig war", räumte Hitler freimütig ein. Dabei sei ihm bewusst gewesen, *„dass eine solche jahrzehntelang betriebene Friedenspropaganda auch ihre bedenklichen Seiten hat; denn es kann leicht dahin führen, dass sich in den Gehirnen vieler Menschen die Auffassung festsetzt, dass das heutige Regime an sich identisch sei mit dem Entschluss und dem Willen, einen Frieden unter allen Umständen zu bewahren."*

Das aber, so der „Führer" weiter, sei eine *„falsche Beurteilung der Zielsetzung dieses Systems".* Daher müsse dem Volk allmählich vermittelt werden, *„dass es Dinge gibt, die ... mit Mitteln der Gewalt durchgesetzt werden müssen."* Außenpolitische Vorgänge müssten ihm so präsentiert werden, dass es ganz von selbst nach dieser Gewalt schreie, und eben das sei jetzt die Aufgabe der Presse. Mehr noch, die Deutschen, *„dieses Hühnervolk",* sollten dazu erzogen werden, auch Rück- und Fehlschläge gelassen hinzunehmen und dabei *„fanatisch an den Endsieg* (zu) *glauben".*[32]

Tatsächlich hatte Hitler bis Ende 1937 so weit sein Regime etabliert und militärisch aufgerüstet – nach eigenen Angaben investierte er 90 Milliarden Reichsmark in die Rüstung[33] –, dass er sich getrost seinen außenpolitischen Zielen zuwenden konnte.

Dabei stand er unter Zeitdruck. Den frühen Tod seiner Eltern vor Augen fürchtete er, nicht allzu alt zu werden. Mit 48 Jahren fühlte

---

[32] Domarus 1973, S. 974
[33] ebd., S. 1315

er sich auf dem Höhepunkt seiner körperlichen und geistigen Leistungsfähigkeit. Er wusste, er brauche eiserne Nerven, um sein eigentliches Ziel, die Eroberung von „Lebensraum im Osten", noch zu verwirklichen. Überhaupt sah er nur sich selbst dazu in der Lage, ein solch gigantisches Unternehmen zu befehligen. So plante er schon 1937 – nämlich in einer Geheimrede vor den Oberbefehlshabern der Wehrmacht – die *„Lösung der deutschen Raumfrage"* für die Jahre 1943–1945.[34] Bis dahin sollte Deutschland also bereit sein, in Russland einzufallen, musste es jene Länder erobert haben, die bei der Durchführung des Einmarsches noch im Wege sein konnten, womit in erster Linie Polen gemeint war. *„Die Erde ist für den da, der sie sich nimmt"*, definierte er 1940 jungen Offizieren gegenüber seine „Staatsphilosophie", *„die Erde ist ein Wanderpokal, der immer den Völkern genommen wird, die schwach werden … Das Recht auf diesen Boden liegt ausschließlich in der Kraft."*[35]

Noch neun Tage vor dem Ausbruch des Zweiten Weltkrieges, am 22. August 1939, erklärte er seinen Oberbefehlshabern auf dem Obersalzberg, weshalb es jetzt zum Krieg kommen müsse:

> *„Wesentlich hängt es von mir ab, von meinem Dasein, wegen meiner politischen Fähigkeiten. Dann die Tatsache, dass wohl niemand wieder so wie ich das Vertrauen des ganzen deutschen Volkes hat. In der Zukunft wird es wohl niemals wieder einen Mann geben, der mehr Autorität hat als ich … Niemand weiß, wie lange ich noch lebe … Deshalb Auseinandersetzung besser jetzt … als in 2–3 Jahren. Eine lange Friedenszeit würde uns nicht gut tun."*[36]

Es war Hitlers Krieg. Er hatte ihn seit 1924 geplant, er wollte ihn um jeden Preis führen. Seine größte Angst war, dass ihm *„noch im letzten Augenblick irgendein Schweinehund einen Vermittlungsplan vorlegt"*[37] und den Frieden rettet. Sein vermeintlicher Friedenswille war eine der tödlichsten von Hitlers Lügen.

---

[34] Domarus 1973, S. 752
[35] ebd., S. 1498
[36] ebd. S. 1237
[37] ebd.

Der erzwungene Anschluss

„Deutschland hat weder die Absicht, noch den Willen, sich in die inneren österreichischen Verhältnisse einzumengen, Österreich etwa zu annektieren oder anzuschließen."

Adolf Hitler am 21. Mai 1935 vor dem Reichstag[1]

„Deutschösterreich muss wieder zurück zum großen deutschen Mutterlande."

Adolf Hitler in „Mein Kampf" (1925)[2]

Hitler, der es für eine *„glückliche Bestimmung"* hielt, im Grenzstädtchen Braunau am Inn geboren worden zu sein, machte nie einen Hehl daraus, dass die *„Wiedervereinigung ... jener zwei deutschen Staaten"* – gemeint sind Deutschland und Österreich – seine *„mit allen Mitteln durchzuführende Lebensaufgabe"* sei; so steht es wörtlich auf der ersten Seite von „Mein Kampf"[3]. Das entsprach seiner in eben diesem Werk durch Sperrschrift hervorgehobenen Doktrin: *„Gleiches Blut gehört in ein gemeinsames Reich"*[4], die programmatisch für sein außenpolitisches Handeln 1933–1939 war. Erst dann, wenn *„das deutsche Volk ... einmal seine eigenen Söhne in einen gemeinsamen Staat zu fassen vermag"*, habe es sich *„das moralische Recht zur Erwerbung fremden Grund und Bodens"*[5] erworben. Die Folge sei ein Eroberungskrieg: *„Der Pflug ist dann das Schwert, und aus den Tränen des Krieges erwächst für die Nachwelt das tägliche Brot."*[6] Wohlgemerkt, so stand es wörtlich in Hitlers „Evangelium", das millionenfach – bei Kriegsende betrug die Gesamtauflage über zehn

---

[1] zit. n. Domarus 1973, S. 511
[2] Hitler 1925/27, S. 1
[3] ebd.
[4] ebd.
[5] ebd.
[6] ebd.

Millionen Exemplare – im Reich verbreitet wurde. Jeder, der sich die Mühe machte, auch nur die erste Seite des schwülstigen Nazi-Wälzers zu lesen, hätte also das Programm seiner Außenpolitik kennen müssen, das, in einem Satz zusammengefasst, etwa so lautete: Herstellung eines Großdeutschen Reiches (wohl in den Grenzen des „Heiligen Römischen Reiches deutscher Nation") als Grundlage für einen Eroberungskrieg!

Zumindest muss man Hitler zugute halten, von diesem selbst definierten Programm keinen Schritt abgewichen zu sein. Er blieb seinen Wahnideen treu bis in den Tod. Für ihn waren seine eigenen Worte und Pläne längst zum Dogma geworden, als sie an der Realität scheiterten. Sein Irrglaube wurde Hitler zum Verhängnis, seine fanatische Weigerung, einen Fehler einzugestehen, führte zu seinem Untergang. Lieber opferte er das Leben von Millionen und Abermillionen Menschen, als dass er sich eingestand, geirrt zu haben. „Der Führer hat immer recht", hieß die Maxime, auch wenn zuletzt nur er selbst und sein getreuer Dr. Goebbels noch daran zu glauben vermochten.

So unverschämt und unverblümt Hitler seine aggressiven Pläne in seinem Buch offenlegte, so unverfroren log und betrog er, wenn es darum ging, sie zu verwirklichen. Gleich nach der Machtergreifung Hitlers begannen die österreichischen Nationalsozialisten unter Alfred Frauenfeld, den „Anschluss ans Reich" zu fordern. Das war an sich nicht neu. Schon vor dem Ersten Weltkrieg gab es in der Alpenrepublik eine starke „Alldeutsche Bewegung", mit der auch Hitler in seiner Wiener Zeit sympathisiert hatte. Doch nicht nur die Rechte, auch die österreichische Sozialdemokratie befürwortete nach dem Krieg den Anschluss, beugte sich aber dem Diktat von Versailles, das einen solchen verweigerte. Trotzdem stimmten 1921 in Tirol und Salzburg 98,8 % bzw. 99,3 % der Bevölkerung für eine Vereinigung von „Deutsch-Österreich" mit dem Reich. Erst mit der Unterzeichnung der Genfer Protokolle von 1922 garantierte die damalige christsoziale Regierung gegen den Widerstand der SPÖ die Unabhängigkeit des Landes.

Es folgte ein Jahrzehnt politischer Spannungen, die zeitweise das sonst so friedliche Land an den Rand eines Bürgerkrieges führten. Auf der einen Seite standen die Sozialisten, die 1923 den paramilitärischen „Republikanischen Schutzbund" gründeten, auf der anderen Seite die „Heimwehren" der Christsozialen und Faschisten, die offen mit dem Italien Mussolinis sympathisierten. Als dritte Kraft kamen spätestens seit den Wahlen von 1932 die Nationalsozialisten hinzu. Um sie in die Schranken zu weisen, setzte der christsoziale Bundeskanzler Engelbert Dollfuß 1933 die Verfassung außer Kraft. Zuvor hatte er das Lausanner Protokoll unterzeichnet, das im Tausch gegen eine Anleihe des Völkerbundes in Höhe von 300 Millionen Schilling bis 1952 jede wirtschaftliche oder politische Union mit Deutschland ausschloss.

Ganz nach dem Vorbild der italienischen Faschisten gründete Dollfuß die „Vaterländische Front" und verbot alle Parteien und ihre Milizen. In den „Römischen Protokollen" wurde eine enge Zusammenarbeit mit Italien festgelegt, das fortan als Schutzmacht für die Alpenrepublik fungierte. Auch Frankreich und Großbritannien waren bereit, für die Unabhängigkeit Österreichs zu garantieren.

Offiziell ignorierte Hitler die Vorgänge in seiner Heimat. *„Zum großen Bedauern der deutschen Reichsregierung sind demgegenüber die Beziehungen des Reiches zur derzeitigen österreichischen Regierung keine befriedigenden. Die Schuld liegt nicht auf unserer Seite. Die Behauptung, dass das deutsche Reich beabsichtige, den österreichischen Staat zu vergewaltigen, ist absurd und kann durch nichts belegt oder erwiesen werden"*, erklärte er am 30. Januar 1934 vor dem Reichstag: *„Die Behauptung der österreichischen Regierung, dass von Seiten des Reiches aus irgendein Angriff gegen den österreichischen Staat unternommen werde, oder auch nur geplant sei, muss ich schärfstens zurückweisen."*[7] Doch als am 19. Juni 1934 auch die Nationalsozialistische Partei von den Austrofaschisten verboten wurde, griff er ein. Dazu bediente er sich des Parteigenossen Theo Habicht, der 1927–1931 Kreisleiter der NSDAP in Wiesbaden war, bevor er von Hitler zum „Landesinspekteur" der österreichischen Nationalsozialisten ernannt wurde. Habicht, der bei Hitler ein und aus ging, führte wohl nur einen Auftrag seines „Führers" aus, als er am 25. Juli 1934 gegen die Regierung Dollfuß putschte. Angehörige der 89. SS-Standarte Wien stürmten das österreichische Bundeskanzleramt am Wiener Ballhausplatz, in dem gerade eine Kabinettssitzung stattfand. Bei dem folgenden Handgemenge wurde Dollfuß tödlich verletzt. Trotzdem gelang es kurz

---

[7] zit. n. Domarus 1973, S. 358 f.

darauf Einheiten des eiligst herbeigerufenen Bundesheeres, die Nazis zu überwältigen und den Staatsstreich ebenso schnell und blutig niederzuschlagen, wie er begonnen hatte.

Damit aber befand sich Hitler, wie er es selbst formulierte, *„in einer argen Klemme"*.[8] Um ein Einschreiten Deutschlands zu verhindern, waren italienische Truppen an der Grenze zu Österreich aufmarschiert, und nichts lag dem deutschen Diktator ferner, als sein Vorbild Mussolini zu verprellen. Auch mit den Westmächten wollte er es sich noch nicht verderben. So ließ er seinen Handlanger Habicht eiskalt fallen und entband ihn aller seiner Funktionen in der Partei. Er schickte ein Beileidstelegramm zum Tode von Dollfuß nach Wien und ließ seine Mörder, die ins Reich geflohen waren, festnehmen und ausliefern. Auch der in das Komplott verwickelte deutsche Gesandte an der Wiener Botschaft, Kurt Rieth, wurde seines Amtes enthoben und unverzüglich nach Berlin zurückgerufen. An seiner Stelle schickte Hitler seinen ehemaligen Vizekanzler Franz von Papen, für den er keine bessere Verwendung hatte, als „außerordentlichen Botschafter des Deutschen Reiches" nach Österreich. Kurz darauf erklärte er dem renommierten britischen Journalisten Ward Price in einem Interview: *„Die österreichische Unabhängigkeit liegt außerhalb jeder Diskussion, und niemand stellt sie in Frage."*[9]

In den folgenden Jahren wiederholte Hitler diesen Standpunkt mehrfach. Immer wieder bezeichnete er die Befürchtung des neuen österreichischen Bundeskanzlers und Leiters der „Vaterländischen Front", Kurt Schuschnigg, von einem bevorstehenden Einmarsch als *„Schreckgespenst"*, das man in Wien nur *„aus innenpolitischen Gründen"* bräuchte: *„Die Anschlussfrage ist in Berlin nicht akut."*[10] Bei den Feiern zum „Tag der Arbeit", dem 1. Mai 1936, machte er die Juden für die Verbreitung der *„Lüge"*, *„Deutschland würde morgen oder übermorgen in Österreich einfallen"*, verantwortlich.[11] Er erdreistete sich sogar, noch am 11. Juli 1936 ein auf Initiative Italiens zustande gekommenes „deutsch-österreichisches Abkommen" zu unterzeichnen, in dem er kategorisch erklärte:

---

[8] Reuth 2005, S. 354
[9] zit. n. Domarus 1973, S. 433
[10] ebd., S. 567
[11] ebd., S. 621

118

„Im Sinne der Feststellungen des Führers und Reichskanzlers vom 21. Mai 1935 anerkennt die deutsche Reichsregierung die volle Souveränität des Bundesstaates Österreichs.
Jede der beiden Regierungen betrachtet die in dem anderen Lande bestehende innenpolitische Gestaltung, einschließlich der Frage des österreichischen Nationalsozialismus, als eine innere Angelegenheit des anderen Landes, auf die sie weder unmittelbar noch mittelbar Einwirkung nehmen wird."[12]

Dass diese Versicherung nur Staffage war, belegt schon ein damals nicht veröffentlichter Zusatzartikel des Vertrages. Darin verpflichtete sich Schuschnigg, auch die Vertreter der nationalen Opposition – also die Nationalsozialisten – wieder an der Regierung zu beteiligen. Damit hatte er sich ein trojanisches Pferd ins Haus geholt. Doch nach dem Besuch Mussolinis in Berlin im September 1937 war die deutsch-italienische Freundschaft stark genug, um auch eventuelle Spannungen in der Österreichfrage aushalten zu können. Hatte der „Duce" noch im Januar bei einem Besuch Görings in Rom, auf einen möglichen „Anschluss" angesprochen, energisch den Kopf geschüttelt, war jetzt die Lage eine andere. Hitler konnte darauf vertrauen, dass Mussolini sich nicht mehr gegen ihn wenden würde. Innenpolitisch hatte er seine Ziele erreicht, nun galt es, sich seinem eigentlichen außenpolitischen Ziel zuzuwenden, der Gewinnung von „Lebensraum im Osten". Doch um Russland überraschend angreifen zu können, musste er zunächst einmal das Reich langsam nach Osten ausdehnen, bis er eine gemeinsame Grenze mit der Sowjetunion hätte.

Als der Aga Khan, das aus Indien stammende Oberhaupt der muslimischen Ismaeliten, am 20. Oktober 1937 Hitler auf dem „Berghof" bei Berchtesgaden besuchte, nahm dieser kein Blatt vor den Mund. *„Die Regelung des Verhältnisses mit Österreich und die Lösung der Sudetenfrage* (in der Tschechoslowakei, d. Verf.), *des Danzigproblems und des Korridors* (auf polnischem Staatsgebiet, d. Verf.)" nannte er ausdrücklich als *„nächste Ziele Deutschlands"*. Doch seine Ambitionen gingen noch weiter: *„England soll uns freie Hand auf*

---

[12] Domarus 1973, S. 629

dem Kontinent lassen, und wir werden uns in seine überseeischen Ange-
legenheiten nicht einmischen", erklärte Hitler.[13]

Vorher aber galt es, wirklich alle Macht im Reich an sich zu reißen. Denn in der Wehrmacht war nicht jeder bereit, ihm blind in
jedes Abenteuer zu folgen. Als Hitler am 5. November 1937 in einer
Geheimrede die Oberbefehlshaber des Heeres, der Kriegsmarine
und der Luftwaffe, den Reichskriegsminister Generalfeldmarschall
von Blomberg sowie Außenminister von Neurath in seine Pläne eines „blitzartigen" Angriffes auf Österreich und die Tschechei ein-
weihte, stieß er keineswegs auf die begeisterte Zustimmung, die er
sich erhofft hatte. So wiesen von Blomberg und der Oberbefehlshaber des Heeres, Generaloberst Freiherr von Fritsch, Hitler ausdrücklich auf die Gefahr hin, dass sich England und Frankreich gegen das
Deutsche Reich wenden könnten. Doch Hitler duldete keinen Widerspruch. So wurden Blomberg und Fritsch nur drei Monate später,
am 4. Februar 1938, aus ihrem Dienst entlassen – „aus gesundheit-
lichen Gründen", wie es hieß. Dass dies eine Lüge war, belegt schon
das Vorspiel ihrer Entlassung.

Reichskriegsminister Generalfeldmarschall von Blomberg war
seit einiger Zeit mit der Halbweltdame Erna Gruhn befreundet. Göring drängte ihn, doch endlich zu heiraten, und Hitler selbst erteilte ihm dazu die Genehmigung; am 12. Januar 1938 fand in Berlin
die feierliche Hochzeit statt, an der Hitler und Göring persönlich
als Trauzeugen teilnahmen. Doch kaum war das frisch vermählte
Paar aus den Flitterwochen zurück, platzte die Bombe, wurde die
Vergangenheit der Braut bekannt. Es kam zum Skandal, und Fritsch
erschien persönlich bei Hitler, um im Auftrag der Wehrmacht die
Abberufung des Kriegsministers zu verlangen. Er ahnte nicht, dass
er der nächste war, der auf Hitlers „Abschussliste" stand. Denn
kaum hatte Hitler seinem Gesuch stattgegeben, lud er Fritsch noch
einmal zu einer vertraulichen Unterredung ein. Diesmal eröffnete
er dem Freiherrn, er werde der Homosexualität beschuldigt. Um
diesen Vorwurf zu erhärten, stellte er ihm einen eiligst von der
Gestapo herbeigeschafften „Zeugen", ein Individuum namens
Hans Schmidt, gegenüber. Die Röhmaffäre noch im Gedächtnis

---

[13] Domarus 1973, S. 743

hatte von Fritsch keine andere Wahl, als Hitler um seine Entlassung zu bitten.

Das folgende Kriegsgerichtsverfahren gegen Fritsch unter Vorsitz Görings bewies, dass die Anschuldigung nur eine Farce war. So kam heraus, dass der „Zeuge" Schmidt nicht gegen Fritsch, sondern gegen einen pensionierten Rittmeister namens Frisch Anzeige erstattet hatte und dass seine Aussage von der Gestapo entsprechend frisiert worden war. Schmidt bezahlte den „Irrtum" kurz darauf mit dem Leben, während sich die Rehabilitation Fritschens in die Länge zog. Erst am 11. August 1938 ernannte ihn Hitler zum Chef eines Artillerieregimentes. Nur 42 Tage später wurde der so Degradierte, wie es offiziell hieß, in Warschau, einer Kompanie vorgehend, auf offener Straße erschossen. Andere Berichte behaupteten, er habe Selbstmord begangen.[14]

Kaum hatte Hitler die skeptischen Militärs ausgeschaltet, übernahm er selbst das Kriegsministerium und damit die Befehlsgewalt über die Wehrmacht. *„Das bisherige Wehrmachtsamt im Reichskriegsministerium tritt mit seinen Aufgaben als ‚Oberkommando der Wehrmacht' und als mein militärischer Stab unmittelbar unter meinen Befehl"*[15], ließ er am 4. Februar 1938 offiziell verlautbaren. Fritsch wurde als Oberbefehlshaber des Heeres durch den gefügigeren General von Brauchitsch ersetzt. Chef des Oberkommandos der Wehrmacht (OKW) wurde General Wilhelm Keitel. Zudem nahm Hitler 46 weitere Umbesetzungen in den militärischen Kommandostellen vor und versetzte 14 Generäle in den vorzeitigen Ruhestand. Als Dank für ihre bis dahin geleisteten Dienste erhielten sie ein „Führer"-Bild mit Unterschrift. Fortan unterstand Hitler allein die ganze Wehrmacht, und jede Weigerung, ihm blind zu folgen, konnte als „Befehlsverweigerung" mit dem Tod bestraft werden.

Die neue Situation gab ihm freie Hand, endlich seinen Krieg zu beginnen. Noch am selben Tag, an dem er das Oberkommando der Wehrmacht übernommen hatte, berief er seinen Sonderbotschafter und Ex-Vizekanzler von Papen aus Wien ab. Sofort begriff Bundeskanzler Schuschnigg, dass jetzt ein neuer Wind aus Berlin wehte. Als Hitler ihn einlud, zu einer Unterredung auf den

---

[14] Domarus 1973, S. 780
[15] ebd., S. 782

„Berghof" zu kommen, blieb ihm nichts anderes übrig, als sofort zuzusagen.

Am 12. Februar 1938 traf der österreichische Bundeskanzler in Begleitung seines Staatssekretärs Guido Schmidt und von Papens in Berchtesgaden ein. Hitler hatte die Begegnung im Vorfeld sorgfältig inszeniert. Er wollte Schuschnigg eine ganz große Szene vorspielen. Zu diesem Zweck hatte er eigens einige seiner *„am brutalsten aussehenden Generäle"*[16] – so prahlte er später – aus Berlin kommen lassen. Ihre Aufgabe war, im Vorzimmer zu paradieren und den Österreicher gehörig einzuschüchtern. Kaum hatte Schuschnigg Hitlers Arbeitszimmer betreten, ging auf ihn ein rhetorisches Donnerwetter nieder. In einer Mischung aus sentimentalen Betrachtungen und wütenden Vorwürfen las er dem Bundeskanzler zwei Stunden lang die Leviten. Österreichs Verhalten, so Hitler, sei nichts anderes als ein ununterbrochener Verrat am deutschen Volk:

> *„Und das sage ich Ihnen, Herr Schuschnigg, ich bin fest entschlossen, mit dem allem ein Ende zu machen. Das Deutsche Reich ist eine Großmacht, und es kann und wird niemand dreinreden wollen, wenn es an seinen Grenzen Ordnung macht."*[17]

Würden seine Forderungen nicht unverzüglich erfüllt, so sei er jederzeit bereit, das Problem auch mit Gewalt zu lösen.

Beim folgenden Mittagessen dagegen gab er sich, ganz der Taktik von „Zuckerbrot und Peitsche" folgend, als liebenswürdiger Gastgeber. Doch kaum brach der Nachmittag an, für den Gespräche mit Außenminister von Ribbentrop und von Papen angesetzt waren, setzte er das Schauspiel fort. An einem Punkt stürmte Hitler in den Raum, fragte aufgeregt nach dem Stand der Verhandlungen, riss die Türen auf und brüllte durch das ganze Haus nach General Keitel. Schuschnigg musste den Eindruck bekommen, er sei nur noch eine Geisel und Hitler gäbe gerade den letzten Befehl zum Einmarsch.

Umso erleichterter muss er gewesen sein, als der „Führer" ihm seine konkreten Forderungen vorlegte, die gar nicht einmal so unannehmbar klangen. Schließlich wollte er nur die Wiederzulassung der Nationalsozialisten in Österreich, eine Amnestie für alle inhaf-

---

[16] Domarus 1973, S. 787
[17] ebd., S. 788

tierten Nazis, die Ernennung des Nationalsozialisten Dr. Seyß-Inquart zum Innenminister und die Aufnahme engerer wirtschaftlicher und militärischer Beziehungen zum Reich. Trotzdem lehnte Schuschnigg es ab, ein Abkommen zu unterschreiben, ohne es vorher dem Parlament vorzulegen, denn das hätte der österreichischen Verfassung widersprochen.

> *„Ich habe mich entschlossen, zum erstenmal in meinem Leben von einem gefassten Entschluss noch einmal abzugehen. Also! Ich wiederhole Ihnen: es ist der allerletzte Versuch. Innerhalb von drei Tagen erwarte ich die Durchführung!"*[18],

herrschte ihn Hitler an. Mit weichen Knien verließ Schuschnigg den Berghof. Auf der Rückfahrt nach Salzburg, auf der ihn von Papen begleitete, schwieg er beharrlich. *„Ja, so kann der Führer sein, nun haben Sie es selber erlebt"*, versuchte Hitlers ehemaliger Vizekanzler ihn zu beruhigen. *„Aber wenn Sie das nächste Mal kommen, werden Sie sich sehr viel leichter sprechen. Der Führer kann ausgesprochen charmant sein."*[19] Davon ließ sich in den nächsten Tagen wenig erahnen. Denn Hitler war keineswegs bereit, die von ihm gesetzte Frist untätig abzuwarten. Durch eine Reihe gezielter Aktionen, etwa die Abberufung des deutschen Militärattachés aus Wien, die Zusammenziehung von Truppen an der Grenze und Maßnahmen im Eisenbahnverkehr, erhöhte er den Druck auf Wien. Der Bundeskanzler verstand und gab nach. Am 16. Februar 1938 um 2.30 Uhr früh gab er die Umbildung des Wiener Kabinetts nach Hitlers Wünschen und die geforderte Generalamnestie für die österreichischen Nazis bekannt. Einen Tag später traf der neue österreichische Innenminister Dr. Seyß-Inquart in Berlin ein, um von Hitler weitere Anweisungen zu empfangen.

Der „Führer" glaubte, damit Schuschnigg „in der Tasche" zu haben, wie er sich ausdrückte. Doch er irrte. Er hatte nicht damit gerechnet, dass sich der Österreicher noch als sein gelehrigster Schüler erweisen würde. Denn nach dem Vorbild Hitlers, der sich etwa die Annektion des Saarlandes durch eine im Nachhinein durchgeführte Volksabstimmung bestätigen ließ, rief auch Schuschnigg das öster-

---

[18] Domarus 1973, S. 789
[19] ebd., S. 790

reichische Volk zum Votum auf. Am Sonntag, dem 13. März 1938 sollte es sich *„für ein freies und deutsches, unabhängiges und soziales, für ein christliches und einiges Österreich"* und damit gegen den Anschluss an das Deutsche Reich entscheiden. Damit würde ein völkerrechtlich einwandfreies Dokument vorliegen, durch das sich Hitler schnell als Aggressor ohne Rückendeckung beim Volk erweisen würde. Tatsächlich aber ist fraglich, wie die Österreicher wirklich entschieden hätten. Denn der Sog des Reiches war stark, die Probleme im eigenen Land unübersehbar und Schuschniggs Regime, das politische Gegner nicht weniger erbarmungslos verfolgte als die deutschen Nationalsozialisten, beim Volk nicht gerade beliebt. Noch weniger war anzunehmen, dass Hitler eine solche Abstimmung überhaupt abwarten und ihre Ergebnisse – und damit einen erheblichen Prestigeverlust im Ausland – so einfach akzeptieren würde. So war es Mussolini, der als Erster auf die Bekanntgabe von Schuschniggs Plan dem österreichischen Abgesandten in Rom erklärte: *„Diese Bombe wird in der Hand explodieren."* [20]

Er sollte Recht behalten. Als Hitler am 9. März von Schuschniggs Plan erfuhr, konnte er den Berichten zunächst nicht glauben. Er entsandte sogar einen Beobachter nach Wien, um der Sache auf den Grund zu gehen. Erst als der Österreichische Rundfunk am Abend Schuschniggs Aufruf zur Volksabstimmung sendete, zweifelte auch er nicht mehr und handelte sofort. Gleich am nächsten Morgen ließ er seine Generäle kommen und befahl eine Teilmobilmachung in Bayern. Noch in der Nacht zum 11. März 1938 wies er seine Truppen an, eine „bewaffnete Aktion gegen Österreich" durchzuführen, der er den Codenamen „Unternehmen Otto" verlieh. Der Einmarsch sollte am 12. März 1938 spätestens um 12.00 Uhr mittags beginnen:

> *„Es liegt in unserem Interesse, dass das ganze Unternehmen ohne Anwendung von Gewalt in Form eines von der Bevölkerung begrüßten friedlichen Einmarsches vor sich geht. Daher ist jede Provokation zu vermeiden. Sollte es aber zum Widerstand kommen, so ist er mit größter Rücksichtslosigkeit durch Waffengewalt zu brechen"* [21],

---

[20] Domarus 1973, S. 807
[21] ebd., S. 809

124

befahl Hitler. Doch bevor seine Truppen marschierten, versuchte er noch einmal, den Anschluss auch ohne Blutvergießen zu bewerkstelligen. Immerhin barg jede gewaltsame Annexion die Gefahr einer internationalen Protestwelle und damit einer außenpolitischen Isolierung mit sich. Noch wollte er es sich mit Frankreich und England nicht verderben, und auch Mussolinis Reaktion war keineswegs voraussehbar. Am liebsten wäre ihm ein offizieller „Hilferuf" der österreichischen Regierung gewesen, in der er mit Seyß-Inquart eine zuverlässige Marionette platziert hatte.

So schickte Hitler am 11. März 1938 eine ganze Reihe hochrangiger Parteimitglieder nach Wien, um vor Ort den Weg für einen ungehinderten Einmarsch freizumachen. Zunächst traf der Gauleiter und Staatsrat Bürckel, der bereits den Anschluss des Saargebietes vorbereitet hatte, in der österreichischen Hauptstadt ein. Er begab sich unverzüglich in das Büro des Bundespräsidenten. Nachmittags folgte Wilhelm Keppler, der sich als „Berater des Reichskanzlers" auswies und sofort das Bundeskanzleramt aufsuchte. Etwa zeitgleich traf der „Führer"-Stellvertreter Rudolf Heß am Westbahnhof ein, um Keppler bei seinen Beratungen zu unterstützen. In den frühen Morgenstunden des 12. März 1938 erreichten schließlich auch SS-Reichsführer Heinrich Himmler und der Chef der Sicherheitspolizei, SS-Gruppenführer Reinhard Heydrich, die Donaumetropole. Hermann Göring dagegen war in Berlin geblieben, um von der Reichshauptstadt aus die ganze Aktion am Telefon zu koordinieren. Die Protokolle seiner Gespräche wurden nach dem Krieg in Berlin entdeckt.

Danach waren es zunächst einmal Seyß-Inquart und der österreichische Heeresoberst Dr. Glaise-Horstenau, die Schuschnigg aufforderten, die Volksbefragung zu verschieben. Glaise-Horstenau der am Vortrag noch in Stuttgart einen Vortrag gehalten hatte, legte dabei einen bereits vorformulierten „Hilferuf" an das Reich auf den Tisch. Doch erst den Deutschen, die am Nachmittag eintrafen, gelang es, Hitlers Willen durchzusetzen. Jedenfalls trat Schuschnigg um 20.00 Uhr vor die Mikrofone des Österreichischen Rundfunks und erklärte nicht nur die Verschiebung des Votums, sondern auch den Rücktritt seines Kabinetts.

Göring verlangte am Telefon vom österreichischen Bundespräsidenten Dr. Miklas, Seyß-Inquart zum Bundeskanzler zu ernennen, andernfalls erfolge ein deutscher Einmarsch. Zunächst weigerte sich Miklas, dann gab auch er, von Keppler gedrängt, nach. Doch kaum hatten offizielle Stellen gemeldet, dass der Nationalsozialist jetzt die Regierungsgeschäfte übernehme, stellte auch dieser sich quer. Auf keinen Fall wollte er als erste Amtshandlung die deutsche Wehrmacht in die Alpenrepublik holen. Erst als ihm Göring selbst das Telegramm mit der Bitte um die Entsendung von Truppen diktierte, blieben bei ihm die Entschuldigungen für einen weiteren Aufschub aus. Nur eine Stunde und 15 Minuten nach Anbruch des 12. März 1938 verkündete der Führer der österreichischen Nationalsozialisten, Hubert Klausner, tief bewegt im Radio: *„Österreich ist frei, Österreich ist nationalsozialistisch!"*[22]

Doch das war nicht, was Hitler wirklich wollte. Seine Truppen standen zum Einmarsch bereit, und niemand sollte sie mehr aufhalten. Mochten die Österreicher noch so sehr einlenken, sie konnten ihn nicht davon abhalten, seinen Traum zu erfüllen, in Wien als siegreicher Feldherr einzuziehen. Nur diese Genugtuung konnte ihn die vielen Demütigungen vergessen lassen, die er in der Donaumetropole erlitten hatte. *„Es war ein unwiderruflicher Entschluss, der nicht mehr korrigiert werden kann!"*, erklärte er am 6. April 1938 in Salzburg. *„Wenn einmal deutsche Soldaten marschieren, ist ihr Auftrag nicht mehr zurückzunehmen."*[23]

Zuvor aber war es ihm wichtig, Mussolini nicht zu brüskieren. Zwar hatte der „Duce" bei seinem Berlinbesuch im September 1937 versichert, er wolle mit seinem Freund Hitler „bis ans Ende marschieren", doch betraf das auch seine Haltung in der Österreichfrage? Bisher hatte Mussolini die faschistische Schuschnigg-Regierung immer unterstützt und Deutschland in seine Grenzen verwiesen. So schrieb der „Führer" dem „Duce" einen Brief. Darin behauptete er, Schuschniggs Volksbefragung habe keinen anderen Zweck verfolgt als eine Wiedereinsetzung des österreichischen Kaisers. Zudem wolle sich der Bundeskanzler mit der Tschechoslowakei gegen Deutschland verbünden. Dabei drohten Österreich, so Hitler weiter, Anarchie und politische Unruhen. Sein einziges Ziel dagegen sei, eine verfassungsmäßige Ordnung wiederherzustellen

---

[22] Domarus 1973, S. 811
[23] ebd.

und dem Volk die Möglichkeit zu geben, über sein Schicksal selbst zu bestimmen.

Kaum hatte Prinz Philipp von Hessen, von Hitler im Flieger nach Rom entsandt, dem „Duce" das Schreiben übergeben, konnte er den „Führer" am Telefon beruhigen: Mussolini hatte nichts gegen eine Intervention. Bei dieser Nachricht geriet Hitler förmlich in Ekstase:

> „Dann sagen Sie Mussolini bitte, ich werde ihm das nie vergessen – Nie, nie, nie, es kann sein, was will – Wenn die österreichische Sache jetzt aus dem Weg geräumt ist, bin ich bereit, mit ihm durch dick und dünn zu gehen, das ist mir alles gleichgültig … Wenn er jemals in irgendeiner Not oder irgendeiner Gefahr sein sollte, dann kann er überzeugt sein, dass ich auf Biegen oder Brechen zu ihm stehe, da kann sein, was da will, wenn sich auch die Welt gegen ihn erheben würde."[24]

Zumindest dieses Versprechen sollte Hitler halten.

Pünktlich um 8.00 Uhr morgens überschritten deutsche Truppen am 12. März 1938 die österreichische Grenze, offiziell zu einem „Freundschaftsbesuch". Noch war von einem Anschluss keine Rede, glaubte auch Seyß-Inquart noch an eine Zukunft als nationalsozialistischer, aber autonomer österreichischer Staat. Allenfalls konnte er sich eine Union mit Deutschland vorstellen, bei der Hitler gleichermaßen das Amt des deutschen Reichspräsidenten wie des österreichischen Bundespräsidenten innehätte. Selbst Hitler behauptete später, er habe zu diesem Zeitpunkt nur an eine Volksabstimmung unter Kontrolle deutscher Truppen gedacht. Doch es kam alles ganz anders – eben so, wie er es sich immer erträumt hatte.

Gegen 10.00 Uhr bestieg Hitler in München einen eigens für diesen Zweck bereitgestellten feldgrauen, dreiachsigen Mercedes, der ihn zur österreichischen Grenze bringen sollte. Auch seine Montur hatte sich verändert. Zur üblichen Uniform trug er einen Ledermantel von militärischem Schnitt, an der Tellermütze prangte jetzt das goldene Eichenlaub der Wehrmacht. Offenbar wollte er demonstrieren, dass er jetzt auch der Oberbefehlshaber der Wehrmacht geworden war. Gegen 16.00 Uhr passierte sein Konvoi bei

---

[24] Domarus 1973, S. 813

seiner Geburtsstadt Braunau die Grenze. Während die Kirchenglocken Sturm läuteten, jubelten ihm Zehntausende, die die Straßen säumten, begeistert zu. Seine erste Station war Linz, die Stadt, in der er in der Realschule versagt, doch als Dandy *„die glücklichsten Jahre seines Lebens"* verbracht hatte. Dort, auf dem Marktplatz, erwartete eine riesige Menschenmenge seine Ankunft. Von dem kleinen Balkon des historischen Rathauses aus erhob er endlich seine Stimme, um seinen neuen Untertanen zu verkünden, dass er in göttlichem Auftrag zu ihnen gekommen sei:

> *„Wenn die Vorsehung mich einst aus dieser Stadt heraus zur Führung des Reiches berief, dann muss sie mir damit einen Auftrag erteilt haben, und es kann nur ein Auftrag gewesen sein, meine teure Heimat dem Deutschen Reich wiederzugeben! Ich habe an diesen Auftrag geglaubt, habe für ihn gelebt und gekämpft, und ich glaube, ich habe ihn jetzt erfüllt! Ihr alle seid Zeugen und Bürgen dafür!"*[25]

Als er am nächsten Morgen in seinem Quartier, dem direkt an der Donau gelegenen Hotel Weinzinger, den britischen Journalisten Ward Price empfing, log er trotzdem wieder frech, als er erklärte:

> *„Ich versichere Ihnen in aller Aufrichtigkeit, dass ich vor vier Tagen keine Ahnung von alledem hatte, was sich heute hier ereignen sollte, oder dass Österreich ein deutsches Land werden sollte wie Bayern oder Sachsen."*[26]

Zwei Tage später, wieder läuteten die Glocken sämtlicher Kirchen, zog er in Wien ein, wo ihn auf der Ringstraße die wie hypnotisiert jubelnden Massen begrüßten. Als Quartier hatte er sich das Hotel Imperial ausgesucht, von dessen Balkon aus er am nächsten Morgen feierlich verkündete, gefolgt von frenetischem Beifall:

> *„Als der Führer und Kanzler der deutschen Nation und des Reiches melde ich vor der Geschichte nunmehr den Eintritt meiner Heimat in das Deutsche Reich."*[27]

---

[25] Domarus 1973, S. 817
[26] ebd., S. 819
[27] ebd., S. 824

Die nächsten Wochen verbrachte er damit, den Einmarsch zu rechtfertigen. Ex-Bundeskanzler Schuschnigg, so erklärte er, könne „Gott dem Herrn dafür danken". Die angesetzte Volksbefragung wäre ein riesiger Betrug gewesen, der nur zu einem Aufruhr und Blutvergießen, wohlmöglich einem langjährigen Bürgerkrieg geführt hätte. Nur durch seine Entschlusskraft, so Hitler, habe er dem Kanzler selbst „und zehntausend anderen das Leben gerettet, ein Leben, das sie durch ihre Mitschuld am Tode unzähliger österreichischer Opfer der Bewegung längst nicht mehr verdienen, das ihnen aber der nationalsozialistische Staat als souveräner Staat gelassen schenkt!"[28] Und da er es mit Zahlen nie so genau nahm, rechnete Hitler ihm vor: „400 Ermordete, zweieinhalbtausend Erschossene" seien „die traurigen Opfer dieser gemeinsten, schlechtesten und schlimmsten Unterdrückung der neueren Zeit in unserem Volk."[29] Das war freilich schamlos übertrieben. Tatsächlich hatten bei der Niederschlagung des Staatsstreiches insgesamt, einschließlich der zum Tode verurteilten Umstürzler, 136 Nationalsozialisten ihr Leben gelassen.[30]

Natürlich wusste Hitler viel besser als Schuschnigg, wie man Volksbefragungen manipuliert. So ließ er am 10. April 1938 gleich im ganzen Reich abstimmen. Die Frage, die auf den Stimmzetteln stand, lautete: „Bist du mit der am 13. März vollzogenen Wiedervereinigung Österreichs mit dem Deutschen Reich einverstanden und stimmst du für die Liste unseres Führers Adolf Hitler?" Bei der großen Auswahl an Alternativen war es kein Wunder, dass im Altreich 99,08 % mit „Ja" stimmten. Das Ergebnis wurde nur in Österreich übertroffen, wo sich nach offiziellen Angaben ganze 99,75 % für den Anschluss aussprachen.[31] Sie ahnten wohl, dass die Abstimmung ohnehin nur eine Farce war, denn schon am 25. März 1938 hatte Hitler bei einer Massenkundgebung in Königsberg zum Thema Österreich erklärt: „Was wir einmal besitzen, geben wir niemals mehr her! Wo unser Banner in die Erde gerammt wird, da steht ein lebender Wall deutscher Menschen davor!"[32] Was blieb ihnen da noch für eine Wahl? „Nachdem nun

---

Domarus 1973, S. 830
ebd., S. 835
ebd.
ebd., S. 850
ebd., S. 836

aber die übrige Welt eigenartigerweise nur das glaubt, was schwarz au, weiß geschrieben steht, werden wir es ihr am 10. April schwarz auf wei, geben. Die Politiker und Staatsmänner können es ohnehin nicht mei, ändern, aber dann sind hoffentlich auch die Juristen zufrieden", begrün dete Hitler am 29. März in Hamburg die Durchführung der Volks abstimmung.

Doch wer jetzt hoffte, Hitlers territoriale Ambitionen seien b friedigt, wer seiner Versicherung, *„nunmehr ist das Reichsgebiet i Ordnung gebracht"*[33], die er noch am 26. März 1938 in Leipzig gal Glauben schenkte, wurde alsbald bitter enttäuscht. Während da Reich noch den Anschluss Österreichs feierte, hatte Hitler längst ei ganz anderes Land im Visier: Als Nächstes sollte die Tschechoslowa kei annektiert werden.

---

[33] Domarus 1973, S. 837

Das tschechische Abenteuer

„Der Führer ... wolle in eigener Selbständigkeit und unter Ausnutzung ... (einer) günstigen Gelegenheit den Feldzug gegen die Tschechei beginnen und durchführen, wobei der Überfall auf die Tschechei ‚blitzartig schnell' erfolgen müsse."

Niederschrift über die Besprechung in der Reichskanzlei
am 5. November 1937[1]

„Und ich habe (Chamberlain) weiter versichert, dass in dem Augenblick, in dem die Tschechoslowakei ihre Probleme löst, das heißt, in dem die Tschechen mit ihren anderen Minderheiten sich auseinandergesetzt haben, und zwar friedlich und nicht durch Unterdrückung, dass ich dann am tschechischen Staat nicht mehr interessiert bin. Und das wird ihm garantiert! Wir wollen gar keine Tschechen."

Hitler am 26. September 1938 im Berliner Sportpalast[2]

Während Hitler gerade den Einmarsch in Österreich vorbereitete, am 11. März 1938, gab Hermann Göring dem tschechoslowakischen Gesandten in Berlin, Dr. Mastny, sein Ehrenwort: Es seien keinerlei Maßnahmen des Reiches gegenüber der Tschechoslowakei geplant.[3]

Das war eine glatte Lüge, und Göring wusste das. Schließlich hatte auch er an der Geheimbesprechung Hitlers mit den Oberbefehlshabern der Wehrmacht am 5. November 1937 teilgenommen, auf der Hitler den Blitzkrieg gegen die Tschechoslowakei ankündigte und mit ihrer strategischen Position begründete: *„Sei die Tschechei niedergeworfen, eine gemeinsame Grenze Deutschland-Ungarn gewonnen, so könne eher mit einem neutralen Verhalten Polens in einem*

---

zit. n. Domarus 1973, S. 754
ebd., S. 932
ebd. S. 813

deutsch-französischen Konflikt gerechnet werden."[4] Der „Führer" hatte
wie immer, an alles gedacht. Es fehlte nur noch der geeignete Vor
wand zum Einmarsch.

Einen solchen bot die Lage der sudetendeutschen Minderheit ir
der Tschechoslowakei. So bestellte Hitler am 28. März 1938, alsc
nur 17 Tage nach Görings unaufrichtigem Ehrenwort, den Führe
der Sudetendeutschen Partei, Konrad Henlein, zu sich in die Reichs
kanzlei. Dort trichterte er ihm ein, die Regierung in Prag mit imme
unverschämteren Forderungen zu provozieren:

> *„Es käme darauf an, ein Maximalprogramm aufzustellen, das al.*
> *letztes Ziel den Sudetendeutschen die volle Freiheit gewähre. Ge*
> *fährlich erschiene es, sich frühzeitig mit Zusagen der Tschecho*
> *slowakischen Regierung abzufinden, die einerseits gegenüber den*
> *Ausland den Anschein erwecken könnten, als ob eine Lösun,*
> *gefunden sei, und andererseits die Sudetendeutschen selbst nu*
> *teilweise befriedigen würden",*

fasste das Protokoll des Auswärtigen Amtes vom Folgetag die Richt
linien Hitlers zusammen. Dabei sollte sich das Sudetentum imme
der Tatsache bewusst sein, *„dass hinter ihm ein 75-Millionen-Vol,*
stände, das eine weitere Unterdrückung der Sudetendeutschen durch di
Tschechoslowakische Regierung nicht dulden würde."[5]

Nur einen Tag nach seinem 49. Geburtstag, am 21. April 1938
erläuterte Hitler dem Chef des Oberkommandos der Wehrmach
(OKW), General Keitel, seine längst unter dem Decknamen „Fa
Grün" ausgearbeiteten Pläne zum Angriff auf die Tschechoslowakei
Dabei lehnte er einen strategischen Überfall aus heiterem Himme
ab; er könne zu einer gefährlichen Reaktion Englands und Frank
reichs und damit zum Weltkrieg führen. Erst zur *„Beseitigung de*
letzten Gegners auf dem Festlande" dürfe man dieses Risiko eingehen
Daher spielte er mit zwei alternativen Szenarien: entweder den
„Handeln nach einer Zeit diplomatischer Auseinandersetzungen, die sic
allmählich zuspitzen und zum Kriege führen", oder einem *„blitzartige,*
Handeln aufgrund eines Zwischenfalls (z. B. Ermordung des dtsch

---

[4] Domarus 1973, S. 752
[5] ebd., S. 838

Gesandten im Anschluss an eine deutschfeindliche Demonstration)".[6] Dabei war er durchaus bereit, nachzuhelfen und seinen Gesandten Dr. Eisenlohr zu opfern, von dem er ohnehin nicht allzu viel hielt. Alles sollte so vorbereitet werden, dass Deutschland jederzeit mit voller Kraft zuschlagen könne. Zudem seien Maßnahmen zu treffen, auch einen Krieg gegen Frankreich zu führen, falls von dort eine Unterstützung der Tschechen zu erwarten sei.

Fast gleichzeitig mit dieser Kriegsvorbereitung verschärfte Hitler durch Henlein den Druck auf die tschechoslowakische Regierung. Jetzt forderte die Sudetendeutsche Partei in einem „Acht-Punkte-Programm" die volle Autonomie innerhalb des tschechoslowakischen Staates, einen Status als „Staat im Staat" also, der für Prag unannehmbar war. Hitler wiederum verstärkte die Alarmbereitschaft der Wehrmacht, als er am 20. Mai eine „neue Weisung für den Fall ‚Grün'" herausgab, in der es scheinheilig hieß: *„Es liegt nicht in meiner Absicht, die Tschechoslowakei ohne Herausforderung schon in nächster Zeit durch eine militärische Aktion zu zerschlagen, es sei denn, dass eine unabwendbare Entwicklung der politischen Verhältnisse innerhalb der Tschechoslowakei dazu zwingt"*[7]; jeder, der Hitler kannte, wusste, dass eine solche „Herausforderung" jederzeit gefunden werden konnte.

Irgendwie – und es müsste mit dem Teufel zugehen, wenn Hitler da nicht nachgeholfen hätte – bekam man in Prag mit, dass die Wehrmacht kurz vor dem Einmarsch stand. Die Folge war eine Panikreaktion. Unverzüglich ordnete Staatspräsident Edvard Benesch die teilweise Mobilmachung seiner Truppen an. An den Grenzen reagierte man nervös. Bei Eger wurden zwei sudetendeutsche Motorradfahrer von der Staatspolizei beschossen; einer starb sofort, der andere überlebte schwer verletzt. Für die englischen Diplomaten wurden Sonderzüge bereitgestellt. Der britische Botschafter in Berlin erkundigte sich besorgt nach dem Umfang der deutschen Kriegsvorbereitungen.

Damit aber hatte Hitler die Tschechoslowakei dort, wo er sie haben wollte. Scheinheilig spielte er das Unschuldslamm, heuchelte

Domarus 1973, S. 851 f.
ebd., S. 863

Überraschung, sprach geradezu beleidigt von einem „niederträchti gen Übergriff", einer „unerträglichen Provokation des deutschen Rei ches", die er so nicht mehr hinnehmen könne.[8] So erteilte er an 28. Mai 1938 „den Befehl zur Vorbereitung des militärischen Ein schreitens gegen diesen Staat mit dem Termin des 2. Oktober, ich befah (weiter) den gewaltigen und beschleunigten Ausbau unserer Verteidi gungsfront im Westen"[9], für den Fall einer Kriegserklärung durch Frankreich. Wörtlich hieß es darin: „Es ist mein unabänderliche Entschluss, die Tschechoslowakei in absehbarer Zeit durch eine militäri sche Aktion zu zerschlagen. Den politisch und militärisch geeigneter Zeitpunkt abzuwarten oder herbeizuführen, ist Sache der politischer Führung."[10] Damit war die Annexion der Tschechoslowakei be schlossene Sache.

Im ganzen Reich waren die Kriegsvorbereitungen unübersehbar In Bayern wurde das gesamte Straßennetz, soweit es strategisch vor Bedeutung war, innerhalb dieses einen Sommers eiligst umgebau und instand gesetzt. Hunderttausende Arbeiter wurden aus den Be trieben herausgeholt und in Bussen in den Westen gebracht, um au Großbaustellen den Westwall anzulegen. Sie wohnten dabei wi moderne Sklaven in schnell errichteten Barackenlagern. Hitle sprach von der „gewaltigsten Anstrengung aller Zeiten" und rechnet den Briten und Franzosen nicht ohne Stolz vor, dass insgesam 362.000 Arbeiter und 100.000 Mann aus dem Reichsarbeitsdiens daran beteiligt waren. In über 8000 Eisenwaggons würden täglich über 100.000 Tonnen Kies an die Westgrenze gebracht, damit bi zum Winter „über 17.000 Panzer- und Betonwerke" errichtet würden „Hinter dieser Front aus Stahl und Beton, die bis zum Teil in drei Linie und an einzelnen Stellen in vier Linien eine Gesamttiefe bis zu 50 Kilo meter erreicht, steht das deutsche Volk in Waffen." Natürlich habe e auch dieses Bollwerk nur errichtet, „um dem Frieden zu nutzen".[11]

Doch selbst seine Generäle waren skeptisch, was die Wirksamkei seiner Maßnahmen betraf. General Ludwig Beck, Chef des General stabs, warnte ihn in einem Memorandum ausdrücklich davor, jetz einen Krieg zu beginnen; das Heer sei dazu einfach noch nicht gu

---

[8] Domarus 1973, S. 866
[9] ebd., S. 869
[10] ebd., S. 870
[11] ebd., S. 904

genug gerüstet. Bei einer Unterredung mit den Oberkommandierenden der drei Waffengattungen auf dem „Berghof" wies Hitler ihre Warnung, es könne zum Krieg mit England und Frankreich kommen, energisch zurück; dass dies nicht geschehe, dafür bürge schon allein der neue Westwall. Der Einwand Becks, die Befestigung könne keine drei Wochen gehalten werden, führte zu einem regelrechten Wutanfall. *„Ich sage ihnen, Herr General, die Stellung wird nicht drei Wochen, sondern drei Jahre gehalten!"*[12], brüllte Hitler den Stabschef an; 18 Tage später reichte dieser seinen Rücktritt ein.

Schließlich nutzte Hitler seine Abschlussrede auf dem Nürnberger Parteitag, der sinnigerweise unter dem Motto „Großdeutschland" stand, um das Volk und die Welt auf seinen bevorstehenden Krieg einzustimmen. Mit einer Mischung aus religiösem Pathos und Mitleid erheischender Sentimentalität schilderte er am 12. September 1938 die angeblich so himmelschreiende Ungerechtigkeit, die ihm keine andere Wahl ließe, als endlich zu handeln:

> *„Unter der Mehrheit der Nationalitäten, die in diesem Staat unterdrückt werden, befinden sich auch 3 ½ Millionen Deutsche, also ungefähr so viele Menschen unserer Rasse, als z. B. Dänemark Einwohner hat. Diese Deutschen sind nun ebenfalls Geschöpfe Gottes. Der Allmächtige hat sie nicht geschaffen, damit sie durch eine Versailler Staatskonstruktion einer fremden, ihnen verhassten Macht ausgeliefert werden. Und er hat die sieben Millionen Tschechen nicht geschaffen, dass sie 3 ½ Millionen Menschen überwachen, bevormunden und noch viel weniger vergewaltigen und quälen.*
> *Die Zustände in diesem Staat sind, wie allgemein bekannt, unerträglich. Politisch werden hier 3 ½ Millionen Menschen im Namen des Selbstbestimmungsrechtes … um ihr Selbstbestimmungsrecht beraubt. Wirtschaftlich werden diese Menschen planmäßig ruiniert und dadurch einer langsamen Ausrottung ausgeliefert. Dieses Elend der Sudetendeutschen ist ein namenloses. Man will sie vernichten."*[13]

Die tschechische Mobilmachung erklärte er als Machtmittel, um die sudetendeutschen Gemeindewahlen zu beeinflussen.

---

[12] Domarus 1973, S. 880
[13] ebd., S. 901

> *„Um diese Demonstration vor der Welt aber plausibel erscheinen zu lassen, erfand die tschechische Regierung, Herr Benesch, die Lüge, Deutschland hätte Truppen mobilgemacht und stünde vor einem Einmarsch in die Tschechoslowakei ... Allein die Prager Regierung brauchte diesen Betrug ja als Vorwand für ihre terroristische Erpressung und Wahlbeeinflussung."*[14]

Von einer Beeinflussung konnte allerdings kaum die Rede sein. Tatsächlich stimmten bei den Gemeindewahlen im Sudetenland am 21. und 28. Mai 1938 ganze 95,5 % bzw. 92,2 % für die Partei Henleins. Trotzdem stellte Hitler seinen Befehl vom 28. Mai 1938 jetzt nur noch als Antwort auf die tschechische „Aggression" dar und versuchte mit allen Mitteln, die Westmächte zu besänftigen:

> *„Es würde uns leid tun, wenn darüber unser Verhältnis zu den anderen europäischen Staaten getrübt oder Schaden nehmen würde. Allein die Schuld liegt dann nicht bei uns."*[15]

Das Ausland wusste jetzt, dass Hitler handeln würde. Die Kriegsvorbereitungen im Lande waren unübersehbar, obwohl offiziell noch keine Mobilmachung verkündet worden war. Dazu gehörten die ständigen Luftschutzübungen und Verdunkelungen in den Städten, die Beschlagnahmung ziviler Last- und Personenwagen, der Einkauf von Pferden durch die Wehrmacht, die Verlegung ganzer Garnisonen zu den Aufmarschplätzen nahe der tschechischen Grenze. Die Frage war nur, wie weit er gehen würde. Offiziell ging es Hitler ja nur um die Selbstbestimmung der Sudetendeutschen, wogegen rein völkerrechtlich nicht einmal etwas einzuwenden war. Also galt es, ihn mit den Mitteln der internationalen Diplomatie auf eben diesen Anspruch festzulegen und ihm klare Grenzen seiner Handlungsfreiheit aufzuzeigen.

So kündigte nur zwei Tage nach der Nürnberger Rede der britische Premierminister Neville Chamberlain sein Kommen an. Hitler erklärte sich bereit, ihn am 15. September 1938 auf dem „Berghof" zu empfangen. Wie üblich versuchte der „Führer", auch diesen ausländischen Gast mit einem Redeschwall zu ermüden und dadurch

---

[14] Domarus 1973, S. 903
[15] ebd., S. 904

gefügig zu machen, doch bei dem Briten biss er auf Granit. Geduldig ließ Chamberlain den nahezu endlosen Monolog über sich ergehen, dann, als die Rede gerade auf die Sudetendeutschen gekommen war, unterbrach er ihn. Er sei, so Chamberlain, zu jeder Lösung des Problems bereit, wenn eine Gewaltanwendung ausgeschlossen werden könne.

„Wer spricht von Gewalt?", erwiderte Hitler scheinbar brüskiert, *„Herr Benesch wendet diese Gewalt gegen meine Landsleute im Sudetenland an. Herr Benesch hat im Mai mobilisiert und nicht ich. Ich lasse mir das nicht länger bieten. Ich werde in kürzester Frist diese Frage so oder so aus eigener Initiative lösen."*

„Wenn Sie entschlossen sind, Gewalt anzuwenden, ohne eine Diskussion abzuwarten, warum haben Sie mich dann überhaupt erst kommen lassen?", entgegnete ihm Chamberlain nüchtern. *„Unter diesen Umständen ist es das beste, wenn ich gleich wieder abreise. Es hat ja anscheinend doch alles keinen Zweck mehr."*

Damit hatte er Hitler in die Enge getrieben. Nach einigem Zögern gab der „Führer" nach: *„Wenn Sie für die Behandlung der Sudetenfrage den Grundsatz des Selbstbestimmungsrechtes der Völker anerkennen können, dann können wir uns anschließend darüber unterhalten, wie dieser Grundsatz in die Praxis umgesetzt werden kann."*[16]

Kaum war Chamberlain abgereist, gab Hitler dem britischen Journalisten Ward Price ein Interview, in dem er noch einmal versuchte, seinen Standpunkt auch den Briten schmackhaft zu machen. Die Tschechoslowakei, so Hitler, sei ein *„Krebsgeschwür, das den ganzen Organismus Europas vergiftet. Wenn man es sich weiter entwickeln lässt, würde es die internationalen Beziehungen infizieren, bis sie endgültig zusammengebrochen sind."* Das Land sei der Grund für die deutsche Aufrüstung, die wiederum zum Wettrüsten Englands und Frankreichs führen würde. Überhaupt seien die Tschechen nur ein zweitrangiges Volk" und als solches nicht berechtigt, *„über dreieinhalb Millionen Deutsche von höchstem Charakter und höchster Kultur"* u herrschen.[17] Doch kein Brite ließ sich von diesem rassistischen Unsinn beeindrucken.

---

[16] Domarus 1973, S. 908 f.
[17] ebd., S. 910 f.

Während Hitler fünf deutsche Armeen an der tschechoslowakischen Grenze aufmarschieren ließ, fruchtete Chamberlains Diplomatie. In Paris einigte er sich mit Ministerpräsident Daladier und Außenminister Bonnet, der tschechoslowakischen Regierung die Annahme von Hitlers Forderung nach Abtretung der sudetendeutschen Gebiete zu empfehlen. Gleichzeitig würden die Westmächte die Garantie für die neuen Grenzen des Landes übernehmen. Schließlich nahm auch Prag den Vorschlag an. Damit hatte Hitler eben das erreicht, was er offiziell gefordert hatte.

Doch Hitler kochte vor Wut, denn er hatte ein ganz anderes Ziel. *„Chamberlain, dieser Kerl, hat mir meinen Einzug in Prag verdorben"*[18] brüllte er. Jetzt konnte er nur noch hoffen, dass der tschechische Rückzug ihm doch noch einen geeigneten Anlass gäbe, auch die Rest-Tschechei in sein Reich einzuverleiben.

Am 22. September 1938 traf Chamberlain in Bad Godesberg bei Bonn ein, um sich mit Hitler zu treffen und ihm die Ergebnisse seiner Verhandlungen persönlich mitzuteilen. Dazu gehörte, dass alle Bezirke mit über 50 % deutscher Bevölkerung an das Reich fallen, während in den strittigen Teilen Abstimmungen unter internationaler Aufsicht die Zugehörigkeit klären sollten. So spielte Hitler zunächst mit dem Zeitfaktor. *„Es tut mir Leid, Herr Chamberlain, dass ich auf diese Dinge jetzt nicht mehr eingehen kann. Nach der Entwicklung der letzten Tage geht diese Lösung nicht mehr. Die Besetzung der abzutretenden Sudetengebiete muss sofort erfolgen."* Chamberlain war brüskiert. Eine Woche lang hatte er alles versucht, um Hitlers Forderungen zu erfüllen, und jetzt lehnte dieser eiskalt ab. So ertrug er gerade noch eine weitere Hassrede gegen die Tschechen, Hitlers Theaterdonner, sein Gebrüll: *„Die Unterdrückung der Sudetendeutschen und der Terror, den Benesch gegen sie ausübt, dulden keinen Aufschub!"* Dann zog er sich, ganz Gentleman, elegant zurück.[19] Wieder im Hotel, diktierte er einen Brief, in dem er noch einmal seine Position darlegte und der von Hitler prompt beantwortet wurde. Nach wie vor bestand der „Führer" darauf, seine Truppen marschieren zu lassen. Es sei eine *„unwürdige Zumutung, eine solche Wiedervereinigung an Bedingungen verknüpft zu sehen"*. Trotzdem habe er *„die besten Absichten ... dem tschechischen Volk keinen gerechten*

---

[18] Domarus 1973, S. 944 – Der Ausspruch ist von Schacht überliefert.
[19] ebd., S. 914

Anlass zur Klage zu geben, für den Fall einer friedlichen Lösung als kommende Grenze (die) *Volkstumsgrenze vorzuschlagen".* [20] Wieder nahm Chamberlain den Diktator beim Wort. Hitler solle doch bitte, schrieb er zurück, in einem Memorandum seine eigenen Modalitäten formulieren. Jetzt galt es, Bedingungen zu stellen, die nahezu unerfüllbar waren und daher jederzeit Grund für eine Gewaltlösung geben würden. So forderte Hitler den völligen Rückzug der Tschechen aus den fraglichen Gebieten, die unbeschadet zu übergeben seien, sowie deren Besetzung durch die Wehrmacht zum 28. September 1938 – innerhalb von fünf Tagen also.

Chamberlain wusste nur zu gut, dass eine solche Forderung rein logistisch unmöglich zu erfüllen war. *„Mit großer Enttäuschung und tiefem Bedauern muss ich feststellen, dass Sie mich in meinen Bemühungen um die Erhaltung des Friedens auch nicht im geringsten unterstützt haben"* [21], erklärte er Hitler. Während dieser noch scheinheilig bestritt, je ein Ultimatum gestellt zu haben, war seine Forderung doch als „Memorandum" überschrieben, brachte ein Adjutant eine schriftliche Meldung in den Konferenzraum. Radio Prag habe gerade, nämlich am 23. September 1938 um 22.22 Uhr, die von Präsident Benesch befohlene Mobilmachung verkündet. Es ist bis heute nicht völlig geklärt worden, was den Tschechen zu diesem Schritt veranlasst hatte, doch er spielte Hitler damit eine Trumpfkarte in die Hände. Jetzt konnte er getrost behaupten, die tschechische Regierung sei doch offenbar nie an einer friedlichen Lösung, einer freiwilligen Aufgabe der sudetendeutschen Gebiete interessiert gewesen. Jetzt müsse er schon einmarschieren, um die Sudetendeutschen zu schützen. Nur um Chamberlain anscheinend entgegenzukommen, setzte er als letzten Termin für die Räumung jetzt den 1. Oktober 1938 an. Auch diesen Tag könne er noch einmal zum Beweis seiner Mäßigung und Friedensliebe verstreichen lassen, um dann, wie bereits im Mai geplant, pünktlich am 2. Oktober 1938 um 8.00 Uhr früh einzumarschieren.

Scheinbar lief also alles wieder nach seinem Plan, und England spielte sogar mit. Plötzlich schien Hitlers Traum von einer deutsch-britischen Allianz wieder in greifbare Nähe gerückt. *„Zwischen uns*

---

[20] Domarus 1973, S. 917
[21] ebd., S. 920

braucht es keine Gegensätze zu geben", erklärte er zum Abschied Chamberlain. *„Wir werden Ihnen bei der Verfolgung Ihrer außereuropäischen Interessen nicht im Wege stehen, und Sie können uns ohne Schaden auf dem europäischen Festlande in Mittel- und Südosteuropa freie Hand lassen."*[22] Damit ließ er den Briten vielleicht zu tief in seine Karten blicken ...

Schon 1924 hatte er in seinem Buch „Mein Kampf", das immerhin so etwas wie sein Evangelium war, behauptet: *„Für eine solche Politik* (der Eroberung des Ostens) *allerdings gibt es in Europa nur einen einzigen Bundesgenossen: England. Nur mit England allein vermochte man, den Rücken gedeckt, den neuen Germanenzug zu beginnen ... Englands Geneigtheit zu gewinnen, durfte dann aber kein Opfer zu groß sein."*[23] Italien und England, so Hitler an anderer Stelle in seinem Buch, seien Deutschlands natürliche Verbündete.[24] Waren die Engländer nicht auch Germanen, zumindest teilweise Nachkommen der Angelsachsen, die im 6. Jahrhundert von Norddeutschland her nach Britannien auswanderten? *„Zwei germanische Nationen sollten durch die Kraft des natürlichen Instinktes Freunde sein"*, war er überzeugt, *„die nationalsozialistische Bewegung würde einen Krieg gegen England als ein Verbrechen gegen die Rasse ansehen."*[25]

Die Ernüchterung kam, als Chamberlain dem „Führer" am 26. September 1938 mitteilen musste, dass die tschechische Regierung seine Vorschläge als *„völlig unannehmbar"* zurückgewiesen habe. Um einen Krieg zu vermeiden, schlage er daher deutsch-tschechische Verhandlungen unter englischem Vorsitz vor. Hitler tobte vor Wut. Was wollten diese Engländer noch? Die Tschechen hatten seine Vorschläge abgelehnt, also blieb nur noch die militärische Option!

Um sein Volk auf den unmittelbar bevorstehenden Krieg einzustimmen, hatte er für den 26. September 1938 eine Kundgebung im Berliner Sportpalast angesetzt. Hitler begann seine zweistündige Rede mit unüberhörbarem Säbelrasseln. Es war das erste Mal, dass das deutsche Volk offiziell von seiner gigantischen Aufrüstung in den letzten Jahren erfuhr:

---

[22] Domarus 1973, S. 921
[23] Hitler 1925/27, S. 154
[24] ebd., S. 705
[25] ebd., S. 434

„Nachdem ich so zwei Jahre lang der Welt Angebot um Angebot gemacht hatte, nur Ablehnung und immer wieder Ablehnung erfuhr, gab ich den Befehl, die deutsche Wehrmacht auf den Stand zu bringen, der zu erreichen überhaupt möglich war, und jetzt kann ich es offen gestehen: Wir haben dann allerdings eine Aufrüstung vollzogen, wie sie die Welt noch nicht gesehen hat. Ich habe Waffenlosigkeit angeboten, solange es ging. Nachdem man das aber ablehnte, habe ich dann allerdings keinen halben Entschluss mehr gefasst. Ich bin Nationalsozialist und alter deutscher Frontsoldat!

Wenn sie die Welt ohne Waffen nicht wollen, gut: dann deutsches Volk trage auch du jetzt deine Waffe.

Deutschland kann stolz sein auf seine Wehrmacht!

Ich habe in diesen fünf Jahren tatsächlich aufgerüstet. Ich habe Milliarden dafür verwendet. Das muss das deutsche Volk jetzt wissen.

Ich habe dafür gesorgt, dass ein neues Heer mit den modernsten Waffen ausgerüstet wurde, die es gibt. Ich habe meinem Freund Göring den Befehl gegeben: Schaffen Sie mir jetzt eine Luftwaffe, die Deutschland vor jedem denkbaren Angriff schützt.

So haben wir eine Wehrmacht aufgebaut, auf die heute das deutsche Volk stolz sein kann und die die Welt respektieren wird, wenn sie jemals in Erscheinung tritt. Wir haben die beste Luftabwehr und die beste Tankabwehr geschaffen, die es auf der Erde gibt." [26]

Dann versuchte er, Frankreich und England zu besänftigen. Den Franzosen versprach er, keine Ansprüche auf das ehemals deutsche Elsass zu stellen, den Engländern bot er pathetisch die Freundschaft an und dass *„beide Völker sich in die Hand versprechen, niemals wider miteinander Krieg führen zu wollen. Deutschland hat diesen Willen".* [27] Ohnehin sei sein Anspruch auf die sudetendeutschen Gebiete, so wörtlich, *„die letzte territoriale Forderung, die ich in Europa zu stellen habe".* [28]

Wieder warf er Benesch vor, gelogen zu haben, als er am 21. Mai 1938 die Mobilmachung damit begründete, dass auch Deutschland

---

[26] Hitler 1925/27, S. 924
[27] ebd., S. 926
[28] ebd., S. 927

mobil gemacht habe. Doch wer wirklich und ziemlich frech log, war Hitler selbst, als er erklärte:

> *„Eine infame internationale Welthetze! Deutschland hatte nicht einen Mann einberufen. Es dachte überhaupt nicht daran, dieses Problem militärisch zu lösen. Ich hatte immer noch die Hoffnung, die Tschechen würden in letzter Minute einsehen, dass diese Tyrannei nicht länger aufrechtzuerhalten wäre. Aber Herr Benesch stand auf dem Standpunkt, dass man sich mit Deutschland, gedeckt durch Frankreich und durch England, alles erlauben könne. Es kann ihm ja nichts passieren. Und vor allem: Hinter ihm steht, wenn alle Stricke reißen, Sowjetrussland."*[29]

Jetzt aber habe seine Geduld mit dem *„Wahnsinnigen von Prag"*, der glaube, *„dreieinhalb Millionen Menschen einfach misshandeln zu können"*, ein Ende:

> *„Wenn jemand 20 Jahre lang eine solche Schande, eine solche Schmach und so ein Unglück erduldet, wie wir es getan haben, dann kann man wirklich nicht bestreiten, dass er friedliebend ist. Wenn jemand Geduld besitzt, wie wir sie an den Tag gelegt haben, kann man wirklich nicht sagen, dass er kriegslüstern sei. Denn schließlich hat Benesch 7 Millionen Tschechen, hier aber steht ein Volk von 75 Millionen."*[30]

Hitler hatte sich regelrecht in Ekstase geredet. Bald wurde jeder seiner Sätze mit frenetischem Beifall unterbrochen. Am Ende sprang die fanatisierte Masse auf und brüllte minutenlang im Sprechchor: „Führer befiehl, wir folgen!" Zehntausende zum Hitlergruß ausgestreckte Arme schienen nach den Sternen zu greifen. Doch die Begeisterung beschränkte sich auf die handverlesenen Parteigenossen, die Joseph Goebbels im Sportpalast zusammengetrommelt hatte. Im Reich selbst, so stellten internationale Beobachter fest, reagierte man eher besorgt auf den drohenden Kriegsausbruch. Zu deutlich hatte man noch den Ersten Weltkrieg mit seinem endlosen Leid und dem sinnlosen Opfer von Millionen in Erinnerung.

---

[29] Hitler 1925/27, S. 930
[30] ebd.

Die miserable Stimmung und die mangelnde Kriegseuphorie seiner Deutschen verunsicherten selbst Hitler. Hatte er das Volk nicht fünf Jahre lang zu blindem Gehorsam und „Tapferkeit" erzogen? Eigentlich, so glaubte er, könne es nur einen Verantwortlichen für die mangelnde Kriegsbereitschaft geben, nämlich die Juden. So beschloss er, es ihnen bei der nächsten Gelegenheit separat heimzuzahlen.

Jetzt aber blieb ihm nichts anderes übrig, als weiterhin Friedenswillen zu heucheln. Als auch noch England und Frankreich mobil machten, als ihn der französische Botschafter François-Poncet ganz unverhohlen warnte, *„etwa* (zu) *glauben, den Konflikt auf die Tschechoslowakei lokalisieren zu können. Wenn Sie dieses Land angreifen, stecken Sie damit ganz Europa in Brand!"*[31], als selbst sein Freund Mussolini ihm riet, von einer Mobilmachung noch abzusehen, kehrte Hitler missmutig an den Verhandlungstisch zurück.

So kam es am 29. September 1938 zur „Münchner Konferenz", an der sich die vier Mächte Deutschland, England, Frankreich und Italien, vertreten durch Hitler, Chamberlain, Daladier und Mussolini, auf eine friedliche Übergabe der Sudetengebiete einigten. *„Bleich und missgestimmt"*[32], wie sein Dolmetscher Schmidt später berichtete, unterschrieb auch Hitler das Dokument.

Heute wird die „Münchner Konferenz" gemeinhin als Tag der Schwäche der westlichen Demokratien gedeutet, Chamberlain als altersmilder Zauderer dargestellt, dem es nicht gelungen sei, Hitler zu stoppen. Eine solche Kritik ist natürlich im Hinblick auf den Kriegsausbruch elf Monate später, auf die größenwahnsinnigen Expansionspläne des „Führers" und nicht zuletzt auf den Holocaust völlig legitim. Aber davon konnte man im Herbst 1938 noch nichts ahnen. Hitlers Forderung nach einem Anschluss des Sudetenlandes war, nach der Wilsondoktrin vom Selbstbestimmungsrecht der Völker, durchaus legitim. Solange er nicht das tschechische Kernland bedrohte, gab es keine Legitimation für härtere Schritte oder gar eine Kriegserklärung. Noch weniger hätte Chamberlain das Recht gehabt, Hitler, der damals tatsächlich die Mehrheit des deutschen Volkes hinter sich hatte, als Verhandlungspartner abzulehnen. Der

---

[31] Hitler 1925/27, S. 939
[32] ebd., S. 945

Brite handelte vielmehr als geschickter Diplomat, indem er Hitler immer wieder beim Wort nahm und dann festnagelte. Statt einer Eskalation suchte er einen Weg, den Frieden zu retten. Aus der Münchner Konferenz ging er eindeutig als Sieger hervor, wie auch Hitler eingestehen musste, der plötzlich in die Ecke gedrängt war. Der Jubel, mit dem der Brite aus München verabschiedet wurde, musste auf ihn wie eine Ohrfeige gewirkt haben. Dem Premierminister war es gelungen, den deutschen Diktator zu demaskieren. Entweder hielt sich Hitler jetzt an die Vereinbarungen, die ihm das zusprachen, was er immer wieder gefordert hatte, – oder er stand vor der Welt als Aggressor da, der seine Expansionspläne nicht mehr hinter leeren Friedensphrasen verbergen konnte.

Das für den 2. Oktober 1938 angesetzte Erntedankfest auf dem Bückeberg, bislang einer der Höhepunkte des nationalsozialistischen „Kirchenjahres", ließ Hitler kurzerhand ausfallen. Als offizieller Grund wurde die *„verständliche Inanspruchnahme aller Transportmittel"*[33] genannt. Stattdessen rückten tatsächlich ab dem 1. Oktober 1938 deutsche Truppen in die Sudetengebiete ein. Fünf Tage später erklärte der tschechoslowakische Präsident Benesch resigniert seinen Rücktritt; er emigrierte in die USA. Damit kollabierte das Land, ohne dass Hitler einen Schuss abfeuern musste. Am 6. Oktober 1938 erklärte die Slowakei ihre Autonomie, am 8. Oktober 1938 folgte die Karpatho-Ukraine, eine Region im Osten des Landes. Jetzt brauchte Hitler nur noch auf eine entsprechende Gelegenheit warten, um sich die geschwächte Tschechoslowakei doch einzuverleiben. So befahl er am 21. Oktober 1938 der Wehrmacht, fortan *„jederzeit"* auf eine *„Erledigung der Rest-Tschechei"* vorbereitet zu sein: *„Es muss möglich sein, die Rest-Tschechei jederzeit zerschlagen zu können, wenn sie etwa eine deutsch-feindliche Politik betreiben würde."* Da er nach wie vor mit einer Reaktion Frankreichs rechnen musste, befahl er gleichzeitig eine Fortsetzung der *„Grenzsicherung West"*.[34]

Es dauerte nicht einmal fünf Monate, bis die Tschechoslowakei zusammenbrach. Von Hitler ermuntert, hatten die Slowaken unter ihrem Ministerpräsidenten Josef Tiso so lange gegen die Prager Zen-

---

[33] Hitler 1925/27, S. 947
[34] ebd., S. 960 f.

tralregierung opponiert, bis dieser von Staatspräsident Hacha kurzerhand des Amtes enthoben wurde. Als ihm zudem die Verhaftung drohte, floh er nach Berlin. Hitler musste eigens aus Wien anreisen, um ihn am 13. März 1939 empfangen zu können. Dabei sagte er ihm seine volle Unterstützung zu, machte aber eine deutsche Intervention von der Gründung eines unabhängigen Staates abhängig. Sofort kehrte Tiso nach Bratislava zurück, um noch am 14. März 1939 durch die telefonisch zusammengerufene Regierung die volle staatliche Unabhängigkeit der Slowakei zu proklamieren. Gleichzeitig startete die deutsche Presse eine Kampagne gegen die „Rest-Tschechei", berichtete von Unruhen und Misshandlungen der deutschen Minderheit. Während deutsche Truppen und SS-Einheiten bereits in Mährisch-Ostrau einrückten, reiste der tschechische Staatspräsident Emil Hacha übereilt nach Berlin, um zu retten, was noch zu retten war. Hitler ließ ihn zwar ehrenvoll empfangen, dann aber stundenlang im Hotel Adlon warten. Erst gegen 1.00 Uhr früh bequemte er sich, Hacha in sein Arbeitszimmer in der monumentalen Neuen Reichskanzlei zu bitten. Dort erwartete den Tschechen die übliche hitlersche Zermürbungstaktik. Zunächst ging auf ihn eine Schimpfkanonade nieder. Hitler listete die vermeintlichen „Verbrechen" der Tschechen auf und klagte, der Geist Beneschs sei nach wie vor lebendig und mache es nötig, dass Deutschland das Protektorat über die Rest-Tschechei übernehme. Der Einmarsch deutscher Truppen stehe unmittelbar bevor. Um sinnloses Blutvergießen zu vermeiden, habe Hacha keine andere Wahl, als sofort seine Truppen anzuweisen, den Deutschen keinen Widerstand zu leisten. Dann entließ ihn Hitler, nur damit Göring weiter auf den Tschechen einreden und ihm erklären konnte, eine deutsche Fliegerstaffel sei bereits unterwegs, um, was ihm sehr Leid täte, die schöne alte Stadt Prag zu bombardieren. Diese Vorstellung gab Hacha, der bis dahin schweigend und wie erstarrt die deutschen Drohungen über sich ergehen ließ, den Rest; er erlitt einen Herzanfall. Als ihn Hitlers Leibarzt Dr. Morell mit einer Spritze wieder aufgebaut hatte, ließ er sich das Telefon geben und unterrichtete sein Kabinett, dass es keinen Sinn habe, Hitler noch weiteren Widerstand entgegenzusetzen. Um 3.55 Uhr früh unterzeichnete der mittlerweile nahezu lethargische Hacha ein von Hitler bereits vorbereitetes Gesuch, die Rest-Tschechei „unter den Schutz des Deutschen

Reiches" zu nehmen. Sie wurde damit zum „Reichsprotektorat Böhmen und Mähren".

Während ein gebrochener Hacha schweigend in sein Hotel fuhr, um sich den lang ersehnten Schlaf zu holen, knallten bei Hitler ausnahmsweise die Champagnerkorken. Er eilte zu seinen Sekretärinnen und forderte sie auf, ihn zu küssen, während er verkündete: *„Kinder, das ist der größte Tag meines Lebens. Ich werde als der größte Deutsche in die Geschichte eingehen."*[35] Ohne einen Schuss abzufeuern, hatte er sein Ziel erreicht. Zwei Tage später konnte er sich in Prag von der deutschen Minderheit im Lande bejubeln lassen.

Die Westmächte reagierten zwar mit Protestnoten, hatten aber keinen Grund für eine Kriegserklärung; immerhin hatte Hacha selbst ja Hitlers Vorgehen, wenn auch unter Druck, gebilligt. Nur Chamberlain wagte es, die Lügen des „Führers" beim Namen zu nennen, als er am 17. März in Birmingham erklärte:

> *„Was ist aus der Erklärung ‚keine weiteren territorialen Bestrebungen', was aus der Versicherung ‚wir wollen keine Tschechen im Reich haben' geworden? Welche Achtung ist dem Grundsatz der Selbstbestimmung zuteil geworden, über den sich Herr Hitler so leidenschaftlich mit mir in Berchtesgaden stritt, als er die Abtrennung des Sudetenlandes von der Tschechoslowakei und seine Einverleibung in das Deutsche Reich forderte? (...)*
> *Die Ereignisse, die im Laufe dieser Woche unter völliger Missachtung der durch die deutsche Regierung selbst niedergelegten Grundsätze stattgefunden haben, scheinen mir in eine andere Klasse zu fallen und müssen uns alle veranlassen, uns eine Frage vorzulegen: Geht ein altes Abenteuer zu Ende oder fängt ein neues an? Ist es der letzte Angriff auf einen kleinen Staat oder werden ihm weitere folgen? Ist dies tatsächlich ein Schritt in der Richtung, die Welt durch Gewalt beherrschen zu wollen?"*[36]

Schon bald sollte sich zeigen, dass seine Sorge durchaus berechtigt war.

---

[35] Hitler 1925/27, S. 1095
[36] ebd., S. 1105

In Polen wird „zurückgeschossen"

„Der polnische Staat respektiert die nationalen Verhältnisse in diesem Staat, und diese Stadt (Danzig) und Deutschland respektieren die polnischen Rechte."

Adolf Hitler am 20. Februar 1938 vor dem Reichstag[1]

„Es entfällt also die Frage, Polen zu schonen, und bleibt der Entschluss, bei erster passender Gelegenheit Polen anzugreifen."

Adolf Hitler am 23. Mai 1939[2]

Als Hitler am 23. März 1938 an Bord des Panzerkreuzers „Deutschland" im Hafen von Memel eintraf, beendete er ein weiteres Kapitel seiner Eroberungspolitik. Die litauische Regierung war von Hitlers Vorgehen in der Tschechoslowakei so eingeschüchtert, dass sie ihm das überwiegend von Deutschen bewohnte Gebiet an der Ostsee, das so genannte „Memelland", per Vertrag übergab. Es wurde fortan in die Provinz Ostpreußen eingegliedert. Während England protestierte, weil es über den Schritt nicht unterrichtet worden war, löste er in Polen geradezu Bestürzung aus. Der polnische Staat befand sich jetzt mit seiner Nord-, West- und Südgrenze in der Zange Nazi-Deutschlands. Und auch mit Polen hatte der „Führer" noch eine Rechnung offen: Es ging um den Status der „freien Stadt Danzig" und einen möglichen Korridor zwischen Ostpreußen und dem Kernland des Reiches.

Dabei hatte Hitler seit seiner Machtergreifung Polen immer nur mit Samthandschuhen angefasst. Seit Unterzeichnung des auf zehn Jahre angelegten Nichtangriffspaktes vom 26. Januar 1934, der als bester Beweis für den nationalsozialistischen Friedenswillen gewertet wurde, hatten sich zwischen den beiden Nachbarstaaten geradezu freundschaftliche Beziehungen aufgebaut. Doch für Hitler war

---

[1] Domarus 1973, S. 902
[2] ebd., S. 1197

jeder Vertrag nur ein Mittel, um Zeit zu gewinnen und einen Gegner in falscher Sicherheit zu wähnen. Um einen freien Weg nach Russland zu haben, dem Ziel seiner territorialen Ambitionen, musste er früher oder später Polen besetzen. Jetzt, nach dem Anschluss Österreichs und der Annexion Tschechiens, war der richtige Zeitpunkt gekommen, diesen nächsten Schritt zu wagen. Dazu bedurfte es nur, wie üblich, eines geeigneten Vorwandes.

Einen solchen bot die Danzigfrage. Die deutsche Stadt an der Ostsee war durch den Versailler Vertrag als Zugeständnis an Polen zur „freien", d. h. reichsunabhängigen Stadt erklärt worden, sein Umland war Polens Zugang zum Meer. Eben diesen Umstand wollte Hitler unantastbar lassen, hatte er sechs Jahre lang erklärt. Immer wieder hatte er das *„tiefe Verständnis"* des polnischen Staatschefs Marschall Joseph Pilsudski gelobt, ihn als *„einen anderen großen Führer und Staatsmann"*[3] sowie als *„großen Patrioten"*[4] gerühmt. Noch auf seiner säbelrasselnden Sportpalastrede vom 26. September 1938 erklärte er:

> *„In Polen herrscht nun keine Demokratie, sondern ein Mann! Mit ihm gelang es in knapp einem Jahr ein Übereinkommen zu erzielen, das zunächst auf die Dauer von zehn Jahren grundsätzlich die Gefahr eines Zusammenstoßes beseitigte. Wir sind alle überzeugt, dass dieses Abkommen eine dauernde Befriedigung mit sich bringen wird. Wir sehen ein, dass hier zwei Völker sind, die nebeneinander leben müssen und von denen keines das andere beseitigen kann. Ein Staat von 33 Millionen Menschen wird immer nach einem Zugang zum Meere streben. Es musste daher ein Weg der Verständigung gefunden werden. Er ist gefunden worden und wird immer weiter ausgebaut."*[5]

Doch kaum war Pilsudski verstorben und das Jahr 1939 angebrochen, veränderte sich sein Ton Polen gegenüber. Als er am 5. Januar 1939 den polnischen Außenminister empfing, betonte er die Notwendigkeit, *„im direkten deutsch-polnischen Verhältnis das für Deutschland gefühlsmäßig sehr schwierige Problem des Korridors und Danzig zu lösen."*[6] Würde jedoch Polen einer Rückkehr Danzigs zum Reich und dem Bau einer Autobahn durch den Korridor nach Ostpreußen zu-

---

[3] so am 12. März 1936 auf einer Rede in Karlsruhe, siehe Domarus 1973, S. 604
[4] so am 12. September 1938 auf dem Nürnberger Parteitag, siehe ebd., S. 902
[5] ebd., S. 925

stimmen, sei er bereit, die Grenzen des Staates vertraglich zu garantieren und den Nichtangriffspakt von 1934 auf 20 Jahre zu verlängern. Der Minister lehnte ab; der öffentlichen Meinung in Polen könne eine Preisgabe Danzigs kaum zugemutet werden. Tatsächlich musste er fürchten, dass auch diese Annexion nur der Anfang vom Ende wäre, ganz wie es sich bereits für Tschechien nach Preisgabe des Sudetenlandes abgezeichnet hatte. Noch einmal versuchte es Hitler mit Beschwichtigungen, als er am 30. Januar in seiner zweieinhalbstündigen Rede vor dem Reichstag erklärte:

> *„Der große polnische Marschall und Patriot hat seinem Volk (mit dem Vertrag von 1934) einen genau so großen Dienst erwiesen wie die nationalsozialistische Staatsführung dem deutschen. Auch in den unruhigen Monaten des vergangenen Jahres war die deutsch-polnische Freundschaft eine der beruhigenden Erscheinungen des europäischen politischen Lebens."*[7]

Am 21. März 1939 wiederholte sein neuer Außenminister Joachim von Ribbentrop dem polnischen Botschafter Lipski gegenüber noch einmal Hitlers Forderungen nach einer Preisgabe Danzigs und dem Bau einer Autobahn und Bahnlinie durch den Korridor. Nur fünf Tage später wurde auch dieses Ersuchen vom polnischen Parlament abgelehnt. Lipski musste den Deutschen ausdrücklich davor warnen, dass jeder Versuch, Danzig zurück ins Reich zu holen, den Krieg mit Polen bedeute.

Auch Chamberlain, dem Hitler noch ein halbes Jahr zuvor versprochen hatte, nach Übernahme des Sudetenlandes keine weiteren territorialen Forderungen zu stellen, reagierte gereizt. Vor dem britischen Unterhaus kündigte er am 31. März 1939 ein englisch-polnisches Militärbündnis für den Fall einer deutschen Aggression an; das würde auch für eine Besetzung Danzigs gelten. Nur eine Woche später, am 6. April 1939, wurde das gegenseitige Hilfeleistungsabkommen verabschiedet.

Als Hitler von Chamberlains Pakt erfuhr, bekam er einen Wutanfall. Hatte er bisher die Briten „aus rassischen Gründen" immer für die natürlichen Verbündeten Deutschlands gehalten, musste er jetzt erle-

---

[6] Domarus 1973, S. 1029
[7] ebd., S. 1065

ben, dass sie ganz und gar nicht nach seiner Pfeife zu tanzen bereit waren. Chamberlain hatte ihn wissen lassen, dass eine Realisierung seiner Pläne unweigerlich zu einem europäischen Krieg führen würde. Wutentbrannt schlug er mit geballten Fäusten auf die Marmorplatte seines gigantischen Schreibtisches in der Neuen Reichskanzlei, um schließlich zu brüllen: *„Denen werde ich einen Teufelstrunk brauen!"*[8]

Hitler war nicht nur ein Tagträumer, sondern auch ein radikaler Vereinfacher. *„Unsere Probleme erschienen kompliziert"*, vertraute er dem französischen Journalisten Bertrand de Jouvenel 1936 in einem Interview an, *„ich dagegen habe die Probleme vereinfacht und sie auf die einfachste Formel gebracht".*[9] Er glaubte, das Ei des Kolumbus entdeckt zu haben: Er übertrug seine Erfahrungen mit der deutschen Innenpolitik einfach auf die Außenpolitik. Gab es in der Weimarer Republik einerseits die einst erfolgreichen, jetzt aber trägen und überalterten Deutschnationalen, so traten an ihre Stelle jetzt die „verkalkten" und „störrischen" Engländer. Standen in Weimar auf der anderen Seite die Kommunisten, denen gegenüber er stets rohe Gewalt anwandte, um sie schließlich durch eine rechtsbürgerliche Koalition ganz auszuschalten, wollte er sich mit Großbritannien gegen die bolschewistische Sowjetunion verbünden. *„Ich bin fest überzeugt, dass dieser Kampf um kein Haar anders ausgehen wird als der Kampf, den ich einst im Innern ausfocht"*[10], erklärte er noch 1940.

Dabei hoffte er, die Briten ebenso leicht mit scheinheiligen Versprechen um den Finger wickeln zu können wie einst die deutschen Konservativen. Er sollte nie begreifen, weshalb er letztendlich an Politikern wie Chamberlain – den er nur für ein *„kleines Würmchen"*[11] hielt – scheiterte. *„Sagen Sie mir doch, warum kann ich mit den Engländern trotz meiner Bemühungen zu keinem Abkommen gelangen?"*[12], fragte er fast hilfesuchend den schwedischen Unterhändler Birger Dahlerus.

Doch Hitlers Verhalten im Umfeld der Sudetenkrise, seine scheinheiligen Versprechungen, schamlosen Vertragsbrüche und die eiskalte Annexion der Tschechoslowakei hatten ihn in den Augen der

---

[8] Domarus 1973, S. 1118
[9] ebd., S. 580
[10] ebd., S. 1603
[11] ebd., S. 1236
[12] Dahlerus 1948, S. VII

Regierung Chamberlain zur Unperson werden lassen. Solange es ihm nur um die Einverleibung von Gebieten ging, in denen mehrheitlich Deutsche leben, ließ man ihn gewähren. Doch mit der Besetzung Tschechiens entgegen seiner eigenen Zusage, *„keine Tschechen"*[13] zu wollen und mit dem Sudetenland *„die letzte territoriale Forderung ... in Europa"*[14] gestellt zu haben, hatte er diese Toleranzgrenze überschritten. Seine allmähliche Umklammerung Polens ließ erahnen, was das nächste Ziel seiner Expansionspolitik sein würde. Sein Anspruch auf Danzig und den Korridor war leicht als Vorwand zu durchschauen. Wohin ein zu mächtiges Deutschland führen konnte, wusste man nur zu gut aus dem Ersten Weltkrieg. So galt es, Hitler einen Riegel vorzuschieben, bevor er das europäische Gleichgewicht der Kräfte vollends zerstören und andere Völker zu Sklaven einer nationalsozialistischen Herrenrasse degradieren würde.

In München hatte Hitler mit seiner Unterschrift nicht nur die Grenzen der Rest-Tschechoslowakei anerkennt; er hatte auch eine deutsch-britische Vereinbarung unterzeichnet, die ihn verpflichtete, fortan in allen bilateralen Fragen die Briten zu konsultieren. Bislang hatte er sich als Ehrenmann gegeben und immer erklärt:

- *„Was wir glauben, aus Prinzipien der Ehre oder des Vermögens nicht halten zu können, werden wir nie unterzeichnen. Was wir einmal unterzeichnet haben, werden wir blind und treu erfüllen."*[15]
- *„Mehr Garantie für die Sicherheit eines solchen Vertrages, der von dieser (meiner) Hand unterzeichnet wird, gibt es zur Zeit auf der Welt nirgends."*[16]
- *„Ich für meine Person erkläre, dass ich jederzeit lieber sterben würde, als dass ich etwas unterschreibe, was für das deutsche Volk meiner heiligsten Überzeugung nach nicht erträglich ist."*[17]
- *„Ich werde niemals meine Unterschrift als Staatsmann unter einen Vertrag setzen, den ich als Ehrenmann auch im privaten Leben niemals unterschreiben würde und wenn ich darüber zugrunde ginge! Denn ich möchte auch nicht meine Unterschrift unter ein Dokument setzen mit dem stillen Hintergedanken, es doch nicht*

[13] Dahlerus 1948, S. 932

[14] ebd., S. 927

[15] ebd., S. 483

[16] ebd., S. 615

[17] ebd., S. 323

zu halten! Was ich unterschreibe, halte ich. Was ich nicht halten
kann, werde ich niemals unterschreiben."[18]

Doch in München hatte der „verkalkte" Brite Chamberlain, den er doch um den Finger wickeln wollte, ihm einen Vertrag aufgezwungen, den er, wollte er seiner Politik treu bleiben, nie erfüllen konnte. So dauerte es nur fünf Monate, bis Hitler der Welt bewies, dass er eben kein Ehrenmann war, sondern das Münchener Abkommen eiskalt brach. Hitler glaubte, sich ein solches Verhalten leisten zu können, denn er rechnete nicht mit einem Eingreifen der Briten. Frankreich allein war wohl zu schwach, um sich ihm entgegenzustellen, Italien unter Mussolini sein treuester Verbündeter und Polen militärisch weit unterlegen. Doch er hatte Chamberlain unterschätzt. Der Engländer war nicht bereit, sich noch einmal von einem Hitler austricksen zu lassen, der sich selbst demaskiert hatte. Seine scheinbar vertretbare Forderung nach einer Selbstbestimmung der Sudetengebiete hatte sich als Vorwand erwiesen, um die Rest-Tschechei in die Zange zu nehmen und bei der erstbesten Gelegenheit besetzen zu können. Hatte er sich bereits das Memelland angeeignet, würde man ihm auch noch Danzig und den Korridor zubilligen, hätte er, mit der Tschechei und der Slowakei im Süden, Polen in die gleiche Zange genommen. Irgendwelche Konzessionen vermochten, wie sich im Vorjahr gezeigt hatte, ihn gerade einmal ein halbes Jahr aufzuhalten. Nein, es galt, Hitler, diesem wortbrüchigen politischen Abenteurer, seine Grenzen aufzuzeigen. Hätte man ihn wieder gewähren lassen, er wäre kaum mehr aufzuhalten gewesen. In diesem Sinne war die britische Politik mehr als legitim.

Wäre Hitler ein Realist gewesen, hätte er begriffen, dass jeder weitere Versuch gewaltsamer Gebietsaneignungen unweigerlich zum Krieg mit England führen musste. Doch er vertraute lieber auf die „Erkenntnisse", die er in seinem Buch „Mein Kampf" geradezu dogmatisch niedergelegt hatte und nach denen England früher oder später unweigerlich zum Verbündeten Deutschlands werden würde. Er glaubte daran, das System seiner Gegner durchschaut zu haben; ihre Front gegen ihn würde genauso zusammenbrechen wie das „Kabinett der Barone" in der Weimarer Republik. Er müsse nur weiterhin „mit traumwandlerischer Sicherheit" unbeirrbar seinen

---

[18] Dahlerus 1948, S. 322

Weg gehen; da er ohnehin mit der Vorsehung im Bunde war, konnte sein Plan nicht fehlschlagen.

Noch am selben Tag ließ er General Keitel zu sich kommen, um ihm seine Pläne für den „Fall Weiß" zu übermitteln, den Einmarsch in Polen, dessen Durchführung *„ab 1.9.39 jederzeit möglich"* sein sollte.[19] Am nächsten Tag, anlässlich eines Stapellaufs in Wilhelmshaven, verkündete er der Welt seine Botschaft zum 1. April. Schon vor drei Wochen (was natürlich erlogen war; es war seine unmittelbare Reaktion auf Chamberlains Unterhausrede!), habe er sich *„entschlossen, dem kommenden Parteitag den Namen ‚Parteitag des Friedens' zu geben. Denn Deutschland denkt nicht daran, andere Völker anzugreifen."*[20]

Nur zehn Tage später erließ er eine geheime „Weisung für die einheitliche Kriegsvorbereitung der Wehrmacht für 1939/40", in der das Ziel formuliert wurde, *„die polnische Wehrkraft zu zerschlagen und eine den Bedürfnissen der Landesverteidigung entsprechende Lage im Osten zu schaffen. Der Freistaat Danzig wird spätestens mit Beginn des Konfliktes als deutsches Reichsgebiet erklärt."* Dabei *„ist davon auszugehen, dass der Verteidigungs- oder Kriegszustand … nicht erklärt wird."*[21] Der Überfall auf Polen ohne offizielle Kriegserklärung – und damit im Widerspruch zu allen völkerrechtlichen Gepflogenheiten – war also schon am 11. April 1939 beschlossene Sache.

Trotzdem antwortete Hitler auf eine Botschaft des US-Präsidenten Theodore Roosevelt, in der dieser von ihm die Zusicherung verlangte, die europäischen Nationen nicht anzugreifen, mit einer zweieinhalbstündigen Rede vor dem Reichstag. Darin versicherte er, *„dass ich erstens keinen Krieg geführt habe, dass ich zweitens seit Jahren meiner Abscheu vor einem Krieg und allerdings auch meiner Abscheu vor einer Kriegshetze Ausdruck verleihe und dass ich drittens nicht wüsste, für welchen Zweck ich überhaupt einen Krieg führen sollte."*[22]

Auf einer Besprechung mit seinen Generälen am 23. Mai 1939 allerdings erinnerte sich Hitler sehr wohl an den Zweck des vorbereiteten Krieges gegen Polen:

> *„Danzig ist nicht das Objekt, um das es geht. Es handelt sich für uns um eine Erweiterung des Lebensraumes im Osten und Sicher-*

[19] Dahlerus 1948, S. 1119

[20] ebd., S. 1124

[21] ebd., S. 1131 ff.

[22] ebd., S. 1169

stellung der Ernährung ... Zwingt uns das Schicksal zur Auseinan-
dersetzung mit dem Westen, ist es gut, einen größeren Ostraum zu
besitzen ... Es entfällt also die Frage, Polen zu schonen, und bleibt
der Entschluss, bei erster passender Gelegenheit Polen anzugreifen
... Auseinandersetzung mit Polen – beginnend mit Angriff gegen
Polen – ist nur dann von Erfolg, wenn der Westen aus dem Spiel
bleibt. Ist das nicht möglich, dann ist es besser, den Westen anzu-
fallen und dabei Polen zugleich zu erledigen ... Der Krieg mit Eng-
land und Frankreich wird (dann) ein Krieg auf Leben und Tod."[23]

Um sich den Rücken freizuhalten, unterzeichnete er in der darauf
folgenden Woche Nichtangriffspakte mit Dänemark, Estland und
Lettland. Zudem hoffte er nach wie vor, dass England und Frankreich nur bluffen würden. Als er am 12. August 1939 dem italienischen Außenminister Graf Ciano mitteilte, er werde *„Ende August"*
Polen *„erledigen"*, beteuerte er mehrfach: *„Ich bin felsenfest überzeugt,*
dass weder England noch Frankreich in einen allgemeinen Krieg eintreten
werden."[24] Auch seinen Oberbefehlshabern erklärte er am 14. August 1939, wie das Protokoll der Besprechung berichtet:

> *„Kein Zwang zum Kriege. Die Köpfe von München werden das*
> *Risiko nicht auf sich nehmen. Wäre England entschlossen, so hät-*
> *te es Polen Geld gegeben. Der Engländer steckt kein Geld mehr in*
> *das verlorene Geschäft. Wenn Zusagen Englands gegeben würden,*
> *wäre Polen viel frecher ... England wird nicht wieder wie 1914 in*
> *einen jahrelangen Krieg hineintappen."*

Seine Sorge war jetzt eine ganz andere, nämlich *„dass England ihm den*
endgültigen Abschluss im letzten Augenblick durch Angebote erschwert".[25]
  Um Polen endgültig zu isolieren, drängte er auf einen Nichtangriffspakt mit Russland. Nach all den Jahren, in denen er sich immer wieder zum Retter Europas vor der Gefahr des Bolschewismus
erklärt hatte, war dies in der Tat ein überraschender Schritt. Wäre er
ernst gemeint gewesen, hätte er tatsächlich die Aufgabe seiner Doktrin vom „Lebensraum im Osten" bedeutet. Doch er war nur Mittel
zum Zweck, seine Ziele zu erreichen und sich für sein polnisches
Abenteuer den Rücken freizuhalten. Dass der sowjetische Diktator

---

[23] Dahlerus 1948, S. 1197
[24] ebd., S. 1226

Joseph Stalin schon im März erklärt hatte, er wolle sich auf keinen Fall in einen Krieg hineinziehen lassen, kam ihm dabei zugute. Zwar versprach er Stalin in einem Telegramm am 20. August 1939 mit der Unterzeichnung des Nichtangriffspaktes *„eine Festlegung der deutschen Politik auf lange Sicht"*, doch ließ er nur ein paar Zeilen weiter seine wahren Absichten durchblicken: *„Die Spannung zwischen Deutschland und Polen ist unerträglich geworden"*, behauptete er, obwohl er doch seinen Generälen gegenüber das keineswegs „freche" Verhalten der Polen als Indiz gewertet hatte, dass keine Unterstützung durch England bestünde:

> *„Das polnische Verhalten einer Großmacht gegenüber ist so, dass jeden Tag eine Krise ausbrechen kann. Deutschland ist jedenfalls entschlossen, diesen Zumutungen gegenüber von jetzt an die Interessen des Reichs mit allen Mitteln wahrzunehmen."*[26]

Als Stalin seine generelle Bereitschaft zu einem solchen Pakt bekundete, schickte Hitler noch am selben Tag seinen Außenminister von Ribbentrop nach Moskau. Am 23. August 1939, kurz vor Mitternacht, konnte das Dokument von Ribbentrop und seinem russischen Kollegen Wjatscheslaw Molotow unterzeichnet werden. Ein geheimes Zusatzprotokoll regelte die Aufteilung Osteuropas und speziell des polnischen Staates *„für den Fall einer territorial-politischen Umgestaltung"*.[27]

Hitler hatte damit zumindest nach außen hin seine eigene Politik auf dem Altar der Macht geopfert. Hatte er bislang immer erklärt, er *„glaube, dass dieses* (bolschewistische) *Verderben in dem Augenblick seinen Einzug halten würde, in dem die Staatsführung sich selbst zum Verbündeten einer solchen destruktiven Lehre hergeben wollte"*[28], machte er sich jetzt zum Verbündeten der Sowjetunion. Doch auch Stalin hatte den Pakt keineswegs als Friedensengel unterzeichnet. Für ihn bedeutete er nicht weniger als den ungehinderten Zugriff auf große Teile Osteuropas. Zudem gab er ihm Zeit. Wenn Hitler, so hoffte er, sich in einem Konflikt gegen die Westmächte aufreiben würde, hätte er den Rücken frei, die Weltrevolution weiter auszubreiten.

Genau wie Hitler 1932, als sich ihm der damalige Reichskanzler Franz von Papen noch nicht unterwerfen wollte, in Berlin mit den

---

[25] Dahlerus 1948, S. 1229
[26] ebd., S. 1231 f.
[27] ebd., S. 1252
[28] ebd., S. 587

Kommunisten einen Verkehrsarbeiterstreik inszenierte, was die Deutschnationalen gleichermaßen überraschte und erschreckte, paktierte er jetzt mit den Sowjets. Damit, so glaubte er, habe er ihnen die letzte Hoffnung genommen, *„dass Russland als Gegner auftreten würde nach der Eroberung Polens".*[29] Mehr noch, er kündigte das 1935 mit England geschlossene Flottenabkommen und den 1934 mit Polen geschlossenen Nichtangriffs- und Freundschaftspakt.

Was jetzt nur noch fehlte, war ein halbwegs plausibler Kriegsgrund. Doch auch darum machte sich Hitler keine Sorgen, wie er am 22. August 1939 seinen Generälen anvertraute: *„Ich werde propagandistischen Anlass zur Auslösung des Krieges geben, gleichgültig, ob glaubhaft. Der Sieger wird später nicht danach gefragt, ob er die Wahrheit gesagt hat oder nicht. Bei Beginn und Führung des Krieges kommt es nicht auf das Recht an, sondern auf den Sieg."*[30]

So wiederholte er zunächst gebetsmühlenartig den Briten gegenüber, *„Hunderttausende von Volksdeutschen würden heute in Polen misshandelt, in Konzentrationslager verschleppt und vertrieben"*[31], um bald von *„21 polnischen Grenzübergriffen"* allein in einer Nacht, ja sogar der *„Beschießung deutscher Verkehrsflugzeuge"* zu fabulieren.[32]

Doch die Briten ließen sich keineswegs von seinen Bluffs beeindrucken, sondern unterzeichneten noch am 25. August 1939 einen formellen Beistandspakt mit Polen. *„Ein deutsch-sowjetischer Nichtangriffspakt wird Englands Verpflichtungen Polen gegenüber nicht berühren"*[33], hieß es lapidar aus London.

Erst jetzt zeigte Hitler Nerven. Zunächst verschob er den für den 26. August geplanten Einmarsch in Polen um ganze sechs Tage. Dann drohte er England mit einer deutschen Generalmobilmachung, während er dem britischen Botschafter fast weinerlich erklärte, er habe *„alles Menschenmögliche getan … England habe sich den Mann, der sein größter Freund werden wollte, zum Feinde gemacht. Jetzt werde man in England ein anderes Deutschland kennen lernen …"*[34] Kaum hatte er so unverhohlen gedroht, folgte auf den Peitschenhieb das Zuckerbrot. Als *„Mann großer Entschlüsse"* sei er auch zu

---

[29] Dahlerus 1948, S. 1236
[30] ebd., S. 1238
[31] ebd., S. 1245
[32] ebd., S. 1255
[33] ebd., S. 1241
[34] ebd., S. 1245

„einer großen Handlung", *„einem großen umfassenden Angebot"* bereit, erklärte er dem Diplomaten: *„Er bejaht das Britische Imperium und ist bereit, sich für dessen Bestand persönlich zu verpflichten und die Kraft des Deutschen Reiches dafür einzusetzen."* Schließlich sei er *„Künstler von Natur und nicht Politiker, und wenn einmal die polnische Frage bereinigt sei, wolle er sein Leben als Künstler beschließen; er wolle Deutschlands nicht in eine große Kaserne verwandeln"*[35], beteuerte Hitler treuherzig. Als London nicht sofort anbiss, wie er erwartet hatte, ging er am 27. August im Gespräch mit dem schwedischen Unterhändler Dahlerus noch einen Schritt weiter: *„Hitler hob hervor, wie bedeutsam es für England sei zu wissen, dass Deutschland dem Britischen Empire, wo es auch in Gefahr geriete, angegriffen zu werden, mit der Macht seiner Waffen zu Hilfe kommen werde."*[36] Doch in London, wo man längst erkannt hatte, was Hitlers Versprechungen wert waren, empfand man seine „Großzügigkeit" eher als Beleidigung. Das Commonwealth war stark genug, sich selbst zu schützen, es bedurfte der Hilfeleistung eines größenwahnsinnigen Emporkömmlings nicht.

Hitler hatte sich getäuscht, als er glaubte, dass Außenpolitik nach denselben Gesetzen verläuft wie die Innenpolitik. Doch eben das wollte er nicht glauben und noch weniger hören. Als ihm der britische Botschafter versicherte, seine Regierung werde *„Gewalt mit Gewalt erwidern"*, wirkte er fast wie abwesend. Als sein Staatsminister Dr. Meißner ihm bestätigte, dass dies auch sein Eindruck von den Briten sei, reagierte er mit Achselzucken: *„Sie werden es sich noch überlegen."*[37] Als der deutsche Botschafter in London, von Dirksen, ihn detailliert über die Haltung der englischen Regierung informieren wollte, empfing ihn Hitler nicht einmal, sondern schickte ihn in Pension. Seine Thesen von 1924 waren für ihn „wahrer" als die *„miserablen Berichte"* der *„weltfremden"* deutschen Diplomaten über Vorgänge, die er als *„großes Theater"* abtat.[38]

Umso unverständlicher war für ihn, dass England und Frankreich auf eine friedliche Lösung des Konfliktes drängten und für den Fall eines gewaltsamen Vorgehens mit der sofortigen Kriegserklärung drohten. Zum Schein ließ er sich jetzt doch noch auf Ver-

---

[35] Dahlerus 1948, S. 1257
[36] ebd., S. 1272
[37] ebd., S. 1284
[38] ebd., S. 1284 f.

handlungen ein. In einer Antwortnote, die er am 29. August 1939 dem britischen Botschafter in der Reichskanzlei aushändigte, erklärte er, die Deutsche Reichsregierung habe *„nie die Absicht gehabt, lebenswichtige Interessen Polens anzugreifen oder die Existenz eines unabhängigen Polnischen Staates in Frage zu stellen"*[39] – es ginge ihm ja nur um die Danzigfrage und den Korridor. Um diese zu klären, erwarte er innerhalb von 24 Stunden das Eintreffen eines polnischen Unterhändlers. Natürlich stellte er sicher, dass keine schriftliche Verhandlungsgrundlage in die Hände der Briten und des polnischen Botschafters gerieten, also nicht die Gefahr bestand, dass man auf seine „großzügigen" Vorschläge eingehen würde. Seinem Außenminister von Ribbentrop untersagte er ausdrücklich, sie aus der Hand zu geben; auch den Briten durfte er nur ihren ungefähren Inhalt mitteilen. Immerhin erlaubte sich von Ribbentrop dann doch noch die Eigenmächtigkeit, sie vor dem britischen Botschafter vollständig, aber im Eiltempo, „herunterzurasseln". Hitler selbst nannte die Vorschläge später in entlarvender Offenheit *„ein Alibi, vor allem dem deutschen Volke gegenüber, um ihm zu zeigen, dass ich alles getan hatte, den Frieden zu halten".*[40] Umso beruhigter war er, als die Frist ablief, ohne dass jemand genau wusste, was er eigentlich wollte. Jetzt konnte er getrost behaupten: *„Ich setzte mich mit meiner Regierung zwei Tage nach Berlin und wartete und wartete … Es kam der nächste Tag und nichts geschah, nichts."*[41]

In Polen hatte man diese Farce offenbar schnell durchschaut und reagierte mit einer Mobilmachung. Hitler ließ einen Tag vergehen, um am 31. August 1939 um 12.40 Uhr den endgültigen Befehl zum Einmarsch zu geben. *„Nachdem alle politischen Möglichkeiten erschöpft sind, um auf friedlichem Wege eine für Deutschland unerträgliche Lage an seiner Ostgrenze zu beseitigen, habe ich mich zur gewaltsamen Lösung entschlossen"*, begründete er ihn.[42] Als Angriffstag wurde der 1. September 1939, als Angriffszeit 4.45 Uhr festgesetzt.

Trotzdem fehlte noch der von Hitler versprochene „propandistische Anlass", um auch die letzten Skeptiker im Volke von der Notwendigkeit des Gewaltaktes zu überzeugen. So ließ er sieben

---

[39] Dahlerus 1948, S. 1287
[40] ebd., S. 1294
[41] ebd., S. 1297
[42] ebd., S. 1299

Stunden nach Unterzeichnung des Marschbefehls für die Wehrmacht einen Überfall auf den deutschen Radiosender Gleiwitz vortäuschen. Ein SS-Kommando unter Führung von Alfred Helmut Naujock stürmte die Station, verlas eine Proklamation in deutscher und polnischer Sprache, hinterließ einen niedergeschossenen Kriminellen am Eingang des Senders und lieferte sich einen Schusswechsel mit deutschen Polizisten, bevor es im Dämmerlicht dieser schwülen Sommernacht verschwand.

Kaum erschien die Sonne an diesem schicksalsträchtigen 1. September 1939 am Horizont, pünktlich um 4.45 Uhr, eröffnete das deutsche Linienschiff „Schleswig Holstein" vom Danziger Hafen aus das Feuer auf die polnische Westerplatte. Kurz darauf flammten auch an anderen Punkten der deutsch-polnischen und der slowakisch-polnischen Grenze Artillerie- und Gewehrfeuer auf. Trotzdem wagte es niemand auf deutscher Seite, von einem „Krieg" zu sprechen; auf ausdrückliche Anweisung Hitlers war stets von *„Kampfhandlungen, die durch polnische Angriffe ausgelöst worden sind"*[43], oder einer *„Züchtigung des Friedensstörers Polen"*[44] die Rede. Allen völkerrechtlichen Gepflogenheiten zum Trotz hatte Hitler Polen auch nie den Krieg erklärt; es war ein Überfall und damit ein Rückfall in die Barbarei mittelalterlicher Kriegsführung.

Für 10.00 Uhr morgens hatte Hitler den Reichstag zusammengerufen. Da nicht alle Abgeordneten schnell genug erreicht werden konnten, ließ Reichstagspräsident Hermann Göring die leeren Plätze mit Parteifunktionären füllen. Ihnen und der Welt verkündete Hitler eine der unverschämtesten seiner Lügen:

> *„Ich habe dann die deutschen Vorschläge (zu Danzig und dem Korridor, d.Verf.) formulieren lassen, und ich muss es noch einmal wiederholen, dass es etwas Loyaleres und Bescheideneres als diese von mir unterbreiteten Vorschläge nicht gibt … Diese Vorschläge sind abgelehnt worden! Aber nicht nur das! Sie wurden beantwortet: Mit Mobilmachungen, mit verstärktem Terror, mit gesteigertem Druck auf die Volksdeutschen in diesen Gebieten und mit einem langsamen wirtschaftlichen, politischen und in den letzten Wochen endlich auch militärischen und verkehrstechnischen Abdrosselungskampf gegen die Freie Stadt Danzig …*

---

[43] Dahlerus 1948, S. 1308
[44] ebd., S. 1309

Polen hat nun heute nacht zum erstenmal auf unserem eigenen Territorium auch durch reguläre Soldaten geschossen. Seit 5.45 Uhr wird jetzt zurückgeschossen! Und von jetzt an wird Bombe mit Bombe vergolten." [45]

Aus rhetorischen Gründen opferte Hitler selbst das letzte Körnchen Wahrheit in seiner Kriegsrede und verlegte den Zeitpunkt des deutschen Angriffes um eine ganze Stunde zurück. Hatte er noch am 22. August 1939 von seinen Generälen *„rücksichtslose Entschlossenheit ... Herz verschließen gegen Mitleid! Brutales Vorgehen! Der Stärkere hat das Recht! Größte Härte!"* [46] gefordert, heuchelte er jetzt:

„Ich will nicht den Kampf gegen Frauen und Kinder führen. Ich habe meiner Luftwaffe den Auftrag gegeben, sich bei den Angriffen auf militärische Objekte zu beschränken. Wenn aber der Gegner glaubt, daraus einen Freibrief ablesen zu können, seinerseits mit umgekehrten Methoden zu kämpfen, dann wird er eine Antwort erhalten, dass ihm Hören und Sehen vergeht!" [47]

Jedenfalls ließ Hitler an diesem Tag erahnen, dass die Zeit seiner scheinheiligen Friedensbeteuerungen ein Ende hatte. Hatte er zuvor immer wieder dem Ausland gegenüber behauptet, er habe nie die Abrüstung gewollt, ließ er jetzt die Katze aus dem Sack, als er erklärte:

„Über sechs Jahre habe ich am Aufbau der deutschen Wehrmacht gearbeitet. In dieser Zeit sind über 90 Milliarden für den Aufbau unserer Wehrmacht aufgewendet worden. Sie ist heute die am besten ausgerüstete der Welt und steht weit über jedem Vergleich mit der des Jahres 1914. Mein Vertrauen auf sie ist unerschütterlich." [48]

Jeder sollte jetzt wissen, worauf er sich einließ, sollte er Nazi-Deutschland und seinen größenwahnsinnigen Diktator in die Schranken weisen wollen. Es war allzu bezeichnend, dass der für September angesetzte Nürnberger „Parteitag des Friedens" kurzerhand abgesagt wurde. Hitlers Friedenspropaganda hatte ausgedient.

---

[45] Dahlerus 1948, S. 1315
[46] ebd., S. 1238
[47] ebd., S. 1315
[48] Domarus 1973, S. 1315

etzt forderte er *„vom deutschen Volk Opfer und, wenn notwendig, alle Opfer"*. Von der deutschen Jugend erwartete er, *„strahlenden Herzens zu) erfüllen, was die Nation, der nationalsozialistische Staat, von ihr erwartet und fordert"* – das Opfer ihres Lebens. Auch er selbst gelobte feierlich, er wolle *„jetzt nichts anderes sein, als der erste Soldat des Deutschen Reiches"*. Als äußeres Zeichen trug er fortan nicht mehr die braune Parteiuniform, sondern das Feldgrau der Soldaten: *„Ich habe damit wieder jenen Rock angezogen, der mir selbst der heiligste und teuerste war. Ich werde ihn nur ausziehen nach dem Sieg – oder – ich werde dieses Ende nicht mehr erleben!"*[49]

Zumindest diese Prophezeiung Hitlers wurde wahr. Der Sieg, den er sich erhoffte, war freilich nicht der Sieg über Polen, der schon am 19. September 1939 offiziell verkündet wurde, sondern der Endsieg über die Nationen Europas, die bislang der Errichtung eines Germanischen Großreiches bis zum Ural im Wege standen. Er sollte die Verwirklichung seiner Wahnideen nicht mehr erleben. Doch zuvor gingen ihm im Zweiten Weltkrieg 50 Millionen Menschen in den Tod voraus.

Sein Freund Göring hatte ihn noch gewarnt: *„Wir wollen doch das Vabanquespiel lassen"*, meinte er zu Hitler. *„Ich habe in meinem Leben immer Vabanque gespielt"*, fuhr ihn der „Führer" an.[50]

Drei Tage nach seinem Überfall auf Polen, am 3. September 1939, erklärten Frankreich und England Deutschland den Krieg. Hitler, der Hasardeur, hatte hoch gepokert und sich dabei gründlich verrechnet. Seine Prophezeiung, England würde zu Deutschlands Verbündeten werden, hatte sich als falsch erwiesen. Sein Wunschraum, seine „felsenfeste Überzeugung", weder England noch Frankreich würden in den Krieg eintreten, war wie eine Seifenblase zerplatzt. Hätte Hitler auch nur etwas Ehrgefühl besessen, hätte er an diesem Tag seine Truppen zurückgezogen, seinen Rücktritt erklärt und damit 50 Millionen Menschen vor dem Kriegstod bewahrt. Nach seinen eigenen Wertmaßstäben hatte er sich ohnehin gerade disqualifiziert, hatte er doch in „Mein Kampf" erklärt:

> *„Ein Führer, der die Plattform seiner allgemeinen Weltanschauung an sich, weil als falsch erkannt, verlassen muss, handelt nur*

---

[49] Domarus 1973, S. 1316 f.
[50] ebd., S. 1298

dann mit Anstand, wenn er in der Erkenntnis einer bisheriger
fehlerhaften Einsicht die letzte Folgerung zu ziehen bereit ist. E
muss in einem solchen Fall mindestens der öffentlichen Ausübun;
einer weiteren politischen Betätigung entsagen. Denn da er schor
einmal in grundlegenden Erkenntnissen einem Irrtum verfiel, is
die Möglichkeit auch ein zweites Mal gegeben."[51]

Doch so viel Anstand hatte er nicht. Statt einzugestehen, dass er sich
geirrt hatte, suchte er nach einem Schuldigen dafür, dass alles gan;
anders gekommen war. So machte er jetzt zwar die Briten für die
„Notwendigkeit" seines Einmarsches in Polen verantwortlich – wört
lich: *„Die Britische Regierung hat ... dem polnischen Staat eine General*
vollmacht erteilt für alle Handlungen gegen Deutschland ... (Sie) träg
daher die Verantwortung für all das Unglück und Leid, das jetzt über viele
Völker gekommen ist und kommen wird"[52] –, sprach aber im selber
Atemzug das britische Volk von eben dieser Verantwortung frei. Sie
liege vielmehr bei *„jene(r) jüdisch-plutokratischen Herrenschicht, die in*
allen Völkern der Welt nur gehorsame Sklaven sehen will, die unser neue.
Reich hasst, weil sie in ihm Vorkämpfer einer sozialen Arbeit erblickt, vor
der sie fürchtet, dass sie ansteckend auch im eigenen Land wirken könn
te."[53] So rechtfertigte er schon in den ersten Kriegstagen die geplant
Versklavung und schließlich den Massenmord an den Juden: *„Unse.*
jüdisch-demokratischer Weltfeind hat es fertiggebracht, das englische Vol
in den Kriegszustand gegen Deutschland zu stellen."[54]

Was das zu bedeuten hatte, hatte er bereits am 20. Januar 1939 ir
seiner Rede vor dem Reichstag angekündigt:

> *„Ich will heute wieder ein Prophet sein: Wenn es dem internatio*
> *nalen Finanzjudentum in und außerhalb Europas gelingen sollte*
> *die Völker noch einmal in einen Weltkrieg zu stürzen, dann wird*
> *das Ergebnis nicht die Bolschewisierung der Erde und damit de*
> *Sieg des Judentums sein, sondern die Vernichtung der jüdischer*
> *Rasse in Europa."*[55]

---

[51] Hitler 1925/27, S. 73
[52] Domarus 1973, S. 1337
[53] ebd., S. 1340
[54] ebd., S. 1342
[55] ebd., S. 1058

„Nicht so idiotische" Vorwände

*„Die neutralen Staaten haben uns ihre Neutralität versichert, genau so
wie wir sie ihnen schon vorher garantierten. Es ist uns heiliger Ernst mit
dieser Versicherung, und solange kein anderer ihre Neutralität bricht, werden wir sie ebenfalls peinlichst beachten."*

Adolf Hitler vor dem Reichstag am 1. September 1939[1]

*„Verletzung der Neutralität Belgiens und Hollands ist bedeutungslos.
Kein Mensch fragt danach, wenn wir gesiegt haben."*

Adolf Hitler zu den Befehlshabern der Wehrmacht
am 23. November 1939[2]

Obwohl sich der englische „Krieg" gegen Deutschland zunächst
auf den Abwurf von Flugblättern und einen Seekrieg beschränkte, plante Hitler schon im Oktober 1939 einen Präventivschlag im Westen. Sein Ziel, so erklärte er am 9. Oktober in seiner
„Weisung Nr. 6 für die Kriegsführung", *„hat in der endgültigen militärischen Vernichtung des Westens zu bestehen, d. h. in der Vernichtung der
Kraft und Fähigkeit der Westmächte, noch einmal der staatlichen Konso-
lidierung und Weiterentwicklung des deutschen Volkes in Europa entgegentreten zu können".*[3] Obwohl die Beneluxstaaten ihre Neutralität
erklärt hatten und Hitler immer wieder versicherte, ihm sei es *„heiliger Ernst"*, diese *„peinlichst (zu) beachten"*, befahl er jetzt: *„Am Nord-
flügel der Westfront ist durch den luxemburgisch-belgischen und hollän-
dischen Raum eine Angriffsoperation vorzubereiten."*[4]

Hitler hatte seit seinem Einmarsch in Polen die Theatermaske des
Friedensapostels ausgezogen und sprach jetzt endlich Klartext. Hatte er schon am 8. November 1939 den Deutschen erklärt, der Krieg

---

Domarus 1973, S. 1314
ebd., S. 1426
ebd., S. 1394
ebd.

könne *„dauern, so lange er will"*, und seien es *„fünf Jahre"*[5], sprach e᠎ jetzt zu seinen Oberbefehlshabern der Wehrmacht über seine wah᠎ ren Kriegsziele:

> *„Vom ersten Augenblick an war mir klar, dass ich mich nicht mi᠎ dem sudentendeutschen Gebiet begnügen könnte. Es war nur ein᠎ Teil-Lösung. Der Entschluss zum Einmarsch in Böhmen war ge᠎ fasst. Dann kam die Errichtung des Protektorats, und damit wa᠎ die Grundlage für die Eroberung Polens gelegt, aber ich war mir z᠎ dem Zeitpunkt noch nicht klar, ob ich erst gegen den Osten un᠎ dann gegen den Westen oder umgekehrt vorgehen sollte …*
> *Zwangsläufig kam es erst zum Kampf gegen Polen. Man wird mi᠎ vorwerfen: Kampf und wieder Kampf. Ich sehe im Kampf da᠎ Schicksal aller Wesen. Niemand kann dem Kampf entgehen, fall᠎ er nicht unterliegen will. Die steigende Volkszahl erfordert größe᠎ ren Lebensraum."*

Ein Volk habe die Alternative, entweder die Volkszahl dem Lebens᠎ raum anzupassen und sich allmählich zu dezimieren – das wäre de᠎ Weg in den Untergang, „zum Volkstod, zur Ausblutung" – oder z᠎ wachsen und zu expandieren. Er habe sich entschlossen, der „Erhal᠎ tung der Volkssubstanz" zu dienen und den 82 Millionen Deut᠎ schen den „notwendigen Raum" zu sichern. „Keine geklügelte Ge᠎ scheitheit hilft hier. Lösung nur mit dem Schwert. Ein Volk, das di᠎ Kraft nicht aufbringt zum Kampf, muss abtreten":

> *„Grundsätzlich habe ich die Wehrmacht nicht aufgestellt, um᠎ nicht zu schlagen. Der Entschluss zum Schlagen war immer i᠎ mir. Früher oder später wollte ich das Problem lösen. Zwangsläu᠎ fig wurde entschieden, dass der Osten zunächst zum Ausfall ge᠎ bracht wurde."*

Nach dem schnellen Gelingen des Polenfeldzugs sei jetzt zunächs᠎ der Westen, dann wieder der Osten an der Reihe: *„Wir können Russ᠎ land nur entgegentreten, wenn wir im Westen frei sind."* Einen Zwei᠎ frontenkrieg lehnte Hitler ausdrücklich ab. Dabei müsse alles schnel᠎ gehen, denn er wisse nicht, wie lange er lebe, und nur er sei von de᠎ Vorsehung auserwählt, ein so großes Werk zu vollbringen:

---

[5] Domarus 1973, S. 1413

*„Ich will den Feind vernichten ... Nur wer mit dem Schicksal
kämpft, kann eine günstige Vorsehung haben. In den letzten Jahren habe ich viele Beispiele (des Wirkens) der Vorsehung erlebt.
Auch in der jetzigen Entwicklung sehe ich die Vorsehung."*[6]

Hitler war nicht länger bereit, abzuwarten, bis er angegriffen würde.
Er schaffte vollendete Tatsachen, und er kümmerte sich nicht mehr
um sein Geschwätz von gestern. Hatte er noch am 31. Mai 1939
einen Nichtangriffsvertrag mit Dänemark unterzeichnet, fiel er im
April 1940 ohne jede Vorwarnung in Dänemark und Norwegen ein,
angeblich, weil *„England und Frankreich beschlossen* (hatten), *Deutschland von Norden her anzugreifen."* Natürlich hatte die deutsche Wehrmacht *„in letzter Stunde" „diesen Versuch im Keim erstickt."* Dann, im
Mai, überfiel er Holland, Belgien und Luxemburg mit der Begründung, England und Frankreich versuchten, *„über Holland und Belgi-
en zum Ruhrgebiet vorzustoßen".*[7] Sein Traum von einem *„Großgermanischen Reich"* schien dank dieser *„Präventivmaßnahmen"*
Wirklichkeit zu werden.

*„Wir werden die Verletzung der Neutralität nicht so idiotisch begrün-
den wie 1914"*[8], hatte Hitler am 23. November 1939 angekündigt,
doch das war zu viel versprochen. Hatte es 1914 geheißen: *„Wir sind
jetzt in Notwehr, und Not kennt kein Gebot"*, klang es jetzt nicht anders.
So behauptete Hitler am 9. Mai 1940 zunächst, *„allein Frankreich"*
habe *„in zwei Jahrhunderten Deutschland 31 mal den Krieg erklärt"*[9],
man müsse also auf alles vorbereitet sein. Die Zahl war natürlich
frei erfunden. Tatsächlich kam es zwischen 1740 und 1940 nur zu
elf Waffengängen zwischen den Nachbarländern. Dabei erklärten
Preußen und Österreich sechsmal Frankreich den Krieg, Frankreich
diesen aber nur fünfmal den deutschsprachigen Staaten. Doch wie
wenig sich Hitler um Fakten kümmerte, zeigte sich, als er am nächsten Tag in einem ausführlichen Memorandum die *„nicht so idiotische"* Begründung für die Überfälle ablieferte. Darin heißt es, die
belgische und niederländische Presse habe „feindlich" über Deutschland berichtet, Belgier und Niederländer hätten mit dem englischen

---

Domarus 1973, S. 1422 ff.
ebd., S. 1503
ebd., S. 1426
ebd., S. 1502

Secret Service kollaboriert, Belgien habe seine Ostgrenze nach Deutschland befestigt und seine Truppen dort konzentriert, britische Flieger hätten den niederländischen Luftraum nutzen dürfen und schließlich sei die Reichsregierung in Besitz geheimer britischer Pläne zu einem Überfall auf Deutschland, der von Belgien und Holland aus erfolgen sollte. Statt der üblichen Diplomatie, statt Protestnoten, Ultimaten und einer förmlichen Kriegserklärung, machte Hitler mit den Beneluxstaaten kurzen Prozess. Er nahm sie durch Überrumpelung und quasi aus der Luft; Luftwaffeneinheiten, Segelflieger und Fallschirmtruppen besetzten strategische Punkte, noch bevor die Wehrmacht die Grenzen überschritten hatte. Als schließlich das Memorandum mit den Kriegsbegründungen (aber ohne eine offizielle Kriegserklärung) den Regierungen übergeben wurde, hatten die Kampfhandlungen längst begonnen. Wieder einmal hatte Hitler bewiesen, wie wenig sein Wort, wie wenig ein von ihm unterzeichneter Vertrag wert war. Nach nur fünf Tagen kapitulierten die Niederlande, 13 Tage später auch Belgien. Während Hitler die Evakuierung des bei Dünkirchen eingekesselten britischen Expeditionskorps von immerhin 300.000 Mann zuließ – er erhoffte sich, mit dieser „großzügigen Geste" die Engländer doch noch für seine Sache zu gewinnen – setzte er den Marsch auf Frankreich fort. Zwei Wochen später besetzten deutsche Truppen Paris, drei Tage später bat die Regierung Pétain um Waffenstillstand. Am 21. Juni 1940 legte Hitler im Wald von Compiègne, in eben jenem Eisenbahnwaggon, in dem am 11. November 1918 die Kapitulation des Deutschen Kaiserreiches unterzeichnet worden war, den Franzosen seine Bedingungen für einen Waffenstillstand vor. Es blieb ihnen nichts anderes übrig, als sie tags darauf zu akzeptieren. Der Norden Frankreichs fiel jetzt dem Reich zu, während von der einstigen Großmacht gerade einmal ein Rumpfgebiet übrig bleiben durfte.

Hitler konnte zu diesem Zeitpunkt tatsächlich von sich behaupten, die Geschichte revidiert zu haben. Im Triumph kehrte er am 6. Juli 1940 nach Berlin zurück. Während er schon eine Landungsoperation gegen England plante, wollte er den Briten noch eine letzte Chance zum Frieden geben. Er war fest davon überzeugt und hoffte aufrichtig, dass sein Angebot angenommen würde, denn an einer Zerschlagung des Empires hatte er kein Interesse. Vielmehr wollte er jetzt die Hände frei haben, um seinen eigentlichen Plan zu verwirklichen: den Angriff auf Russland, die Gewinnung von „Lebensraum im Osten". So warnte er in seiner Siegesrede vor dem Reichstag am 19. Juli 1940 vor der Zerstörung des britischen Weltreiches und appellierte *„an die Vernunft auch in England … Ich sehe keinen Grund, der zur Fortführung dieses Kampfes zwingen könnte."*[10]

Indes, in London sah man das zur großen Enttäuschung Hitlers ganz anders. Der neue britische Premier Sir Winston Churchill dachte gar nicht daran, mit ihm Frieden zu schließen, stellte er geradezu deprimiert fest. Erst dachte Hitler daran, noch im Sommer England anzugreifen, dann verwarf er diesen Plan wieder. Immer mehr machte sich in seinem Kopf die fixe Idee breit, dass die Briten auf Russland setzten. *„Irgend etwas ist in London geschehen"*, versuchte er ihre negative Reaktion am 31. Juli 1940 seinen Generälen gegenüber zu erklären: *„Die Engländer waren schon ganz down, nun sind sie wieder aufgerichtet … Russland braucht England nicht mehr sagen, als dass es Deutschland nicht ganz groß haben will, dann hofft England wie ein Ertrinkender, dass in 6–8 Monaten die Sache ganz anders sein wird. Ist aber Russland zerschlagen, dann ist Englands letzte Hoffnung getilgt."*[11] Hatte er noch ein halbes Jahr zuvor einen Zweifrontenkrieg abgelehnt (so am 23. November 1939: *„Zum ersten Mal seit 67 Jahren muss festgestellt werden, dass wir keinen Zwei-Fronten-Krieg zu führen haben."*[12]), entschloss er sich jetzt zu eben einem solchen:

> *„Im Zuge dieser Auseinandersetzung muss Russland erledigt werden. Frühjahr 41. Je schneller wir Russland zerschlagen, um so besser. Operation hat nur Sinn, wenn wir Staat in einem Zug schwer zerschlagen. Gewisser Raumgewinn allein genügt nicht. Stillstehen im Winter bedenklich … Mai 41. 5 Monate Zeit zur Durchführung … Ziel: Vernichtung der Lebenskraft Russlands."*[13]

Er ahnte nicht, dass dieser Entschluss sein verhängnisvollster Fehler sein würde.

---

[10] Domarus 1973, S. 1558
[11] ebd., S. 1565
[12] ebd., S. 1423
[13] ebd., S. 1565

Hitlers Kriegslügen

„Deutsch sein, heißt wahr sein. Deutsch sein, heißt klar sein."
Adolf Hitler am 25. Januar 1936 im „Zirkus Krone", München[1]

„Das ganze deutsche Volk ... muss lernen, so fanatisch an den Endsieg zu glauben, dass, selbst wenn wir einmal Niederlagen erleiden würden, die Nation sie nur, ich möchte sagen, von dem höheren Gesichtspunkt aus wertet: Das ist vorübergehend; am Ende wird uns der Sieg sein! ... Es muss erzogen werden zu dem absoluten, sturen, selbstverständlichen, zuversichtlichen Glauben: ... Die Führung handelt richtig!"
Adolf Hitler am 10. November 1938 vor Verlegern und Chefredakteuren[2]

Das schnelle und brutale Vorgehen der Wehrmacht ließ das Wort vom „Blitzkrieg" aufkommen und schien Hitlers Behauptung von der Überlegenheit der reichsdeutschen Soldaten und Waffen zu bestätigen. Indes führte diese Taktik auch zu hohen Verlusten, eine Tatsache, die Hitler um jeden Preis zu vertuschen versuchte. So erklärte er in einer Rede vor den Arbeitern eines Berliner Rüstungswerkes am 10. Dezember 1940: *„Die Opfer ... wie unvergleichlich klein sind sie! Bedenken sie: Wir haben noch nicht annähernd so viele Tote, als Deutschland 1870/71 im Kampf gegen Frankreich hatte."*[3] Dabei betrug die Zahl der Todesopfer schon im ersten Kriegsmonat, dem September 1939, nach Hitlers eigenen Angaben 10.572.[4] Erst am 8. November 1942 offenbarte er eine annähernd realistische Zahl – bis dahin waren es, so Hitler wörtlich, *„kaum 350.000 Tote"*[5]. Da waren die Zivilopfer durch die zahlreichen alliierten Luftangriffe noch nicht

---

[1] Domarus 1973, S. 569
[2] ebd., S. 972
[3] ebd., S. 1630
[4] ebd., S. 1381
[5] ebd., S. 1936

mitgerechnet. Bis zum Kriegsende sollte die Zahl der getöteten deutschen Soldaten auf über vier Millionen anwachsen.

Auch Görings Luftwaffe war keineswegs so erfolgreich, wie er es sich gewünscht hätte. Allein im August 1940, als das Heer nur Siege zu vermelden hatte, musste das Oberkommando der Wehrmacht (OKW) offiziell den Verlust von 407 deutschen Flugzeugen zugeben. Schon bei Kriegsbeginn waren ganze Geschwader der britischen Royal Air Force (RAF) Nacht für Nacht ungeniert in deutsches Hoheitsgebiet eingedrungen, zunächst um Flugblätter abzuwerfen. Noch drohte Reichsluftmarschall Hermann Göring mit Vergeltung. Am 12. April 1940 griffen britische Flieger erstmals einen kleinen Bahnhof in Schleswig-Holstein an; doch der Vorfall war zu unbedeutend, um propagandistisch ausgenutzt zu werden. So inszenierte Hitler seinen eigenen Luftangriff. Am 10. Mai 1940 warfen drei deutsche Flugzeuge, die als RAF-Flieger getarnt waren, Bomben über Freiburg im Breisgau ab. Jetzt drohte das OKW: *„Zur Vergeltung dieses völkerrechtswidrigen Vorgehens wird die deutsche Luftwaffe in derselben Weise antworten. Von jetzt ab wird jeder weitere planmäßige feindliche Bomberangriff auf die deutsche Bevölkerung durch die fünffache Anzahl von deutschen Flugzeugen auf englische und französische Städte erwidert werden.“*[6] Es blieb jedoch bei den leeren Worten; „Vergeltungsangriffe“ erfolgten zunächst keine, wohl weil die Finte zu offensichtlich war. Nur Hitler behauptete noch im Dezember 1940, der *„unbeschränkte Luftkrieg bei Nacht“* habe *„in Freiburg im Breisgau begonnen.“*[7] Damit aber, unter dem Eindruck dieser Warnung, begannen die Briten, vereinzelte Bomben über deutschen Städten abzuwerfen. Wieder hielt sie niemand auf, selbst dann nicht, als sie am 26. August Berlin erreichten. Auch das erste Flächenbombardement war ein deutsches Werk; es fand am 14. Mai 1940 über Rotterdam statt. Erst als die deutschen Bombenangriffe auf Ziele im englischen Essex am 17. Juni 1940 begannen, antworteten die Briten mit der Bombardierung von Bremen und Hamburg.

Ganz allgemein war der Zweite Weltkrieg ein Siegeszug der Euphemismen. Schon den Einmarsch in Polen bezeichnete Hitler nicht etwa als „Krieg“, sondern als „Polizeiaktion“ und „besonde-

---

[6] Domarus 1973, S. 1574
[7] ebd., S. 1631

ren Einsatz". Weitere Angriffe wurden als „Verteidigung" legitimiert, Rückzuge dagegen zu „Absetzbewegungen" oder „Frontkorrekturen" bzw. „-begradigungen" verklärt, die natürlich ganz und gar „planmäßig" verliefen. Neben den „unvergleichlich kleinen" Zahlen der Todesopfer gab es im offiziellen Sprachgebrauch auch keine Verwundeten, sondern nur „Versehrte".

Hitlers fatalste Selbsttäuschung war seine ständige Behauptung, die Kapitulation Englands stünde unmittelbar bevor. So glaubte er im November 1939, *„die dauernde Minenverseuchung der englischen Küste"* würde *„England auf die Knie zwingen"*.[8] Mit einer Blockade und Kontinentalsperre wollte er das Land *„wirtschaftlich niederzwingen"*. Mit den ersten Luftangriffen hoffte er, England *„bis Mitte September"* zu *„erledigen"*; seine Lage sei schon jetzt *„hoffnungslos"*. Eine Landeaktion dagegen erschien ihm zurecht als *„ein großes Risiko"*[9]. Doch weder die *„Verschärfung des Luftkrieges"* im August 1940, noch die *„totale Blockade Englands"* und die ständige *„Bedrohung durch die Invasion"* führten zu dem gewünschten Erfolg, denn sie erwiesen sich als ebenso großspurige Bluffs wie Hitlers Behauptung, über die Lufthoheit zu verfügen. Seine Drohungen mit *„Terrorangriffen"* gegen die britische Bevölkerung *„zur Vergeltung"*, seine Ankündigung, *„1 Million Kilogramm Bomben in jeder Nacht"* zu werfen und die britischen Städte *„auszuradieren"*[10], trugen nicht gerade dazu bei, dass die Engländer ihn ernst nahmen, denn auf die starken Worte folgten nur schwache Taten. Eigentlich hatte Deutschland den Krieg schon am 3. September 1939 verloren.

---

[8] Domarus 1973, S. 1426
[9] ebd., S. 1561
[10] ebd., S. 1580

Das russische Fiasko

„Was? Wir sollen Gebiete von Russland nehmen? Lächerlich!"
Adolf Hitler im Interview mit Ward Price am 17. Februar 1934[1]

„Die deutsch-russischen Abmachungen müssten gerade für diese besorgten Advokaten der Weltfreiheit eine ungeheure Beruhigung darstellen, denn sie zeigen ihnen doch wohl in authentischer Weise, dass alle diese Behauptungen eines Strebens Deutschlands nach dem Ural, der Ukraine, Rumänien usw. nur eine Ausgeburt ihrer erkrankten Marsphantasie waren."
Adolf Hitler vor dem Reichstag am 6. Oktober 1939[2]

Kaum hatte er den Frankreichfeldzug beendet, Anfang Juli 1940, befahl Hitler seinem Generalstabschef Franz Halder, *„die Möglichkeiten eines Feldzuges gegen die Sowjetunion prüfen zu lassen".*[3] Dass Stalin, dem er selbst 1939 große Teile Osteuropas zugebilligt hatte, jetzt nach Westen expandierte, sollte dabei als Vorwand gelten. Zudem gab es erste Interessenkonflikte. So besetzten die sowjetischen Truppen nicht nur das Baltikum, das eigentlich deutsche Interessensphäre war, sondern bedrohten auch Rumänien, dessen Ölfelder für Hitler von großer Wichtigkeit waren. Am 16. Dezember 1940 erließ Hitler seine „Weisung Nr. 21", die den „Fall Barbarossa" betraf. Hatte er ursprünglich davon geträumt, gedeckt von seinen „Verbündeten" England und Italien in Russland einzufallen, um sich den zukünftigen „Lebensraum im Osten" für die Deutschen zu sichern, hatte er jetzt seine Strategie geändert. Durch die Vernichtung Russlands, so glaubte er, könne er endlich die Freundschaft der Briten erzwingen, die damit ihrer „letzten Hoffnung" beraubt würden. Das bedeutete die Eröffnung eines gefährlichen Zweifronten-

---

[1] Domarus 1973, S. 365
[2] ebd., S. 1383
[3] Halder, Kriegstagebuch, Nd. II, 3.7.1940

krieges, und so befahl Hitler, *„auch vor Beendigung des Krieges gegen England Sowjetrussland in einem schnellen Feldzug niederzuwerfen."* Dabei sei darauf zu achten, dass *„die Absicht eines Angriffs nicht erkennbar wird"*; größte Geheimhaltung sei angesagt: *„Sonst besteht die Gefahr, dass durch ein bekannt werden unserer Vorbereitungen, deren Durchführung zeitlich (!) noch gar nicht festliegt, schwerste politische und militärische Nachteile entstehen."* Bis zum 15. Mai 1941 sollten die Vorbereitungen für den Überfall abgeschlossen sein.[4]

Damit hatte Hitler wieder einmal einen seiner Verträge, den Nichtangriffs- und Konsultativpakt mit der Sowjetunion von 1939, zur Makulatur erklärt. Dabei sollte doch dieser Pakt, wie er am 1. September 1939 erklärte, *„für alle Zukunft jede Gewaltanwendung ausschließen"*, und fast schien es schon, als sei er zur Vernunft gekommen, als er damals erklärte: *„Russland und Deutschland haben im Weltkrieg gegeneinander gekämpft und waren beide letzten Endes die Leidtragenden. Ein zweites Mal soll und wird das nicht geschehen."*[5] Von einer *„Wende in der ganzen deutschen Außenpolitik"* war damals die Rede, die *„beiden Staaten nicht nur den Frieden, sondern eine glückliche dauernde Zusammenarbeit ermögliche"* – und dieser Entschluss, so Hitler am 6. Oktober 1939, sei *„ein unabänderlicher"*.[6] Noch am 19. Juli 1940 wiederholte er gebetsmühlenartig:

> *„Das deutsch-russische Verhältnis ist endgültig festgelegt ... Jede Hoffnung, dass ... eine neue deutsch-russische Spannung eintreten könnte, ist kindisch. Weder tat Deutschland einen Schritt, der es außerhalb seiner Interessensphäre geführt hätte, noch hat Russland einen solchen getan."*[7]

Auch Stalin gab ihm wenig Grund, an der Ewigkeit dieses Abkommens zu zweifeln. Im Gegenteil, der sowjetische Diktator bemühte sich geradezu rührend darum, seinem deutschen Bündnispartner jeden Wunsch zu erfüllen. So wurde am 10. Januar 1941 ein neues deutsch-russisches Wirtschaftsabkommen geschlossen. Die Russen versuchten damit, den deutschen Lieferungswünschen in jeder

---

[4] Domarus 1973, S. 1636
[5] ebd., S. 1315
[6] ebd., S. 1382
[7] ebd., S. 1556

Weise gerecht zu werden. Noch am 13. April 1941, als sie gemeinsam am Moskauer Bahnhof den japanischen Außenminister Matsuoka verabschiedeten, umarmte Stalin demonstrativ den deutschen Botschafter Graf von der Schulenburg und seinen stellvertretenden Militärattaché mit den Worten: *„Deutschland und Russland – ewige Freundschaft!"*[8] Als Schulenberg Hitler am 28. April in Berlin auf diese Geste und zudem die außerordentlich große Lieferungswilligkeit der Russen hinwies, wollte Hitler ihm nicht einmal mehr zuhören. Für ihn war der Krieg gegen das Riesenreich beschlossene Sache, auch wenn es dazu nicht den geringsten Anlass gab.

Schon am 30. März hatte er seine Generäle darauf eingestimmt, einen schnellen und brutalen Krieg zu führen. *„Im Osten ist Härte mild für die Zukunft"*[9], lautete jetzt seine Devise. Russland, so log er frech, habe sich nicht an der Haager und Genfer Konvention beteiligt, daher seien deren Bestimmungen, alle Regeln einer halbwegs humanen Kriegsführung hier nicht bindend. Dass sich Deutschland in beiden Abkommen dazu verpflichtet hatte, sie in jedem Fall einzuhalten, spielte da auch keine Rolle mehr. Es würde ein Krieg ohne Regeln werden, bei denen widerspenstige Russen quasi für vogelfrei erklärt wurden: Man durfte sie beliebig bei oder nach der Gefangennahme massakrieren. Exakt einen Monat später, am 30. April 1941, bestimmte Hitler den Zeitpunkt für den Beginn der „Operation Barbarossa": *„22. Juni".*[10]

Selbst Hitlers engsten Vertrauten wurde bei diesen Aussichten auf einen Zweifrontenkrieg mulmig zumute. Göring und von Ribbentrop versuchten, ihm den Plan auszureden, den Halder, sein Generalstabschef, ganz offen für „Wahnsinn" hielt. Nur von Papen, sein einstiger bürgerlicher Vizekanzler, bekräftigte ihn in seiner Absicht: *„Sind wir nicht schließlich am 20. Januar 1933 zusammengetreten, um Deutschland – und damit Europa – vor dem Bolschewismus zu bewahren?"*[11] Ausnahmsweise war ihm die Meinung dieses Vertreters der konservativen, laut Hitler „verkalkten" Herrenschicht in Deutschland einmal wichtig. Würden nicht die Engländer ähnlich

---

[8] Domarus 1973, S. 1686 f.
[9] ebd., S. 1682
[10] ebd., S. 1696
[11] ebd., S. 1644

denken wie die Deutschnationalen? Jetzt konnte er wieder davon träumen, auch in London als Retter Europas gefeiert zu werden und den Krieg auf diese Weise schnell zu beenden.

Schließlich wagte sein Stellvertreter Rudolf Heß am 10. Mai 1941, vielleicht nach Rücksprache mit Hitler, einen letzten verzweifelten Alleingang. In einem Jagdflugzeug vom Typ Messerschmitt setzte der tollkühne Weltkriegspilot nach England über; er wollte noch vor Beginn des Russlandfeldzuges einen Waffenstillstand aushandeln. Dabei erhoffte er sich die Unterstützung des einflussreichen und deutschfreundlichen Herzogs von Hamilton. Gerade noch einer britischen Spitfire entkommen, sprang er nahe dem Landsitz des Herzogs in Schottland mit dem Fallschirm ab. Dort geriet er sofort in britische Kriegsgefangenschaft. Zwar konnte er mit ranghohen Mitgliedern der Regierung zusammenkommen, doch sein Friedensangebot wurde abgelehnt. Weil ihm das Scheitern dieser ziemlich dilettantischen Mission peinlich war, erklärte Hitler seinen alten Kampfgefährten kurzerhand für geistig umnachtet. Dass der Termin für den Flug von seinem Leibastrologen errechnet worden war, rächte Hitler an den Sterndeutern; er ließ eine ganze Reihe prominenter Astrologen verhaften. Vielleicht fürchtete er, dass sie ihm Konkurrenz machten; die Wege der Vorsehung in dem bevorstehenden Russlandabenteuer hatte nur der „Führer" zu kennen.

Tatsächlich hatte in Moskau kaum jemand mit einem Angriff der Deutschen gerechnet. Dabei gab es durchaus Anzeichen, etwa den massiven Truppenaufmarsch an der deutschen Ostgrenze und Dutzende von Grenzverletzungen durch deutsche Aufklärungsflugzeuge. Stalins Verteidigungsminister Semjon Timoschenko und sein Generalstabschef Georgij Schukow empfahlen als Vorsichtsmaßnahme noch im Mai die Verlegung von Truppen in die Grenzregionen, um einem deutschen Einfall zuvorzukommen. Hatte Hitler nicht selbst die Notwendigkeit betont, *„bei der Verteidigung unseres Landes offensiv zu handeln"*[12]? Doch der rote Diktator winkte ab, glaubte vielleicht, dies sei alles nur ein Bluff, um von der Vorbereitung eines Angriffes auf England abzulenken. Vielleicht aber war es auch sein Plan, im Falle eines tatsächlichen Angriffs den Feind tief ins Innere des Landes zu locken, um ihn zuerst aufzureiben und

---

[12] zit. n. Reuth 2005, S. 515

dann vernichtend zu schlagen. Danach würden ihm nicht nur die vom Feind eroberten Gebiete, sondern auch dessen Kernland ganz von alleine zufallen. Jedenfalls blieb es bei harmlosen Protestnoten wegen der deutschen Überflüge. Als der deutsche Außenminister von Ribbentrop den russischen Botschafter zu sich bat, offiziell um mit ihm über den russischen Protest zu sprechen, war es 4.00 Uhr früh am 22. Juni 1941, exakt 55 Minuten, nachdem Einheiten der Wehrmacht die Grenzen der Sowjetunion überschritten hatten. Kurz darauf erst erhielt der deutsche Botschafter in Moskau, Graf von der Schulenburg, aus Berlin die Anweisung, dem russischen Außenminister Molotow eine Erklärung zu überreichen, nach der *„Russland zusammen mit England den Plan eines Angriffs gegen das Reich gefasst und der Führer den Befehl erteilt habe, dieser Bedrohung entgegenzuwirken"*[13]. Als der Russe diesen Unsinn vernahm, traute er zunächst seinen Ohren nicht. So peinlich es ihm auch war, Schulenburg blieb nichts anderes übrig als Molotow darauf hinzuweisen, dass ein Irrtum ausgeschlossen und der Krieg ausgebrochen sei.

Zumindest nahm sich Hitler die Zeit, seine Kriegsbegründung noch etwas auszuschmücken, als er noch am selben Tag das deutsche Volk über seine Wahnsinnstat informierte. Nicht nur habe Russland in den letzten Wochen seine Truppen an der deutschen Ostgrenze konzentriert, es sei auch *„in der Nacht vom 17. auf den 18. Juni"* zu einem ersten Übergriff russischer Patrouillen auf deutsches Reichsgebiet gekommen. *„Erst nach längerem Feuergefecht"* habe man sie *„zurückgetrieben".*[14] Natürlich war dieser „Vorfall" frei erfunden, und selbst Hitler wagte es nie mehr, ihn zu erwähnen. Trotzdem blieb er dabei, sein Einmarsch sei eine Notwehr gewesen, um *„diesem Komplott der jüdisch-angelsächsischen Kriegsanstifter und der ebenso jüdischen Machthaber der bolschewistischen Moskauer Zentrale entgegenzutreten"*[15].

Gewiss hatte auch Stalin mit dem Gedanken gespielt, sich ein noch größeres Stück vom „Kuchen Europa" zu sichern und in einem geeigneten Moment durch einen „Präventivschlag" zumindest das restliche Polen und noch ein paar osteuropäische Kleinstaaten

[13] Reuth 2005, S. 1734
[14] ebd., S. 1731
[15] ebd.

seinem Machtbereich einzufügen. Vielleicht hatte er auch schon entsprechende Vorkehrungen getroffen, um bei passender Gelegenheit, etwa nach einer fatalen deutschen Niederlage an der Westfront, wenn das Reich geschwächt am Boden liege, Hitler die gerade gewonnene Beute wieder abzujagen. Ganz sicher aber plante er zu diesem Zeitpunkt keinen Angriff auf Deutschland; die deutschen Blitzsiege hatten ihn zu sehr beeindruckt und überzeugt, dass es besser war, Hitler bei Laune zu halten als ihn zu reizen.

Erst als die deutschen Truppen bereits vor Minsk standen, begriff Stalin, dass sein deutscher Bündnispartner ihn von Anfang an getäuscht hatte. Wie sein Biograph Wolkogonow schrieb, ließ er sich damals alle Russland betreffenden Passagen aus Hitlers „Mein Kampf" übersetzen, wo er u. a. las: *„Ein Bündnis, dessen Ziel nicht die Absicht zu einem Kriege umfasst, ist sinn- und wertlos. Bündnisse schließt man nur zum Kampf."* Und: *„Der Kampf gegen die jüdische Weltbolschewisierung erfordert eine klare Einstellung zu Sowjet-Russland. Man kann nicht den Teufel mit Beelzebub austreiben."*[16] Jetzt begriff er, dass der Hitler-Stalin-Pakt von Anfang an nur ein Mittel zum Zweck gewesen war, das Sowjetreich urplötzlich und ohne Ankündigung überrennen zu können.

Doch hatte Hitler gehofft, die Nachricht von seinem Überfall würde ihm die Sympathien der Briten einbringen, so hatte er sich getäuscht. Noch am selben Tag ließ Churchill die Welt wissen, man habe in London *„nur eine Absicht, nur ein einziges, unverrückbares Ziel: Wir sind entschlossen, Hitler und jede Spur des Naziregimes zu vernichten. Und davon wird uns nichts abhalten – nichts."*[17] Doch auch das hielt den „Führer" nicht davon ab, seinen Weg in den Abgrund unbeirrbar weiterzugehen. Hatte er zunächst die Dauer des Feldzugs auf *„bis zu 4 Wochen"*[18] geschätzt – so der Wortlaut in seinem „Geheimbefehl aus dem Führerhauptquartier" vom 1. Mai 1941 –, fand er bald immer bessere Ausreden dafür, dass es ganz so schnell nicht ging. So erklärte er am 2. Oktober, als er zu einer großen Offensive in Richtung Moskau aufrief:

[16] Hitler 1925/27, S. 751 f.
[17] Domarus 1973, S. 1739
[18] ebd., S. 1696

„Dieser Gegner hatte sich für einen Angriff militärisch in einem so enormen Ausmaße gerüstet, dass auch die stärksten Befürchtungen noch übertroffen worden sind. Gnade Gott unserem Volk und der ganzen europäischen Welt, wenn dieser barbarische Feind seine Zehntausende an Panzern vor uns in Bewegung hätte setzen können. Ganz Europa wäre verloren gewesen. Denn dieser Feind besteht nicht aus Soldaten, sondern zum großen Teil nur aus Bestien.“[19]

Hatte er bislang noch die Wehrmacht als das *„gewaltigste Kriegsinstrument aller Zeiten“*[20] bezeichnet, nannte er jetzt die Rote Armee *„die größte militärische Macht aller Zeiten“*[21], womit er bewies, dass er zumindest seinen Superlativen immer treu blieb. Trotzdem plante er, allen Warnungen seiner Generäle zum Trotz, eine Fortsetzung des Feldzuges bis in den Winter hinein. Versprach er am 2. Oktober seinen Soldaten, dass zumindest *„dieses Mal“* die geplante Initiative *„Schritt um Schritt vorbereitet worden“* war, behauptete er am nächsten Tag, es sei seit dem 22. Juni *„alles planmäßig verlaufen“*.[22] Auch in seiner Schilderung des Gegners erreichte er an diesem 3. Oktober neue Superlative, um zumindest die eigene Fehlkalkulation zu entschuldigen: *„Wir hatten keine Ahnung davon, wie gigantisch die Vorbereitungen dieses Gegners gegen Deutschland und Europa waren, und wie ungeheuer groß die Gefahr war, wie haarscharf wir diesmal vorbeigekommen sind an der Vernichtung nicht nur Deutschlands, sondern ganz Europas ... Es wäre dies ein zweiter Mongolensturm eines neuen Dschingis Khans geworden.“*[23] „Ganz Europa“ und damit auch England hätten also Hitler dankbar zu sein, in letzter Sekunde den Kontinent vor der sowjetischen Invasion gerettet zu haben. Doch offenbar dieses Opfers unwürdig, wollte außerhalb der braunen Machtsphäre niemand an seine Räuberpistolen glauben. Sie wurden nicht gerade glaubwürdiger, als Reichspressechef Dr. Dietrich im Auftrag des „Führers“ am 9. Oktober 1941 erklären ließ: *„Der Feldzug im Osten ist mit der Zertrümmerung der Heeresgruppe Timoschenko enschieden.“*[24]

---

[19] Domarus 1973, S. 1756
[20] ebd., S. 1695
[21] ebd., S. 1757
[22] ebd., S. 1757
[23] ebd., S. 1763
[24] ebd., S. 1767

Er war es keineswegs. *„Davon erholt sich keine Armee der Welt mehr, auch die russische nicht"*[25], tönte Hitler einen Monat später in München vor den „Alten Kämpfern" der NSDAP, behauptete, die Zahl der gefangenen und gefallenen Russen betrage je 3,6 Millionen, rühmte sich, er habe *„ein Riesenreich zertrümmert und zerschlagen"*[26]. Dabei hatte er sich gründlich verrechnet.

Er hatte keineswegs *„das Schicksal Europas für die nächsten 1000 Jahre entschieden"*[27], wie er so verfrüht behauptete. Zum Verhängnis wurde ihm dabei seine eigene krude Rassenlehre. Hatte er sich offiziell zum *„Verteidiger des Abendlandes gegen den Bolschewismus"* aufgespielt, seinen Einmarsch zum *„europäischen Kreuzzug"*[28] verklärt, zeigte er jetzt sein wahres Gesicht. Hatten die von der Sowjetunion unterdrückten Völker, etwa die Balten oder die Ukrainer, tatsächlich auf eine Befreiung durch die Deutschen gehofft, merkten sie bald, dass sie vom Regen in die Traufe gekommen waren. Die ukrainischen Autonomisten, die den deutschen Einmarsch noch begrüßten, waren die ersten, die verhaftet und hinter Schloss und Riegel gesetzt wurden. Nicht Befreiung stand auf Hitlers Banner, sondern blutige Unterjochung. Denn es ging Hitler eben nicht um den Kommunismus, und wahrscheinlich hätte er Russland auch dann angegriffen, wenn es unter bürgerlicher oder gar zaristischer Führung gestanden hätte. Für ihn waren die Slawen *„minderwertige Völker"*[29], von der Vorsehung allenfalls dazu berechtigt, den Deutschen als Hilfs- und Landarbeiter zu dienen, und Russland hatte nur noch eine Existenzberechtigung als „wilder Osten" des Großgermanischen Reiches, als neuer „Lebensraum" reichsdeutscher Wehrbauern. Bis zu 20 Millionen „Germanen" wollte er in die östlichen Ebenen verpflanzen, zweit- und drittgeborene Bauernsöhne ebenso wie das Proletariat aus den Straßenschluchten der Großstädte, eine Million nach der anderen, Deutsche ebenso wie Norweger, Schweden, Dänen und Niederländer, *„bis unsere Siedler den Einheimischen zahlenmäßig überlegen sind"*. Hitler wörtlich in einem seiner Tischgespräche am 8./9. September 1941:

---

[25] Domarus 1973, S. 1775
[26] ebd., S. 1776
[27] ebd., S. 1780
[28] ebd., S. 1798
[29] ebd., S. 1592

„Bei unserer Besiedelung des russischen Raumes soll der ‚Reichs-bauer' in hervorragend schönen Siedlungen hausen. Die deutschen Stellen und Behörden sollen wunderbare Gebäudlichkeiten haben, die Gouverneure Paläste. Um die Dienststellen herum baut sich an, was der Aufrechterhaltung des Lebens dient. Und um die Stadt wird auf 30 oder 40 Kilometer ein Ring gelegt von schönen Dör-fern, durch die besten Strassen verbunden. Was dann kommt ist eine andere Welt, in der wir die Russen leben lassen wollen wie sie es wünschen. Nur, dass wir sie beherrschen. Im Falle einer Revo-lution brauchen wir dann nur ein paar Bomben zu werfen auf deren Städte, und die Sache ist erledigt."[30]

Schon deshalb war ihm das Schicksal der russischen Städte und ih-rer Bevölkerung völlig gleichgültig. Dabei sei Moskau in weitem Bo-gen einzuschließen, abzuriegeln und dann *„mittels riesiger Anlagen zu fluten und im Wasser zu ertränken".*[31] St. Petersburg, damals Lenin-grad, sei *„eng einzuschließen und durch Beschuss mit Artillerie aller Ka-liber und laufendem Lufteinsatz dem Erdboden gleichzumachen".*[32] Spä-ter wiederum behauptete er, er habe *„gar kein Interesse an irgendeiner Stadt"*[33], ob nun Moskau oder Leningrad. So notierte Generalstabs-chef Franz Halder am 8. Juli den *„feststehenden Entschluss des Füh-rers …, Moskau und Leningrad dem Erdboden gleichzumachen, um zu verhindern, dass Menschen darin bleiben, die wir dann im Winter ernäh-ren müssten. Die Städte sollen durch die Luftwaffe zerstört werden."*[34] Sollte Leningrad etwa kapitulieren, so ordnete Hitler am 29. Sep-tember an, sei diese Bitte abzulehnen, *„da das Problem des Verblei-bens und der Ernährung der Bevölkerung von uns nicht gelöst werden kann und soll. Ein Interesse an der Erhaltung auch nur eines Teils dieser großstädtischen Bevölkerung besteht in diesem Existenzkrieg unsererseits nicht. Notfalls soll gewaltsame Abschiebung in den östlichen russischen Raum erfolgen."*[35] Am 8. November höhnte er: *„Wenn es den Russen gefällt, ihre Städte in die Luft zu sprengen, ersparen sie uns vielleicht manche Arbeit."*[36] Kein Wunder, dass sich die Russen angesichts die-

---

[30] Picker 2003, S. 93
[31] ebd., S. 1754
[32] ebd., S. 1755
[33] ebd., S. 1756
[34] Halder, Kriegstagebuch, Bd. II, 8. Juli 1941
[35] Domarus 1973, S. 1755
[36] ebd., S. 1775

ser Perspektiven den Invasoren mit aller Kraft entgegenwarfen. Es war tatsächlich ein „großer vaterländischer Krieg", wie Stalin ihn betitelte, denn es ging nicht mehr um eine Ideologie oder einen Staat, sondern um das Sein oder Nichtsein der russischen Kultur und um das nackte Überleben des russischen Volkes.

Hitlers zweites Verhängnis war seine Weigerung, auch nur den kleinsten strategischen Rückzug zuzulassen. Als im November die Wehrmacht Rostow, das „Tor zum Kaukasus", einnahm, stand sie nicht nur dem hereinbrechenden Winter gegenüber, sondern auch einem erneuten Vorstoß der Roten Armee unter dem Kommando des Marschalls Simeon Timoschenko. Die Stadt war nicht mehr zu halten, die deutschen Verbände mussten um 80 Kilometer zurückweichen. Als Hitler davon erfuhr, bekam er einen Wutanfall. „Bleiben Sie, wo Sie sind. Kein Rückzug mehr!", telegrafierte er an den Oberbefehlshaber der Heeresgruppe Süd, Gerd von Rundstedt. Als dieser erwiderte, es sei „Wahnsinn, die Stellung halten zu wollen", entzog ihm Hitler das Kommando.[37] Hatte er nicht immer feierlich vor der Weltöffentlichkeit verkündet: „Wo der deutsche Soldat steht, kommt kein anderer hin."[38] Und: „Was wir einmal besitzen, geben wir niemals mehr her! Wo unser Banner in die Erde gerammt wird, da steht ein lebender Wall deutscher Menschen davor ..."[39] Ein Jahr später vor Stalingrad sollte ihm diese Maxime endgültig zum Verhängnis werden. Doch jetzt war er schließlich doch noch bereit, am 8. Dezember 1941 „die Front, ohne vom Gegner gezwungen zu sein", zurückzuverlegen. Offiziell war jetzt von einer „Umstellung vom Vorwärtskrieg zur Verteidigung im Osten"[40] die Rede, was mit dem „überraschend früh eingebrochenen strengen Winter" begründet wurde[41]. Nun, offenbar hatte Hitler vergessen, dass es in Russland im Dezember auch mal kalt werden kann. Tatsächlich trat der Winter 1941/42 nicht früher als in den Vorjahren, sondern eher recht spät ein, und er war nicht einmal ungewöhnlich streng. Trotzdem blieb er Hitlers liebste Ausrede dafür, dass er sich mit Russland übernommen hatte. Am 15. März 1942 sprach er gar vom kältesten Winter „seit über 100

---

[37] Domarus 1973, S. 1785 f.
[38] ebd., S. 1630
[39] ebd., S. 836
[40] ebd., S. 1832
[41] ebd., S. 1792

Jahren", was er am 26. April auf *„seit über 140 Jahren"* und am 29. Mai auf *„seit 150 Jahren"* steigerte.[42] Am 30. Januar erreichte dieser vermeintliche Horrorwinter Werte um *„38, 40, 41 und z. T. 45 Grad Kälte"*, am 26. April war bereits von *„genau 52 Grad unter Null"* die Rede.[43] Damit wäre das deutsche Heer mit viel größeren Schwierigkeiten konfrontiert gewesen als die Armee Napoleons, die im Jahre 1812 am russischen Winter scheiterte. Laut Hitler lag damals *„die tiefste Kälte etwa um 25 Grad unter Null"*, in Wirklichkeit erreichte sie auch damals minus 38° C.[44]

Um noch einen weiteren Sündenbock zu haben, entließ er am 19. Dezember 1941 den Oberbefehlshaber des Heeres, General von Brauchitsch, aus seinem Amt, offiziell *„wegen seines Herzleidens"*, und übernahm auch dessen Posten. Fortan gingen natürlich alle Fehlschläge auf die bisherigen Fehlentscheidungen von Brauchitschs zurück, die der „Führer" jetzt nur mit großer Mühe korrigieren konnte.[45] So notierte Goebbels über Hitlers Schuldzuweisung an von Brauchitsch:

> *„Ein eitler, feiger Wicht, der nicht in der Lage war, die Situation überhaupt zu überschauen, geschweige sie zu meistern. Er hat den ganzen Feldzugsplan im Osten, der vom Führer kristallklar entworfen war, durch sein dauerndes Dazwischenreden und durch seinen dauernden Ungehorsam vollkommen verkitscht und verdorben. Der Führer hatte einen Plan, der zum Siege führen musste. Hätte Brauchitsch alles das getan, was von ihm verlangt wurde und was er eigentlich auch tun musste, dann ständen wir im Osten heute anders, als wir dastehen. Der Führer hat gar nicht die Absicht gehabt, nach Moskau zu gehen … Aber Brauchitsch und sein Generalstab haben das besser gewusst. Brauchitsch hat immer nach Moskau getrieben. Er wollte Prestigeerfolge statt sachlicher Erfolge … Für den kommenden Frühling und Sommer hat der Führer wiederum einen ganz klaren Plan. Er will nicht ins Uferlose Krieg führen. Seine Ziele sind Kaukasus, Leningrad und Moskau."*[46]

---

[42] Domarus 1973, S. 1871
[43] ebd., S. 1872
[44] ebd.
[45] ebd., S. 1812
[46] Reuth 1992, S. 1767 ff.

Wahrscheinlich konnte sich der „Führer", bei aller kristallenen Klarheit, dann doch nicht so richtig entscheiden, was er eigentlich wollte, als er im Sommer 1942 erneut zum Vorstoß blies. Diesmal sollte die Heeresgruppe Nord Leningrad vernichten, die Heeresgruppe A den Kaukasus und Baku erobern und die Heeresgruppe B Stalingrad einnehmen und womöglich bis nach Astrachan vordringen. Doch der einzige sichtbare Erfolg des Unternehmens war die Hakenkreuzflagge, die von Mitgliedern der 1. Gebirgsjägerdivision am 19. August 1942 auf den Gipfel des 5630 Meter hohen Berges Elbrus im Kaukasus gepflanzt wurde. Dass außer dieser eher sportlichen als militärischen Leistung keines der eigentlichen Kriegsziele erreicht wurde, ließ Hitler zu immer phantasievolleren Ausreden greifen. Jetzt hieß es, der deutsche Vormarsch sei ins Stocken geraten, weil man zunächst einmal in den eroberten Gebieten Straßen bauen und die Landwirtschaft organisieren müsse. Hitler wörtlich in seiner „Volkskundgebung" im Berliner Sportpalast am 30. September 1942:

> *„In manchen Gebieten müssen Wege durch Sumpfgebiete angelegt werden, die man früher glaubte, überhaupt nicht passieren zu können. Wenn man nun sagt: ‚Der Russe kommt doch durch'. Ja, das ist eben eine Art Sumpfmensch und kein Europäer, das müssen wir zugeben. Es ist für uns eben etwas schwieriger, in diesem Sumpf vorwärts zu kommen, als für dieses in Morast geborene Volk!"*[47]

Trotzdem war er zuversichtlich, dass im letzten Winter *„das deutsche Volk und insonderheit seine Wehrmacht von der Vorsehung gewogen worden sind. Schlimmeres kann und wird nicht mehr kommen. Dass wir diesen Winter besiegt haben, dass die deutschen Fronten standen, und dass wir in diesem Frühsommer wieder antreten konnten, das glaube ich, hat bewiesen, dass die Vorsehung mit dem deutschen Volk zufrieden war."*[48] Und so konnte er jetzt wieder vollmundige Versprechungen machen, etwa die, er werde *„Stalingrad berennen und es auch nehmen ..., worauf sie sich verlassen können!"* Und: *„Sie können der Überzeugung sein, dass uns kein Mensch von dieser Stelle mehr wegbringen wird."*[49]

---

[47] Domarus 1973, S. 1917
[48] ebd., S. 1915
[49] ebd., S. 1912

Er war so zuversichtlich, dass er jede Warnung in den Wind schlug. Als ihm am 8. September 1942 in seinem Hauptquartier „Werwolf" ein auf einwandfreien Unterlagen basierender Bericht vorgelegt wurde, dass Stalin im Bereich nördlich von Stalingrad und westlich der Wolga Truppen von bis anderthalb Millionen Mann Stärke aufgestellt habe und dass die Russen jeden Monat mindestens 1200 Panzer produzierten, hatte er Schaum vor dem Mund. Mit geballten Fäusten ging er auf den Vortragenden los und verbat sich *„solches idiotische Geschwätz"*.[50]

Zwar gelang es der 6. Armee unter General Paulus tatsächlich, neun Zehntel von Stalingrad zu besetzen. Doch kaum brach der russische Winter ein, ab dem 19. November 1942, starteten die Russen ihre Gegenoffensive. Mit zwei Armeen stießen sie von Norden und von Süden her auf die Stadt an der Wolga (heute: Wolgograd) zu, um die Deutschen innerhalb von nur fünf Tagen völlig einzukesseln. Während ihr Kommandant, General Friedrich Paulus, Hitler um die Erlaubnis zur *„Herausnahme aller Divisionen"* bat, blieb der „Führer" hart. *„Wir dürfen unter keinen Umständen das erst aufgeben"*, erklärte er seinem Generalstabschef Zeitzler, um nahezu prophetisch hinzuzufügen: *„Es wieder gewinnen, werden wir nicht mehr."*[51] Göring sicherte, großspurig wie immer, die Versorgung der 6. Armee durch Flugzeuge der Luftwaffe zu. Wollten sie den eindeutigen „Führerbefehl" nicht verweigern, hatten General Paulus und die 250.000 eingekesselten deutschen Soldaten in der Stadt auszuharren – koste es, was es wolle.

Doch statt der zugesagten 300 Tonnen Nachschub konnte die Luftwaffe gerade einmal 150 Tonnen liefern. Die tägliche Ration für die Soldaten betrug nur 75 Gramm Brot. Als Kälte und Hunger täglich Hunderte Todesopfer forderten, boten russische Unterhändler am 8. Januar 1943 den Deutschen eine ehrenvolle Kapitulation an. Hitler untersagte jede Verhandlung. Bis zum 22. Januar 1943 war der Kessel von der vorrückenden Roten Armee so weit eingedrückt, dass abgeworfene Nachschubgüter kaum noch erreicht werden konnten. Die letzten Vorräte neigten sich dem Ende, die Munition war praktisch verschossen, durch die Kälte und den Hunger hatte

---

[50] Domarus 1973, S. 1909
[51] ebd., S. 1957

die Moral der Truppe längst ihren Tiefpunkt erreicht. General Paulus bat Hitler, *„um noch vorhandene Menschenleben zu retten"*, um eine *„sofortige Kapitulationsgenehmigung"*. Der „Führer" antwortete umgehend: *„Verbiete Kapitulation. Die Armee hält ihre Position bis zum letzten Soldaten und zur letzten Patrone und leistet durch ihr heldenhaftes Ausharren einen unvergesslichen Beitrag zum Aufbau der Abwehrfront und der Rettung des Abendlandes."*[52] Im Tagesbefehl ergänzte er, die Truppe müsse begreifen: *„Der Führer kennt die Lage seiner Soldaten. Er wird es schon schaffen. Wir müssen nur gehorchen. Wir haben nichts zu fragen, sondern blind zu gehorchen."*[53]

Drei Tage später gelang der Roten Armee endgültig die Teilung des Kessels. Hitler beförderte Paulus zum Feldmarschall – und erwartete von ihm, dass er mit seinen Soldaten in den Tod gehe. Doch als russische Panzer vor seinem Gefechtsstand erschienen, ergab er sich. Von den 270.000 Deutschen und ihren rumänischen Verbündeten, die in Stalingrad gekämpft haben, wurden 34.000 Verwundete und 7000 Spezialisten zum Teil gegen Zahlung von Bestechungsgeldern ausgeflogen. 90.000 Soldaten, davon 2500 Offiziere, unter ihnen 24 deutsche und rumänische Generäle, gingen den eisigen und beschwerlichen Weg in die Kriegsgefangenschaft. Fast die Hälfte starb schon auf dem Weg in die Lager vor Erschöpfung. Nur 6000 sollten zehn Jahre nach Kriegsende in die Heimat zurückkehren.

Als ihm die Nachricht überbracht wurde, dass Paulus kapituliert und sich keineswegs das Leben genommen habe, ließ Hitler seinem Ärger freien Lauf. *„Der Mann hat sich totzuschießen"*, tobte er, so wie sich antike Feldherren *„in das Schwert stürzten, wenn sie sahen, dass die Sache verloren war ... Mir tut das darum so weh, weil das Heldentum von so vielen Soldaten von einem einzigen charakterlosen Schwächling ausgelöscht wird."*[54] In der offiziellen Bekanntmachung des OKW dagegen hieß es: *„Ihrem Fahneneide bis zum letzten Atemzug getreu ist die 6. Armee unter der vorbildlichen Führung des Generalfeldmarschalls Paulus der Übermacht des Feindes und der Ungunst der Verhältnisse erlegen ... Sie starben, damit Deutschland lebe."*[55] Es war der Anfang vom Ende Hitlers.

---

[52] Domarus 1973, S. 1974
[53] ebd.
[54] ebd., S. 1983
[55] ebd., S. 1985

Der Traum vom Endsieg

„Es mag die plutokratische Welt im Westen ihren angedrohten Landever-
such unternehmen, wo sie will: er wird scheitern! ... In diesem Kampf um
Sein oder Nichtsein wird am Ende Deutschland siegen!"

Adolf Hitler am 1. Januar 1944[1]

„Wir sind uns dabei im klaren, dass die Festung Europa im einstigen
Umfang von deutschen Kräften allein nicht verteidigt werden kann."

Adolf Hitler am 1. Januar 1945[2]

Je lauter im Volk die Kritik an der sinnlosen Aufopferung der
6. Armee in Stalingrad wurde, desto absurder wurden Hitlers
Schuldzuweisungen. Hatte er noch Generalfeldmarschall von Man-
stein bei dessen Besuch im „Führerhauptquartier Wolfsschanze" am
6. Februar 1943 erklärt: *„Für Stalingrad trage ich allein die Verantwor-*
tung"[3], stand einen Monat später fest, wer die „wahren" Verantwortlichen waren: *„Das Debakel dieses Winters ist wohl in der Tat*
hauptsächlich auf das Versagen unserer Bundesgenossen zurückzufüh-
ren", belehrte er Goebbels am 8. März 1943, der eifrig protokollierte:
„Der Führer will jetzt Verbündete an der Ostfront nicht mehr sehen. Er ist
sich klar darüber, dass nur unsere eigenen Soldaten mit den Bolschewis-
ten fertig werden können."[4] Diese absurde These wiederholte er am
7. Mai 1943 auch vor den versammelten Reichs- und Gauleitern:
„Am besten haben sich noch die Rumänen gezeigt; die Zweitbesten waren
die Italiener und die Schlechtesten die Ungarn."[5] Am 1. Januar 1944
dagegen war es *„der völlige Ausfall des italienischen Verbündeten im*

---

[1] Domarus 1973, S. 2075 f.
[2] ebd., S. 2186
[3] ebd., S. 1986
[4] ebd., S. 1995
[5] ebd., S. 2011

Osten", der die Krise einleitete, die schließlich *„mit dem Heldenkampf von Stalingrad seinen Abschluss fand".*[6]

Tatsächlich hatte Hitlers plötzliche Wut auf die von ihm bislang so geschätzten Italiener einen ganz konkreten Grund. Am 10. Juli 1943 waren Briten und Amerikaner nach pausenlosen Luftangriffen auf Sizilien an der Südspitze der Insel gelandet, bis zum 22. Juli 1943 hatten sie Palermo erreicht. Der alliierte Vorstoß und die Bombardierung Roms am 19. Juli 1943 führten zur ersten großen Krise des italienischen Faschismus. In der Partei bildete sich eine Opposition gegen Mussolini, die bald auch den Zuspruch des italienischen Königs Viktor Emanuel – des offiziellen Staatsoberhauptes – gewann. Schließlich beauftragte der König Pietro Badoglio mit der Bildung eines neuen Kabinetts. Mussolini, der gerade von einem Treffen mit Hitler zurückgekehrt war, wurde verhaftet. Am 28. Juli 1943 gab der römische Rundfunk das Ende des Faschismus bekannt. Während Badoglio mit den Alliierten verhandelte, um einen Waffenstillstand zu schließen, intervenierte Hitler. Am 9. September 1943 besetzten deutsche Truppen strategische Schlüsselstellungen in Italien, einen Tag später nahmen sie Rom ein, am 12. September wurde Mussolini in einer spektakulären Aktion von der SS befreit, nach Deutschland gebracht und als Marionette des „Führers" wieder eingesetzt.

Damit hatte Hitler zumindest eine Ausrede dafür, dass ihm auch in diesem Jahr kein Vorstoß in Russland gelang: Der *„schamlose offene Verrat* (des italienischen Königs), *der in der Geschichte in seiner Verworfenheit wohl einmalig ist"*, und die *„charakterlosen Badoglio-Kreaturen"* hätten ihn gezwungen, *„zuungunsten des Ostens"* den *„übrigen europäischen Lebensraum zu beschützen".*[7] Bis zum Februar 1945 setzte sich in ihm die Überzeugung fest, sein Bündnis mit Italien habe überhaupt *„mehr unseren Feinden geholfen als es uns genutzt hat".* Nur Mussolinis Balkanfeldzug im Frühjahr 1941 habe zu einer *„unheilvollen Verspätung des Aufmarsches gegen Russland"* geführt: *„Hätten wir Russland schon vom 15. Mai an angegriffen – alles wäre anders gekommen."*[8] Eine widersinnige Erklärung für sein militäri-

---

[6] Domarus 1973, S. 2074
[7] ebd., S. 2074 f.
[8] ebd., S. 2208

sches Versagen! Im Mai sind die Bodenverhältnisse in Russland unmittelbar nach der Schneeschmelze noch nicht gut genug für eine militärische Operation, was schon Napoleon wusste, der, wie später Hitler, seinen Russlandfeldzug an einem 22. Juni gestartet hatte. Auch die deutschen Offensiven von 1942 und 1943 begannen erst am 28. Juni bzw. 5. Juli. Hätte Hitler Russland schon am 15. Mai angegriffen, wären höchstens seine Panzer im Schlamm stecken geblieben.

Als Hitler im Angesicht der sich abzeichnenden Katastrophe von Stalingrad am 15. Januar 1943 alle Männer vom 16. bis zum 65. Lebensjahr *„für Aufgaben der Reichsverteidigung"* heranzog, war er offenbar so verzweifelt, wie zu sein er den siegreichen Russen gerade unterstellte. Jedenfalls spottete er am 30. Januar 1943 in einer Rundfunkrede zum 10. Jahrestag der Machtergreifung, es seien *„müde Greise und 16-jährige Jungen"*, die jetzt aufseiten der Sowjetunion das deutsche Heer angriffen: *„Ich bin der Überzeugung: das ist auch das letzte Aufgebot, die letzte Reserve, die nur herausgequetscht werden konnte, weil eben diese Härte schon keine Härte mehr ist, sondern reine Barbarei, weil eben der Bolschewist das Menschenleben überhaupt nicht mehr achtet."*[9]

Noch einmal wiederholte er jenen neuen Mythos, mit dem er schon 1942 seinen Vertragsbruch und den Überfall auf die Sowjetunion zu rechtfertigen versuchte. Nur der deutsche Angriff habe quasi in letzter Minute verhindert, dass *„wie einst zur Zeit der Völkerwanderung oder der Mongolenstürme Europa überfallen, seine Kultur vernichtet, vor allem aber seine Menschen ausgerottet"* würden, *„um Sklavenarbeiter für die sibirischen Tundren zu gewinnen ... Was wäre aus dem deutschen Volk und Europa geworden, wenn am 22. Juni 1941 nicht in letzter Minute die neue deutsche Wehrmacht ihren Schild vor den Kontinent gehalten hätte?"*[10]

Aber war es denn nicht Hitler, der schon 1924 zum *„Germanenzug ... nach dem Land im Osten"*[11] aufgerufen, seit 1933 gigantisch aufgerüstet und seitdem nur auf eine günstige Gelegenheit zum Überfall auf die Sowjetunion gelauert hatte, der die russischen Städ-

---

[9] Domarus 1973, S. 1975
[10] ebd., S. 1977
[11] Hitler 1925/27, S. 742

te vernichten, ihre Bewohner ausrotten oder zur Sklavenarbeit für die deutschen Siedler zwingen wollte? Was immer er Stalin unterstellte, war offenbar nur der Spiegel dessen, was er selbst tat und plante. Doch der Mythos vom Kreuzzug gegen den bevorstehenden „Mongoleneinfall" rechtfertigte zumindest in den Augen seines Schöpfers das unbeschreibliche Leid der deutschen Soldaten, die zur Verwirklichung seiner Wahnideen an der Front verbluteten, und der unzähligen Familien, die in diesem sinnlosen Krieg ihre Angehörigen und in den Bombennächten ihr Heim, Hab und Gut verloren. Hitler, sich wie immer pathetisch rechtfertigend:

> *„Was uns dabei im einzelnen an Schicksalsschlägen treffen mag, ist nichts gegenüber dem, was alle erleiden würden, wenn sich die Barbarenhorden des Ostens über unseren Erdteil hinwegzuwälzen vermöchten. Einst zogen deutsche Ritter in weite Fernen, um für das Ideal ihres Glaubens zu streiten, heute kämpfen unsere Soldaten in der Unendlichkeit des Ostens, um Europa vor der Vernichtung zu bewahren. Jedes einzelne Menschenleben, das in diesem Kampfe fällt, wird Generationen der Zukunft das Leben retten."*[12]

Letztendlich aber ginge es nicht um Europa und den Bolschewismus und erst recht nicht um eine Auseinandersetzung zwischen zwei Staaten. Hinter diesem Krieg verberge sich eine metaphysische Wirklichkeit, ein wahrhaft apokalyptischer Endkampf zwischen den Juden und den Ariern, zwischen Finsternis und Licht, zwischen Materialismus und Idealismus, „ein gigantisches Ringen zwischen Völkern und Rassen, in dem die eine Weltanschauung siegt und die andere unbarmherzig vernichtet wird. Das heißt: Das Volk, das verliert, beendet sein Dasein. Denn etwas anderes von diesem Kampf als Sieg oder Untergang zu erwarten, sei Wahnsinn." Darum gäbe es in diesem „grausamen Kampf, den unsere Feinde gewollt, verschuldet und uns aufgezwungen haben", gar keine Alternative zu einem deutschen Sieg.[13]

Jeder Rückschlag sei ein Schritt hin zu diesem Ziel, erklärte er seinen Parteigenossen in seiner Rede zum Jahrestag des gescheiterten Novemberputsches, dem 8. November 1943: „Ich hatte zu ein-

---

[12] Domarus 1973, S. 1979
[13] ebd., S. 2061

gehend die Geschichte studiert, um nicht zu wissen, dass große Siege niemals anders als unter schwersten Rückschlägen erfochten worden sind. Es gibt keine großen Helden der Weltgeschichte, die nicht auch den härtesten Belastungen gegenüber standhaft geblieben sind." Der Glaube an einen Endsieg trotz aller Niederlagen, dieses störrische Beharren darauf, doch nicht geirrt zu haben, quasi das Dogma der hitlerschen Unfehlbarkeit, wurde zum letzten Eckpfeiler der nationalsozialistischen Glaubenslehre. Dass es Hitler dabei tatsächlich um seine ganz eigene Religion ging, offenbarte er an diesem Abend in München, als er erklärte:

> *„Auch ich bin religiös, und zwar tief innerlich religiös, und ich glaube, dass die Vorsehung die Menschen wägt und denjenigen, der vor der Prüfung der Vorsehung nicht bestehen kann, sondern an ihr zerbricht, nicht zu Größerem bestimmt. Es ist eine naturgegebene Notwendigkeit, dass in der Auslese nur die Stärkeren übrig bleiben."*[14]

Nur durch den Endsieg über jene Kräfte, die Hitler zunehmend als „satanisch"[15] bezeichnete, würde sich das deutsche Volk würdig für das Dritte Reich erweisen. Würde es dagegen an dieser Prüfung scheitern, hätte es seine Existenzberechtigung verloren, wäre es von einer unbarmherzigen Vorsehung zum Untergang bestimmt.

„Die Götter lieben den, der von ihnen Unmögliches verlangt", fasste er die Theologie eines Hasardeurs in einer anderen Rede zusammen: „Ich glaube, dass, wer den Naturgesetzen, die ein Gott geschaffen hat, entsprechend auf dieser Welt tapfer kämpft und nie kapituliert – dass der dann auch von dem Gesetzgeber nicht im Stich gelassen wird, sondern dass endlich er doch den Segen der Vorsehung bekommt."[16]

Je größer der Einsatz und je härter die Prüfung, umso sicherer sei der Endsieg, wollte Hitler angesichts der vielen Niederlagen glauben. Er sei *„mehr denn je davon überzeugt, dass der totale Krieg die große Rettung"*[17] sei, erklärte er am 22. April 1943 seinem Rüstungs-

---

[14] Domarus 1973, S. 2057
[15] ebd., S. 2054
[16] ebd., S. 2117
[17] ebd., S. 2007

minister Albert Speer. In diesem Sinne, in der Hoffnung, durch einen totalen Einsatz dem Schicksal doch noch den Sieg abringen zu können, hatte auch Goebbels in seiner Sportpalastrede den *„totalen Krieg"* gefordert, *„totaler und radikaler, als wir ihn uns heute überhaupt noch vorstellen können"*.[18]

Dazu aber galt es, nach jedem Strohhalm zu greifen und Hoffnung zu säen. Nach wie vor glaubte Hitler an den bevorstehenden Zusammenbruch der Streitkräfte Stalins: *„Einmal muss ihm ja auch der Atem ausgehen."*[19] Am 1. Januar 1944, als sich seine Invasionstruppen aus Nordafrika zurückgezogen hatten und in Russland auf dem Rückzug befanden, log er noch frech: *„Die nüchterne Tatsache ist, dass unsere Gegner, die diesen Krieg in der Hoffnung auf einen unbedingt sicheren Sieg vom Zaune brachen, bisher überall zurückgetrieben worden sind."*[20] Am 2. April 1944 verkündete er seinen Soldaten: *„Die russische Offensive im Süden der Ostfront hat ihren Höhepunkt überschritten. Der Russe hat seine Verbände abgenutzt und auseinander gezweigt. Es ist jetzt der Zeitpunkt gekommen, das russische Vorgehen endgültig zum Stehen zu bringen"*[21]; sechs Wochen später fiel die Krim, was Hitler jetzt als *„einzigartige Absetzbewegung"*[22] feiern ließ. Als sich die Landung der Alliierten in der Normandie abzuzeichnen begann, war er sicher: *„Es mag die plutokratische Welt im Westen ihren angedrohten Landeversuch unternehmen, wo sie will: er wird scheitern!"*[23] Churchill könne *„von Glück reden, wenn er neun Stunden an Land bleibt."*[24] Als ihm schließlich am 6. Juni 1944 beim Frühstück auf dem „Berghof" der Beginn der Invasion gemeldet wurde, reagierte er geradezu euphorisch: *„Die Nachrichten können gar nicht besser sein! … Jetzt haben wir sie endlich dort, wo wir sie schlagen können."*[25] Doch sein Befehl, dass der *„Gegner im Brückenkopf noch am 6.6. abends vernichtet wird"*[26], erwies sich als undurchführbar. Stattdessen prahl-

---

[18] Domarus 1973, S. 1990
[19] ebd., S. 2067
[20] ebd., S. 2075
[21] ebd., S. 2097
[22] ebd., S. 2101
[23] ebd., S. 2075
[24] ebd., S. 1915
[25] ebd., S. 2104
[26] ebd., S. 2105

te er mit den „Wunderwaffen", die seine genialen Techniker angeblich entwickelten, etwa *„Massen von Turbojägern"*[27], die bald die Alliierten vom deutschen Himmel vertreiben würden. *„Ob sie Frankreich erobern, das wollen wir mal sehen"*, tönte er, denn bald würden sie *„blaue Wunder erleben! Unser Erfindergeist wird uns da mithelfen, in kürzester Frist die Waffen nunmehr herauszubringen, die notwendig sind, um das technische Gleichgewicht wiederherzustellen."*[28]

In Wirklichkeit war der Tag der Landung in der Normandie nach der Katastrophe von Stalingrad der zweite Meilenstein auf Hitlers Weg in den Untergang. Aus einem Zweifrontenkrieg war eine Zange geworden. Doch Hitler bestritt bis zuletzt die drohende Niederlage. Als ihm General Heinz Guderian am 14. Dezember 1944 vom Vormarsch der Roten Armee berichtete, rief er nur aus: *„Das ist der größte Bluff seit Dschingis Khan! Wer hat diesen Blödsinn ausgegraben?"* Dann belehrte er den General, die russischen Schützenverbände seien höchstens *„7000 Mann stark"* und die russischen Panzerverbände hätten gar *„keine Panzer"*: *„Wissen Sie, lieber Generaloberst, ich glaube nicht, dass die Russen überhaupt angreifen. Das ist alles nur ein Riesenbluff. Die Zahlen Ihrer Abteilung ‚Fremde Heere Ost' sind maßlos übertrieben. Sie machen sich viel zu viel Gedanken. Ich bin fest überzeugt, dass im Osten nichts passiert."*[29] Und selbst wenn die Russen aufmarschierten, würden sich dann nicht die Westalliierten mit ihm verbünden, um den Vormarsch des Bolschewismus zu stoppen?

Als Hitler am 20. Juli 1944 das Attentat überlebte, das Oberst Claus Graf Schenk von Stauffenberg im Führerhauptquartier „Wolfsschanze" auf ihn verübt hatte, erschien ihm dies als *„Fingerzeig der Vorsehung"*[30]. *„Nach meiner heutigen Errettung aus der Todesgefahr bin ich mehr denn je davon überzeugt, dass es mir bestimmt ist, nun auch unsere gemeinsame große Sache zu einem glücklichen Abschluss zu bringen"*, erklärte er Mussolini noch am selben Tag.[31] Offiziell machte er *„eine ganz kleine Clique ehrgeiziger, gewissenloser und zugleich verbrecherischer, dummer Offiziere"* für den Anschlag verantwortlich. Doch als er sein Versprechen erfüllte, diesen *„ganz kleinen Klüngel"* *„un-*

---

[27] Domarus 1973, S. 2107
[28] ebd., S. 2116
[29] ebd., S. 2173
[30] ebd., S. 2128
[31] ebd., S. 2124

barmherzig auszurotten"[32], fielen nahezu 5000 Personen der darauf folgenden Hinrichtungswelle zum Opfer. Zumindest hatte er jetzt genügend neue Sündenböcke. An allen Rückschlägen der letzten Jahre, so behauptete Hitler fortan, seien die „Verräter" schuld, die offenbar mit dem Feind kollaboriert hätten. Schon vorher hatte Hitler den Generalstab zunehmend feindselig betrachtet. Solange die Befehlshaber blind seinen Befehlen folgten, akzeptierte er sie, doch wehe, sie wagten es, seine wahnsinnigen Pläne infrage zu stellen. Doch je häufiger die Fehlschläge wurden, desto öfter erlaubten sie sich Einwände. *„Über die Generalität fällt der Führer nur negative Urteile"*, notierte Goebbels in seinen Tagebüchern, *„Sie beschwindele ihn, wo sie nur könne. Außerdem sei sie ungebildet und verstehe nicht einmal ihr eigenes Kriegshandwerk, was man doch zum mindesten erwarten könne. Dass die Generalität keine höhere Kultur besitze, dürfe man ihr zwar nicht zum Vorwurf machen, denn dafür sei sie nicht erzogen, aber dass sie auch in den rein materiellen Fragen des Krieges so schlecht Bescheid wisse, das spreche absolut gegen sie."*[33] Noch am Tag seines Selbstmordes erklärte er seinem Chefpiloten Hans Baur, der seine Leiche verbrennen sollte: *„Meine Generale haben mich verraten und verkauft."*[34]

Dann vertraute er ihm seinen größten Schatz an: Ein Portrait Friedrichs des Großen, von Lenbach gemalt, das für ihn zu einem mystischen Talisman geworden war. Es hatte sein Büro im „Braunen Haus" geschmückt, ihn dann nach Berlin in die Reichskanzlei und schließlich in den „Führerbunker" begleitet. Dem Preußenkönig und seinem Mythos fühlte sich Hitler so eng verbunden wie keinem lebenden Menschen. Noch in den letzten Tagen im „Führerbunker" der Berliner Neuen Reichskanzlei ließ er sich von Goebbels aus Carlyles „Geschichte Friedrichs des Großen" jene Stelle vorlesen, in der vom „Wunder des Hauses Brandenburg" die Rede war. Am Ende des Siebenjährigen Krieges, der 1756–1763 dauerte, schien für den preußischen König alles verloren. Sein kleines Land hatte im Kampf um Schlesien eine mächtige Allianz gegen sich, der Österreich, Russland, Frankreich, Schweden und die Mehrheit der Reichsfürsten angehörten. Nur England stand den Preußen bei.

---

[32] Domarus 1973, S. 2128
[33] ebd., S. 1994 f.
[34] ebd., S. 2244

Nach der Schlacht von Kundersdorf 1759 gegen die Russen und Österreicher befand sich Friedrich praktisch nur noch in der Defensive. Er siegte zwar bei Liegnitz und Torgau, verlor aber die britischen Subsidien und konnte nur noch mit letzter Kraft an Schlesien festhalten. Der große König sah keinen Ausweg mehr und keiner seiner Generäle und Diplomaten wusste einen Rat. Seine Niederlage schien festzustehen, als er sich noch eine letzte Frist setzte: Wenn bis zum 15. Februar 1762 keine Wende eingetreten sei, dann gäbe er auf, dann werde er Gift nehmen. Das Wunder geschah. Am 12. Februar starb seine große Widersacherin, die Zarin Elisabeth; ihr Nachfolger, Peter III., bot ihm den Frieden an. Mit dem Erwerb Schlesiens wurde Preußen zur Großmacht. Schon zu Beginn des Zweiten Weltkriegs, am 1. September 1939, hatte sich Hitler auf den großen Preußenkönig berufen:

> *„Ein Wort habe ich nie kennen gelernt, es heißt: Kapitulation. Wenn irgend jemand aber meint, dass wir vielleicht einer schweren Zeit entgegengehen, so möchte ich bitten, zu bedenken, dass einst ein Preußenkönig mit einem lächerlich kleinen Staat einer der größten Koalitionen gegenübertrat und in drei Kämpfen am Ende doch erfolgreich bestand, weil er jenes gläubige, starke Herz besaß, das auch wir in dieser Zeit benötigen."*[35]

Dabei vergaß er nur, dass der „lächerlich kleine Staat" halt mit der siegreichen Großmacht England verbündet war, sein Hauptgegner Österreich dagegen mit dem unterlegenen Frankreich. So war Hitlers Behauptung, Friedrich der Große habe *„mit 3,5 Millionen Preußen gegen rund 52 Millionen Europäer gekämpft"*[36], schlichtweg Unsinn. Trotzdem verordnete Hitler den Deutschen seinen Friedrichkult, der im März 1942 mit der Premiere von Veit Harlans Propagandafilm „Der Große König" (mit Otto Gebühr in der Hauptrolle) seinen Höhepunkt fand. Der Film zeigt den einsamen, von Fehlschlägen getroffenen Preußen, der gegen die Pläne und Ratschläge seiner Generale den Krieg schließlich zu einem siegreichen Ende führt. Seine Botschaft war ein Zitat: „Am Sieg zweifeln, das ist Hochverrat!"

[35] Domarus 1973, S. 1316
[36] ebd., S. 2174

Hitlers Friedrichkomplex ging so weit, dass er bald ziemlich überzeugend die Rolle des von Sorgen um sein Volk gebeugten und zerfurchten königlichen Greises spielte, sogar seinen schleifenden Gang nachahmte. Sein Leibarzt Dr. Theodor Morell jedenfalls bezeichnete diese angeblichen Leiden, auch sein Zittern in den Gliedern, als „hysterisch" und nicht etwa krankheitsbedingt. Auch seine engsten Vertrauten waren überrascht, dass er schlagartig wieder ganz gesund erscheinen konnte. Das Schmierentheater diente offenbar nur dem Zweck, die „historische Parallele" offensichtlicher zu machen: Je schlechter es ihm ging, um so näher war die Rettung, das Wunder der göttlichen Vorsehung!

„Die Standhaftigkeit eines Mannes hat es ermöglicht, dass dieser Kampf durchgeführt worden war und doch am Ende das Wunder einer Wende eintrat"[37], war das Fazit von Hitlers Fridericusmythos. Noch im Führerbunker, als alles verloren schien, saß er stundenlang vor dem Lenbach-Gemälde des großen Preußen, als würde er meditieren, mit dem toten König in einen mystischen Dialog treten oder sich Kraft von ihm holen. Dann, am 12. April 1945, als die Russen bereits vor Berlin standen, schien sich das „Wunder des Hauses Brandenburg" zu wiederholen. Aus Washington kam die Nachricht, dass Franklin D. Roosevelt gestorben war. Sollte der Tod des US-Präsidenten, von Hitler abwechselnd als *„Hauptschuldiger am Krieg"*[38], *„Geisteskranker"*[39], *„Gotteslästerer"*[40] und *„größter Kriegsverbrecher aller Zeiten"*[41] bezeichnet, eine ähnliche Kriegswende bedeuten wie der Tod der Zarin im Siebenjährigen Krieg? *„Endgültig glaubte er die Unfehlbarkeit der ihn beschützenden Vorsehung bewiesen"*[42], erinnerte sich später Albert Speer. Es war die letzte große Illusion des Nationalsozialismus.

---

[37] Domarus 1973, S. 2172
[38] ebd., S. 1800
[39] ebd., S. 1920
[40] ebd., S. 1821
[41] ebd., S. 2224
[42] Speer 1969, S. 467

Götterdämmerung

„Der Bolschewist wird dieses Mal das alte Schicksal Asiens erleben, d. h., er muss und wird vor der Hauptstadt des Deutschen Reiches verbluten."

Adolf Hitler am 13. April 1945[1]

„Die Demokratie ist unfähig, auch nur die kleinste Aufgabe auf diesem Kontinent zu lösen."

Adolf Hitler am 1. Januar 1945[2]

So schlecht Hitler als „Größter Feldherr aller Zeiten" war, so katastrophal versagte er auch als Prophet, so gerne er sich auch als solcher bezeichnete. Bislang jedenfalls war keine seiner Voraussagen eingetroffen. England hatte ihm den Krieg erklärt, statt sich mit ihm zu verbünden, ließ sich aber auch nicht von ihm in die Knie zwingen und befand sich keineswegs in der von ihm prophezeiten desolaten und hoffnungslosen Lage. Der Krieg im Äußeren verlief eben nicht wie der Kampf im Inneren. Trotz brutalstem Vorgehen ließ sich das Riesenreich Russland nicht in wenigen Wochen erobern und auch nicht „zusammenschlagen" wie ein Haufen deutscher Kommunisten. Es lag nicht am Boden, wie er geglaubt hatte, sondern sammelte seine Kräfte zum Befreiungsschlag. Der deutsche Soldat erwies sich keineswegs als unbesiegbar, sondern wurde seit der Katastrophe von Stalingrad unaufhaltsam zurückgedrängt, und auch Hitlers Prophezeiung, die Westalliierten könnten sich keine sechs Stunden am Ufer der „Festung Europa" halten, war irrig. Immer weniger glaubte das Volk an den so oft von der Wirklichkeit widerlegten „Führer", und viele schüttelten nur noch ungläubig den Kopf, als er noch am 24. Januar 1945 voller Zuversicht verkündete: „Heute prophezeie ich – wie immer durchdrungen vom Glauben an unser Volk – am Ende den Sieg des Deutschen Reiches!"[3]

---

[1] Domarus 1973, S. 2223
[2] ebd., S. 2187
[3] ebd., S. 2206

Selbst neun Tage vor seinem Selbstmord wollte er nicht begreifen, dass alles verloren war, und verrannte sich in eine letzte, grandiose Illusion, als er Koller, dem Generalstabschef der Luftwaffe, prophezeite: „Sie werden sehen, der Russe erleidet die größte Niederlage, die blutigste Niederlage seiner Geschichte vor den Toren der Stadt Berlin."[4] Er glaubte tatsächlich, dass diese letzte Schlacht „das Schicksal Europas auf Jahrhunderte hinaus"[5] entscheiden würde; seine Niederlage wäre der Untergang. Entsprechend irrig war seine Vision von der Nachkriegszeit. Sollten die Alliierten Europa besetzen, so verkündete er am 1. Januar 1945 seinem Volk,

> „zerbricht die Ordnung, und das Chaos kehrt ein. Die Demokratie ist unfähig, auch nur die kleinste Aufgabe auf diesem Kontinent zu lösen. Ihrem politischen Anarchismus folgt das wirtschaftliche Chaos, und neben beiden einher schreitet die Not. Die ‚befreiten' Gegenden Europas verlieren daher allerdings höchstens die deutsche Ordnung, aber sie gewinnen dafür die internationale Arbeitslosigkeit mit dem üblichen Hunger und Elend. Denn dieser dicht besiedeltste Kontinent der Welt kann nur leben unter planmäßiger Auswertung aller seiner individuellen Energien, aber auch nur unter stärkster Bezwingung der egoistischen Triebe."[6]

Dass sich die Demokratie als erfolgreich erweisen, dass sich die Bundesrepublik Deutschland nach dem Krieg aus den Trümmern der Naziherrschaft erheben und durch ein so genanntes „Wirtschaftswunder" zu einem stabilen und wohlhabenden Staat entwickeln könnte, war für ihn undenkbar. Er hätte es auch nie gewollt, denn es hätte alle seine Thesen widerlegt. Für Hitler gab es nur „Sieg oder Untergang". Würde das nationalsozialistische Deutschland nicht in der Lage sein, seine Feinde zu schlagen, hätte sein Volk das Recht auf eine weitere Existenz verwirkt. Würde er schon in den Tod gehen, müssten die Deutschen ihm auch auf diesem letzten Weg folgen.

Als Hitler am 18. März 1945 im „Führerbunker" Albert Speer empfing, ging es um die Durchführung eines grausigen Befehls:

---

[4] Domarus 1973, S. 2226
[5] ebd.
[6] ebd., S. 2187

„Wenn der Krieg verloren ist, wird auch das Volk verloren sein. Dieses Schicksal ist unabwendbar. Es sei nicht notwendig, auf die Grundlagen, die das Volk zu seinem primitivsten Weiterleben braucht, Rücksicht zu nehmen. Im Gegenteil sei es besser, selbst diese Dinge zu zerstören. Denn das Volk hätte sich als das schwächere erwiesen, und dem stärkeren Ostvolk gehöre dann ausschließlich die Zukunft. Was nach dem Kampf übrigbleibe, seien ohnehin nur die Minderwertigen; denn die Guten seien gefallen"[7],

fasste ihn Speer elf Tage später in einem Schreiben an Hitler zusammen. Doch so offen konnte er nur zu seinem „lieben Speer" sprechen. Als er am 19. März 1945 seinen Zerstörungsbefehl („Nerobefehl") erließ, begründete der „Führer" die Zerstörung „aller militärischen, Verkehrs-, Nachrichten-, Industrie- und Versorgungsanlagen sowie Sachwerte innerhalb des Reichsgebietes" damit, der Feind könne sie „irgendwie sofort oder in absehbarer Zeit" nutzen. Es gelte nur (einmal wieder), ihm zuvorzukommen; bei einem Abzug würde er ohnehin nur „verbrannte Erde zurücklassen und jede Rücksichtnahme auf die Bevölkerung fallen lassen."[8]

Was es zu bedeuten hatte, wenn Hitler einem Feind „zuvorkommen" wollte, hatten die Deutschen in den letzten zwölf Jahren immer wieder erlebt. 1933 hatte er mit dem „Ermächtigungsgesetz" alle demokratischen Institutionen außer Kraft gesetzt, um einem kommunistischen Aufstand in Deutschland „zuvorzukommen". 1934 musste er einen vermeintlich drohenden Putsch der SA zerschlagen. 1935 „zwang" ihn die Existenz von 101 sowjetischen Divisionen und die Verlängerung der Dienstzeit in Frankreich zur Einführung der allgemeinen Wehrpflicht. 1937 musste er die Bolschewisierung Europas durch seinen Eingriff im spanischen Bürgerkrieg verhindern. 1938 drohte ein Angriff der Tschechoslowakei, des „bolschewistischen Flugzeugmutterschiffs im Herzen Europas". 1939 war es Polen, dessen Marsch auf Berlin er „zuvorgekommen" war, 1941 verhinderte er eine angeblich bevorstehende sowjetische Invasion mit seinem Überfall auf Russland. Jetzt also war es die Zerstörung Deutschlands, die man besser selbst in die Hand nahm, als sie den Feinden zu überlassen.

Domarus 1973, S. 2213 f.

[8] ebd., S. 2215

Tatsächlich zeigte der Befehl nur, wie untrennbar Hitler das Schicksal der Deutschen an sein eigenes binden wollte. Noch am 1. Januar 1945 hatte er die leidgeprüften Menschen in den zerstörten Städten mit der Behauptung überrascht, er sei das eigentliche Opfer der Bombardierungen: „All den deutschen Städten, die heute zertrümmert werden, bin ich nicht nur geschichtlich, sondern auch persönlich so unendlich lebensnahe gekommen. Ich war ihnen seit Jahrzehnten nicht nur in historisch-kulturgeschichtlicher und menschlicher Liebe verbunden, sondern auch am stärksten beteiligt am Schicksal ihrer künftigen Entwicklung."[9] Damals versprach er noch, sie eines Tages „gewaltiger und schöner" denn je wieder aufbauen zu lassen. Jetzt sollten sie nur noch so elendiglich zugrunde gehen wie er selbst.

---

[9] Domarus 1973, S. 2182

Der Untergang

„Aus dem Führerhauptquartier wird gemeldet, dass unser Führer Adolf Hitler heute Nachmittag in seinem Befehlsstand in der Reichskanzlei, bis zum letzten Atemzug gegen den Bolschewismus kämpfend, für Deutschland gefallen ist. Am 30. April hat der Führer Großadmiral Dönitz zu seinem Nachfolger ernannt."

DNB-Meldung vom 1. Mai 1945, 22.26 Uhr[1]

„Das deutsche Volk hat die Völkerwanderung überstanden. Das deutsche Volk hat dann die späteren großen Kämpfe des frühen und späten Mittelalters überstanden ... hat dann die Glaubenskämpfe der neueren Zeit überstanden ... später die napoleonischen Kriege, die Freiheitskriege, es hat sogar einen Weltkrieg überstanden, sogar die Revolution – es wird auch mich überstehen!"

Adolf Hitler am 10. November 1938 vor Verlegern und Chefredakteuren[2]

Seine zwölfjährige Terrorherrschaft endete vor 60 Jahren, wie sie begonnen hatte: mit einem ganzen Bündel von Lügen. Denn tatsächlich war der „Führer" Adolf Hitler keineswegs am Nachmittag des 1. Mai 1945 im Kampf um die Reichskanzlei gefallen. Er hatte schon einen Tag zuvor, nämlich am 30. April 1945, gegen 15.30 Uhr, in seinem „Führerbunker" ganz banal und unheroisch Selbstmord begangen.

Kämpfen konnte und wollte Hitler nicht, wie er bereits am 22. April 1945 gegen 20.45 Uhr in einer dramatischen letzten, großen Lagebesprechung seinen Generälen erklärte; dazu sei er *„aus körperlichen Gründen"* nicht in der Lage, zudem würde er *„Gefahr laufen, vielleicht verwundet in Feindeshand zu fallen."*[3] Auch mit Deutschland hatte dieser Akt der Feigheit eher wenig zu tun. Er wol-

---

[1] DNB-Meldung vom 1.5.1945, zit. n. Domarus 1973, S. 2250
[2] ebd., S. 975
[3] zit. n. ebd., S. 2227

le „nicht Feinden in die Hände fallen, die zur Belustigung ihrer verhetzten Massen ein neues, von Juden inszeniertes Schauspiel benötigen"[4], gestand er in seinem einen Tag vor dem Suizid diktierten „Politischen Testament". Zudem würde er durch den Suizid „der Schande des Absetzens oder der Kapitulation"[5] entgehen, wie er in seinem „Privaten Testament" ergänzte. Ganz konkret machte es ihm Sorgen, dass die Russen, die längst nach Berlin vorgedrungen waren, den Führerbunker mit Betäubungsgas angreifen könnten: „Es wäre nicht auszudenken, wenn sie mich lebendig in die Hände bekämen."[6]

Wie es ihm dabei auch ergehen könnte, konnte er sich am Beispiel seines Mussolinis nur zu gut ausmalen. Der italienische „Duce" und seine Lebensgefährtin Clara Petacci waren am 25. April 1945 von italienischen Partisanen bei Dongo am Lago di Como gefangen genommen worden. Am nächsten Tag wurden sie erschossen. Ihre Leichen wurden nach Mailand gebracht und auf der Piazza Loreto kopfüber an einem Gerüst aufgehängt. Eine aufgebrachte Menge, darunter auch die Mütter von Gefallenen, bewarfen die Toten mit Steinen und schossen mit Pistolen auf sie.

Noch mehr als ein öffentliches Standgericht aber fürchtete er, Stalin könne ihn nach Moskau bringen lassen und dort vor ein internationales Tribunal stellen. Dabei wäre er vor der Weltöffentlichkeit und damit auch vor den Deutschen für seine Untaten zur Verantwortung gezogen worden. Man hätte ihm ein für alle Mal die Maske des Gottmenschen, des deutschen Messias, in der er sich zwölf Jahre lang präsentiert hatte, vom Gesicht gerissen. Er wäre endlich aus seinen megalomanischen Wahnträumen erwacht, mit der grausamen Wirklichkeit konfrontiert worden, wie damals, als er vor der Wiener Akademie für Bildende Künste durchgefallen war, weil man seine vorgelegten Werke als „ungenügend"[7] erkannt hatte. Auf das blindgläubige „Der Führer hat immer recht" seiner Anhänger wäre die Erkenntnis gefolgt, dass der Führer nicht nur geirrt, sondern vor der Geschichte kläglich versagt hatte. Er war dann nicht mehr der „Größte Feldherr aller Zeiten", sondern der Verlierer des blutigsten Krieges der Geschichte, ein Ausgestoßener, ein Ge-

---

[4] Politisches Testament vom 29.4.1945, zit. n. Domarus 1973, S. 2237
[5] Privates Testament vom 29.4.1945, zit. n. ebd., S. 2240
[6] ebd., S. 2244
[7] Maser 1971, S. 79

ächteter, wie schon damals in den Obdachlosenheimen Wiens. Nur einen Superlativ hatte er sich redlich verdient: Er sollte als der größte Verbrecher aller Zeiten in die Geschichtsbücher eingehen. Doch Hitler hatte nicht einmal die Größe, sein Scheitern vor sich und der Welt einzugestehen. Noch in seinen letzten Stunden badete er in einem Wechselspiel der Gefühle, zwischen blindem Größenwahn, weinerlichem Selbstmitleid und unbändigem Hass.

Sein „Politisches Testament", das er am 29. April 1945 diktierte, war nichts anderes als eine Rechtfertigung für sein größtes Verbrechen, den Holocaust, und seinen fatalsten Fehler, den Einmarsch in Polen. Nicht er „oder irgend jemand anderer in Deutschland" habe den Krieg im Jahre 1939 gewollt, log er frech: „Er wurde gewollt und angestiftet ausschließlich von jenen internationalen Staatsmännern, die entweder jüdischer Herkunft waren oder für jüdische Interessen arbeiteten." Nein, er habe „zu viele Angebote zur Rüstungsbeschränkung und Rüstungsbegrenzung" gemacht, er habe noch „drei Tage vor Ausbruch des deutsch-polnischen Krieges dem britischen Botschafter in Berlin eine Lösung der deutsch-polnischen Probleme vorgeschlagen" – gemeint war seine Farce, auf einen polnischen Regierungsvertreter zu warten, ohne ein Angebot vorlegen zu wollen – doch „es wurde nur verworfen, weil die maßgebenden Kreise der englischen Politik den Krieg wünschten." So habe er den Juden nur die angemessene Buße für die „vom internationalen Judentum veranstaltete Propaganda" auferlegt. Hitler wörtlich:

> „Ich habe aber auch keinen Zweifel darüber gelassen, dass, wenn die Völker Europas wieder nur als Aktienpakete dieser internationalen Geld- und Finanzverschwörer angesehen werden, dann auch jenes Volk mit zur Verantwortung gezogen werden wird, das der eigentliche Schuldige an diesem mörderischen Ringen ist: das Judentum! Ich habe weiter keinen darüber im Unklaren gelassen, dass diesmal nicht nur Millionen erwachsener Männer den Tod erleiden und nicht nur Hunderttausende an Frauen und Kindern in den Städten verbrannt und zu Tode bombardiert werden dürften, ohne dass der eigentlich Schuldige, wenn auch durch humanere Mittel, seine Schuld zu büßen hat."

Während sein Zynismus, den Gastod von Millionen als „human" zu bezeichnen, kaum mehr zu übertreffen ist, verpflichtete er auch seine Nachfolger auf eine Fortsetzung seines Rassenwahns, „zur peinlichen Einhaltung der Rassegesetze und zum unbarmherzigen Widerstand gegen den Weltvergifter aller Völker, das internationale Judentum."[8]

Nur durch ein Bündel Lügen hatte sich Hitler vor der Geschichte gerechtfertigt. Dann verließ er ihre Bühne für seine letzte Inszenierung. Wie die Leiche Siegfrieds in der Wagneroper „Götterdämmerung" wurden auch seine Leiche und die seiner Frau bis zur Unkenntlichkeit verbrannt. Zuerst loderten die Flammen, dann blies der Wind seine Asche davon, trug sie hinweg über die Trümmer des zerstörten Berlin, über die Leichen der Millionen, die an ihn geglaubt hatten. Erst jetzt öffnete sein Volk langsam die Augen, als erwachte es aus einer Massenhypnose oder einem bösen Traum. Sein Lügengebäude war damit endgültig zusammengebrochen. Sein Leben und Werk aber sollte der Zukunft eine Mahnung sein. Nur dann war der Tod seiner Opfer nicht vergebens.

---

[8] Domarus 1973, S. 2238 ff.

Bibliographie

Amery, Carl: Hitler als Vorläufer, München 2002

Bärsch, Claus-Ekkehard: Die politische Religion des Nationalsozialismus, München 2002

Bergmann, Werner: Geschichte des Antisemitismus, München 2002

Besier, Gerhard: Die Kirchen und das Dritte Reich, Berlin/München 2001

Binion, Rudolph: Dass ihr mich gefunden habt – Hitler und die Deutschen, Stuttgart 1980

Blavatsky, Helena Petrowna: Die Geheimlehre (4 Bde.), Den Haag 1899

Böhlig, Alexander (Hrsg.): Die Gnosis, München/Zürich 1995

Bracher, Karl Dietrich: Adolf Hitler, Bern 1964

Ders./Funke, Manfred/Jacobsen, Hans-Adolf (Hrsg.): Nationalsozialistische Diktatur: Eine Bilanz, Düsseldorf 1983

Broder, Dietrich: Bevor Hitler kam, Genf 1975

Broszat, Martin: Der Staat Hitlers, München 1978

Bullock, Alan: Hitler, Düsseldorf 1971

Burden, Hamilton T.: Die programmierte Nation, Gütersloh 1970

Chamberlain, Houston Stewart: Die Grundlagen des XIX. Jahrhunderts (2 Bde.), München 1906

Ders.: Mensch und Gott, München 1921

Cziffra, Geza v.: Hanussen, Hellseher des Teufels, München 1978

Daim, Wilfried: Der Mann, der Hitler die Ideen gab, Wien 1994 (1958)

Dietrich, Otto: 12 Jahre mit Hitler, München 1955

Domarus, Max: Hitler – Reden und Proklamationen, 1932 bis 1945 (4 Bde.), Wiesbaden 1973

Eckart, Dietrich: Der Bolschewismus von Moses bis Lenin, München 1924

Fest, Joachim C.: Hitler – Eine Biographie (2 Bde.), Frankfurt/Berlin/Wien 1978 (1973)

Foerster, Werner: Die Gnosis – Zeugnisse der Kirchenväter, Zürich 1995

Frank, Hans: Im Angesicht des Galgens, Neuhaus 1955

Frei, Bruno: Hanussen, Strasbourg 1934

Gassert, Philipp/Mattern, Daniel S.: The Hitler Library, Westport/Ct 2001

Giordano, Ralph: Wenn Hitler den Krieg gewonnen hätte, Köln 2000

Gisevius, Hans Bernd: Adolf Hitler, München 1967

Godman, Peter: Der Vatikan und Hitler, München 2004

Goebbels, Joseph: Michael, München 1929

Goldhagen, Daniel Jonah: Hitlers willige Vollstrecker, München 2000

Ders.: Die katholische Kirche und der Holocaust, Berlin 2002

Haffner, Sebastian: Anmerkungen zu Hitler, München 1978

Hamann, Brigitte: Hitlers Wien, München 1998

Hammer, Wolfgang: Dialog mit dem Führer (3 Bde.), München 1970–74

Heer, Friedrich: Gottes erste Liebe, München 1967

Ders.: Der Glaube des Adolf Hitler, München 1968

Heiber, Helmut (Hrsg.): Goebbels Reden, Berlin 1962

Ders.: Lagebesprechungen im Führerhauptquartier, München 1963

Heim, Heinrich/Jochmann, Werner (Hrsg.): Adolf Hitler – Monologe im Führerhauptquartier 1941–1944, Hamburg 1980

Heinsohn, Gunnar: Warum Auschwitz?, Reinbek 1995

Hermand, Jost: Der alte Traum vom neuen Reich, Frankfurt 1988

Hesemann, Michael: Hitlers Religion, München 2004

Hitler, Adolf: Mein Kampf, München 1925/27

Hofer, Walther: Der Nationalsozialismus – Dokumente 1933–1945, Frankfurt 2002 (1957)

Horstmann, Bernhard: Hitler in Pasewalk, Düsseldorf 2004

Huber, Heinz/Müller, Artur: Das Dritte Reich in Bildern und Dokumenten (5 Bd.), München/Wien/Basel 1969

Jäckel, Eberhard: Hitlers Herrschaft, Stuttgart 1986

Ders.: Hitlers Weltanschauung, Stuttgart 1986

Ders.:/Kuhn, Axel: Hitler. Sämtliche Aufzeichnungen 1905–1924, Stuttgart 1980

Kershaw, Ian: Hitlers Macht, München 1992

Ders.: Hitler (2 Bd.), München 1998

Ders.: Der Hitler-Mythos, München 2002 (1999)

Knopp, Guido: Hitler – eine Bilanz, Berlin 2002 (1995)

Ders.: Hitlers Helfer, München 1996

Köhler, Joachim: Wagners Hitler, München 1999

Kubizek, August: Adolf Hitler, mein Jugendfreund, Graz 2002 (1953)

Läpple, Alfred: Adolf Hitler – Psychogramm einer katholischen Kindheit, Stein a. R. 2001

Langer, Walter C.: Das Adolf-Hitler-Psychogramm, Wien 1973

Large, David Clay: Hitlers München, München 2001

Löw, Konrad: Die Schuld, Gräfelfing 2002

Maser, Werner: Adolf Hitler, München/Esslingen 1971

Ders.: Hitlers Briefe und Notizen, Graz 2002 (1973)

Ders.: Fälschung, Dichtung und Wahrheit über Hitler und Stalin, München 2004

Picker, Henry: Hitlers Tischgespräche, München 2003

Poliakov, Leon: Der arische Mythos, Hamburg 1993

Reuth, Ralf Georg (Hrsg.): Joseph Goebbels – Tagebücher (5 Bde.), 1992

Ders.: Hitler – Eine politische Biographie, München 2005

Rissmann, Michael: Hitlers Gott, Zürich/München 2001

Scholder, Klaus: Die Kirchen und das Dritte Reich (2 Bde.), Frankfurt/Berlin/Wien 1977/85

Schroeder, Christa: Er war mein Chef, München 1985

Sebottendorff, Rudolf von: Bevor Hitler kam, München 1933

Speer, Albert: Erinnerungen, Frankfurt/Berlin 1969

Toland, John: Adolf Hitler (2 Bde.), Bergisch Gladbach 1977

Tyrell, Albrecht: Vom Trommler zum Führer, München 1975

Zentner, Christian: Adolf Hitlers Mein Kampf, München 1992

Zoller, Albert: Hitler privat, Düsseldorf 1949

Register